Johannes Klare

FRANZÖSISCHE SPRACHGESCHICHTE

ibidem-Verlag
Stuttgart

Bibliografische Information der Deutschen Nationalbibliothek
Die Deutsche Nationalbibliothek verzeichnet diese Publikation in der
Deutschen Nationalbibliografie; detaillierte bibliografische Daten sind im
Internet über http://dnb.d-nb.de abrufbar.

Bibliographic information published by the Deutsche Nationalbibliothek
Die Deutsche Nationalbibliothek lists this publication in the Deutsche Nationalbibliografie;
detailed bibliographic data are available in the Internet at http://dnb.d-nb.de.

Die Erstausgabe dieses Buches ist 1998 unter dem Titel "Französische
Sprachgeschichte" (ISBN 978-3-12-939573-8) im Verlag Klett Lerntraining GmbH
erschienen.

∞

Gedruckt auf alterungsbeständigem, säurefreien Papier
Printed on acid-free paper

ISSN: 1862-2909

ISBN-13: 978-3-8382-0272-3

© *ibidem*-Verlag
Stuttgart 2011

Vorwort

An Darstellungen der Geschichte der französischen Sprache herrscht durchaus kein Mangel: in französischer, deutscher und in anderen Sprache(n) haben sich Romanisten verschiedener Länder der Aufgabe gestellt, in der Nachfolge von Ferdinand Brunots (1860-1938) grundlegender „Histoire de la langue française des origines à nos jours" (Paris[2] 1966-1972) den Gang zweitausendjähriger Sprachentwicklung in der Galloromania nachzuzeichnen. In jüngster Zeit steht auch dafür eine Reihe von Handbüchern der Sprachgeschichtsforschung zur Verfügung, so das mehrbändige Handbuch „Romanische Sprachgeschichte" (Berlin, New York 2003-2008), herausgegeben von Gerhard Ernst et al.

Die hier vorgelegte „Französische Sprachgeschichte", die ihren Vorgängern viel verdankt, hat dennoch eigene Wege beschritten und auch Fragestellungen aufgeworfen, die in der neu(er)en romanistischen Fachliteratur behandelt worden sind, aber in den Handbüchern zur galloromanischen Sprachentwicklung noch keine oder kaum Berücksichtigung gefunden haben.

Die „Französische Sprachgeschichte" ist aus Vorlesungen und Seminaren hervorgegangen, die ich seit 1957 bis zu meiner Pensionierung (1995) am Romanischen Institut der Humboldt-Universität zu Berlin gehalten habe. Die komplexe und komplizierte Herausbildung und Entwicklung der etwa zehn romanischen Sprachen aus dem Latein – und zwar aus den verschiedenen regional und sozial differenzierten Varietäten des gesprochenen Lateins – waren für mich in Forschung und Lehre von besonderem Interesse; und es ging dabei auch um die kritische Aufnahme und Fortführung von Arbeitsergebnissen, die meine akademischen Lehrer und Amtsvorgänger am Romanischen Institut insbesondere nach 1945 vorgelegt haben. Dies gilt vor allem für den Schweizer Romanisten Walther von Wartburg (1888-1971), der seit 1947, aus Basel kommend, mehrfach zu Gastvorlesungen in Berlin weilte und auch als Gründer und Direktor des Instituts für Romanische Sprachwissenschaft der Deutschen Akademie der Wissenschaften in Ost-Berlin wesentlichen Anteil am Neuaufbau der Berliner Romanistik hatte. Auf Vorschlag von Prof. von Wartburg wurde 1948 dessen Baseler Schüler und Mitarbeiter am monumentalen „Französischen Etymologischen Wörterbuch" (FEW) Kurt Baldinger (1919-2007) als Professor nach Berlin berufen; diese Professur hat Baldinger bis 1957 innegehabt. Im Jahre 1957 – ein Jahr nach meiner Promotion bei diesem exzellenten Hochschullehrer – wechselte Baldinger nach Heidelberg. Baldingers Nachfolge durfte ich sofort antreten. Zunächst als Hochschuldozent und dann ab 1969 als Ordinarius habe ich bis 1995 die romanistische Sprachwissenschaft in Berlin vertreten. Wesentliche Beeinflussungen gingen auch aus von meinem Hallenser und Berliner Lehrer Victor Klemperer (1881-1960) – als „Nichtarier" 1935 in Dresden vom Naziregime amtsenthoben –, einem der bedeutendsten Vertreter der Münchener Idealistischen Neuphilologie, die Karl Vossler (1872-1949) Anfang des 20. Jahrhunderts begründet hatte. Klemperer lehrte ab 1948 in Halle / Saale als Ordinarius und wurde 1951 an die Berliner Humboldt-Universität berufen, wo er bis 1955 wirkte.

In erster Auflage ist die „Französische Sprachgeschichte" 1998 in der von dem Berliner Romanisten Hartwig Kalverkämper betreuten Reihe „UNI-WISSEN" im Stuttgarter Ernst-Klett-Verlag erschienen; weitere Auflagen erfolgten in den folgenden Jahren, 2007 die letzte.

Zu Dank verpflichtet bin ich dem *ibidem*-Verlag, Stuttgart, und der dort seit 2006 erscheinenden Reihe „Romanische Sprachen und ihre Didaktik", die von Michael Frings und Andre Klump herausgegeben wird und bereit ist, meine „Französische Sprachgeschichte", die von der Fachwelt und den Studierenden der Romanistik bislang wohlwollend aufgenommen wurde, in dieser Reihe erneut zu publizieren.

Johannes Klare
Berlin, im Mai 2011

Inhalt

Einführung

1 Der Sprachwandel / Die Sprachentwicklung 7
2 Problematik der Periodisierung der französischen
Sprachgeschichte 9
3 Weitere Grundbegriffe der diachronischen
Sprachwissenschaft 10

Kapitel 1

Grundlagen 16

1 Vorbemerkungen 16
2 Rom und das Imperium Romanum 17
3 Das Latein und seine Varietäten 19
    1 Die Schriftlichkeit 19
    2 Die Mündlichkeit (das „Vulgärlatein") 21
4 Sprachliche Neuerungen und Eigenheiten des
Vulgärlateins 26
5 Die Substrateinflüsse auf das Latein der Galloromania . . . 32
6 Die Superstrateinflüsse auf das Latein der Galloromania . . 39
    1 Germanische Elemente der ersten Schicht 40
    2 Germanische Elemente der zweiten Schicht 40
7 Die weitere Entwicklung von Mündlichkeit
und Schriftlichkeit in der Galloromania bis ca. 800 47

Kapitel 2

Das Altfranzösische – *L'ancien français*
(9. Jh. – ca. 1300) 51

1 Voraussetzungen 51
2 Die ältesten altfranzösischen Texte 52
    1 „Les Serments de Strasbourg" (842 n. Chr.) 52
    2 „La Séquence de Sainte-Eulalie" (ca. 880 n. Chr.) 54
    3 Weitere frühe altfranzösische Texte vor dem
    Rolandslied 54
    4 „La Chanson de Roland" (ca. 1095) und
    die „Chansons de geste" 55
3 Die supraregionale Literatursprache und die *Scriptae* 58
    1 Die Supraregionalität 58
    2 Die *Scriptae* 59
    3 Erste explizite Zeugnisse vom Prestigestatus des *Francien* . 60
    4 Die Literatursprache des höfischen Versromans
    (*roman courtois*) 61
4 Die altfranzösische Verwaltungs- und Urkundensprache . . 65
5 Das Spätaltfranzösische des 13. Jahrhunderts 66
    1 Die Literatursprache und die „Fachsprachen" 66
    2 Interne Entwicklungen in den Sprachebenen 68
6 Erste explizite Zeugnisse für die „Weltgeltung"
des Französischen 69

Kapitel 3

**Das Mittelfranzösische – *Le moyen français*
(ca. 1300 – ca. 1500)** 71

■ 1 Historische Voraussetzungen 71
■ 2 Der sprachtypologische Umbruch des Französischen 72
■ 3 Die Fachsprachen, die Übersetzungsliteratur und
die Fachwortschätze 74
  1 Die Entwicklung der Fachsprachen 74
  2 Nicole Oresme 76
  3 Pierre Bersuire, Jean Miélot, Octavien de Saint-Gelais . . 77
■ 4 Die mittelfranzösische Literatursprache 78
■ 5 Weitere externe Einflüsse auf das Mittelfranzösische 85
■ 6 Weitere wichtige interne Sprachentwicklungen 86

Kapitel 4

**Das Frühneufranzösische – *Le français de la Renaissance*
(ca. 1500 – ca. 1600)** 89

■ 1 Historische Voraussetzungen 89
■ 2 Kultur- und sprachpolitische Maßnahmen der
zentralistischen Monarchie 91
■ 3 Der Humanismus und der „volkssprachliche"
Humanismus 92
■ 4 Die Kontroverse um die Graphie des Französischen 95
■ 5 Die Entstehung der französischen Grammatikographie
und Lexikographie 97
■ 6 Das Französische im fachsprachlichen Diskurs 99
■ 7 Der externe Einfluss aus dem Italienischen 102
■ 8 Externe Einflüsse aus dem Latein und Griechischen 104
■ 9 Externe Einflüsse aus weiteren Sprachen 106
■ 10 Die Sprachsituation in der Occitania:
Sprachsubstitution in der Literatursprache 107
■ 11 Die Literatursprache des 16. Jh. 108
■ 12 Weitere sprachinterne Entwicklungen und
Veränderungen im 16. Jh. 113

Kapitel 5

**Das Neufranzösische – *Le français moderne*
(ab ca.1600)** 116

■ 1 Das 17. Jahrhundert 116
  1 Historische und gesellschaftliche Voraussetzungen . . . 116
  2 Malherbes Bemühungen um die französische
Literatursprache und seine Kontrahenten 118
  3 Die Literatursprache vor Vaugelas' „Remarques"
(1647) 119
  4 Die Académie Française und Vaugelas 120
  5 Vaugelas' Gegner; die Grammatik von Port-Royal 123
  6 Die Preziosität 125
  7 Die Burleske 126

8 Die wissenschaftliche Prosa 127
9 Die klassische französische Prosa 128
10 Der Höhepunkt der poetischen Literatursprache:
Racine, Boileau 129
11 Die Literatursprache Molières und La Fontaines 130
12 Vom *honnête homme* zum *commerçant-honnête
homme* 131
13 Die Lexikographie 132
14 *Le Parlé dans l'Ecrit* im 17. Jh. 132
15 Neuer Lehnwortschatz im 17. Jh. 134
16 Weiteres zur innersprachlichen Entwicklung im 17. Jh. . 135
2 Das 18. Jahrhundert 136
1 Historische und gesellschaftliche Voraussetzungen
des *Siècle des Lumières* 136
2 „L'Encyclopédie" Diderots und D'Alemberts 139
3 Die Lexikographie neben der „Encyclopédie" 142
4 Sprachtheoretische Kontroversen im 18. Jh. 144
5 Die fachsprachliche Literatur und ihr Wortschatz 146
6 *Le Parlé* in der Schriftlichkeit der Literatursprache:
Genre poissard versus *genre précieux* 148
7 Grammatik und Grammatikographie im 18. Jh. 149
8 Externe Bereicherung des französischen
Wortschatzes im 18. Jh. 150
9 Die sprachpolitischen und sprachlichen Auswirkungen der Französischen Revolution von 1789 ... 152
3 Das 19. Jahrhundert 157
1 Historische und gesellschaftliche Voraussetzungen ... 157
2 Die Literatursprache 160
3 Die Lexikographie im 19. Jh. 165
4 Der Wortschatz im 19. Jh. 166
5 Die *Félibrige*-Bewegung in Südfrankreich ab 1854 168
6 Die „Crise du français" und die *Alliance Française* 169

Kapitel 6   **Das Französische der Gegenwart –
*Le français contemporain*** **171**

Anhang   Literatur 177
Sachregister 189

Einführung

1 Der Sprachwandel/Die Sprachentwicklung

Sprache als Zeichensystem

Sprache ist unter Anlegung unterschiedlicher Kriterien immer wieder verschieden definiert worden. Sie kann gelten als ein gesellschaftliches Phänomen; sie ist ein historisch entstandenes und überliefertes sozial **institutionalisiertes System von Zeichen**, das der menschlichen Gesellschaft zur Kommunikation dient **(kommunikative Funktion)** und mit dem Denken in engem Bezug steht **(kognitive Funktion)**.

Die heutigen Sprachsysteme und deren Sub- und Teilsysteme sind das Ergebnis einer langen historischen Entwicklung. In den heutigen Systemen koexistieren Lebendiges, Entstehendes, Neues neben Altem, Archaisiertem, Absterbendem, also Resten früherer Systeme.

(Diskrepanz zwischen Graphie und Phonie; die sogen. unregelmäßigen Verben; das Fehlen von Prädeterminanten in Formen wie *avoir raison/tort/faim/soif* oder in Sprichwörtern wie *pierre qui roule n'amasse pas mousse*).

Die Sprache funktioniert synchronisch und bildet sich diachronisch (vgl. COSERIU 1974:237).

Sprachwandel

Die Wandelbarkeit gehört offenbar zu den **Universalien** der natürlichen Sprachen (Ethnosprachen); **Sprachwandel** ist somit eine universale Eigenschaft der Sprache. Sprache ohne ständige Wandlungsprozesse ist undenkbar, Sprachwandel ist der Ausdruck der Variation menschlicher Rede. RUDI KELLER (1990) macht wahrscheinlich: Sprachwandel ist – bis auf Ausnahmen, die gerade für die Geschichte des Französischen gelten – ein unbeabsichtigter, unreflektierter Nebeneffekt kommunikativen Handelns und ein Sonderfall soziokultureller Evolution. Durch unsere Kommunikation erzeugen wir Sprachwandel.

Es erhebt sich die Frage nach den **Ursachen** und Mechanismen, die hier wirksam sind. Generell kann man feststellen, dass Veränderungen in der Sprache durch Diskrepanzen hervorgerufen werden, die zwischen veränderten, z.B. gewachsenen Anforderungen an die gesellschaftliche Kommunikation einerseits und den vorhandenen Möglichkeiten des Sprachsystems andererseits auftreten. Sichtbar ist dieser Zusammenhang vor allem bei der Entwicklung des Wortschatzes (des Lexikons).

Besonderer Nachdruck muss auf den durchaus komplizierten, weil vielfach vermittelten Zusammenhang zwischen der Entwicklung einer Sprache und der Geschichte der Sprachträger, auf die **Verflechtung von sprachlichen und sozialen Prozessen** gelegt

werden. Maßgebend wird dieser Zusammenhang etwa
- bei der Herausbildung einer einheitlichen, **supraregionalen Schriftsprache,**
- bei der Entstehung allgemein verbindlicher **Normen** in Aussprache, Graphie, Grammatik, Lexikon und Gattungen (Textsorten).

Die Sprachentwicklung wird somit sowohl von **außersprachlichen** (exogenen, externen, extralingualen, gesellschaftlichen) als auch von **innersprachlichen** (endogenen, internen, intralingualen) **Faktoren** bestimmt. Die Bedeutung exogener Faktoren als Stimuli für die Entwicklung der Sprache und ihrer Ebenen darf jedoch nicht mechanistisch gesehen werden, es bestehen hier keine einfachen Ursache-Ergebnis-Relationen.

Erscheinungsformen

Sprachwandel zeigt sich in vielfältigen Erscheinungsformen als

- **Lautwandel** (ihn untersucht die diachronische Phonologie und Lautlehre),
- **Bedeutungswandel** (ihn untersucht innerhalb der lexikalischen Semantik die diachronische Semasiologie),
- **Wandel der Morphologie** (ihn untersucht die diachronische Morphologie),
- **Wandel der Syntax** (ihn untersucht die diachronische Syntax),
- **Wandel des Lexikons** (ihn untersucht die diachronische Lexikologie).

Sprachwandel ist heute unter dem Gesichtspunkt der Systemhaftigkeit zu betrachten und nicht mehr nur als Wandel von einzelnen Elementen (Lauten, Morphemen usw.). Nunmehr werden ganze Systeme – z. B. phonologische Systeme – in ihrem Wandel untersucht.

Kontinuum

Sprachveränderungen vollziehen sich kaum – wie das Setzen von Zäsuren im Kontinuum der Sprachentwicklung (also Periodisierungen der Sprachgeschichtsschreibung) suggerieren könnten – etappenweise. Natürliche Sprachen verändern sich vielmehr eher **kontinuierlich** und nur selten diskontinuierlich.

Das Sprachsystem befindet sich einerseits zu jedem Zeitpunkt zugleich in Ruhe (**Statik/Stabilität**), andererseits aber auch in Bewegung (**Dynamik**).

Das Sprachsystem existiert somit in der Einheit von Gleich-Bleiben und Anders-Werden.

Die Sprache und die sie tragende Sprachgemeinschaft lässt keine unumschränkte Veränderung zu. Die Gewährleistung, dass Sprache in Kommunikation und Kognition funktioniert, erfordert neben der Wandelbarkeit zugleich die Erhaltung der Stabilität. Die Entwicklungsmöglichkeiten der Sprache sind also in verschiedener Weise eingeschränkt. Von Generation zu Generation gibt es –

das Bild ist von HELMUT LÜDTKE dem Sportbereich entlehnt – „Stafettenkontinuität".

Selektion

Gegenüber Einflüssen und Neuerungen verhält sich das Sprachsystem – und die es tragende Sprachgemeinschaft – selektiv; dies zeigt sich besonders deutlich an den Sprachebenen, die mit der Gesellschaftsentwicklung enger verbunden sind, nämlich Semantik und Lexikon. So machen Neuwörter interner oder externer Herkunft (Neologismen, Neosemantismen, Lehnwörter aus anderen Sprachen) vor ihrer Aufnahme in den Sprachgebrauch bzw. in das Lexikon Phasen gesellschaftlicher Selektion durch. Wichtige Kriterien für diesen Aufnahmeprozess sind **kommunikative Notwendigkeit** und Adäquatheit sowie **Strukturgemäßheit**.

Für den Sprachwandel erhalten somit
– **sozialgeschichtliche** (sie betreffen das Konsozium der sprachtragenden Gesellschaft) und
– **sprachpragmatische** (die Sprachverwendung betreffende) Aspekte eine besondere Bedeutung: Es geht um den Bezug von Veränderungen im Sprachgebrauch auf den Wandel von gesellschaftlichen Bewusstseinsinhalten und Normen. Der Funktionswandel von Sprache besitzt somit einen hohen Stellenwert.

2 Problematik der Periodisierung der französischen Sprachgeschichte

Zäsuren

Das Setzen von Zäsuren im Kontinuum der Sprachentwicklung wirft Probleme auf. Die Festlegung aufeinander folgender, relativ in sich geschlossener Zeitabschnitte darf sicher nicht nur als eine äußere, nur zweckdienliche Orientierung angesehen werden. Diese Fragen bewegen nicht nur die Sprachwissenschaft; auch andere Geistes- und Gesellschaftswissenschaften sind davon betroffen. Bei der **Periodisierung** geht es offensichtlich auch darum, mit ihrer Hilfe gewisse Gesetzmäßigkeiten im Ablauf des geschichtlichen Geschehens besser zu erfassen. Die von den genannten Wissenschaften erarbeiteten **Epochenbegriffe** wie Renaissance, Barock, Klassik, Aufklärung und Romantik sind auch für die Disziplin „Sprachgeschichte" ein – kritisch zu hinterfragendes – Angebot. Die Disziplin „Sprachgeschichte" beschreibt nicht nur die Vergangenheit der Sprache und die Entwicklungen sowie die Veränderungen, die sich im Laufe der historischen Entwicklung in ihren Subsystemen vollzogen haben, sie bemüht sich auch, zu den Triebkräften, zu den Ursachen, zu den **Gesetzmäßigkeiten der Sprachentwicklung** und der Sprachveränderung vorzudringen. Aus diesem Grunde ist von verschiedenen Wissenschaftlern

die Gesellschaftsgeschichte als das maßgebende Periodisierungs-
prinzip vorgeschlagen und praktiziert worden. Andere Sprach-
wissenschaftler betonen den Vorrang der literarischen Produk-
tion, die Bedeutung der jeweils kulturtragenden Schichten und
die Leistungen einzelner Persönlichkeiten für die sprachliche,
literarische und kulturelle Entwicklung. Wieder andere Wissenschaftler bevorzugen die Periodisierung nach Jahrhunderten,
wobei bestimmte historische Eckdaten die Zäsuren, die nicht voll
mit dem Jahrhundertwechsel übereinzustimmen brauchen, mar-
kieren. Diese drei **Periodisierungsprinzipien** besitzen Vorteile
und Nachteile.

Methodische Entscheidungen

Die Periodisierung dieses Buches folgt Elementen aller drei Prinzipien. Wir periodisieren die Geschichte der französischen Sprache
z. T. in Übereinstimmung mit, aber auch im Kontrast zu den einschlägigen Handbüchern der französischen Sprachgeschichte, die
sich allerdings der Periodisierungsproblematik meist nicht *expressis verbis* stellen. Innerhalb der angesetzten Perioden werden wir
dann begründen, warum wir die betreffende **Zäsur im Kontinuum** gesetzt haben:
Kapitel 1: Die Grundlagen.
Kapitel 2: Das Altfranzösische – *L'ancien français*
(842 bis ca. 1300).
Kapitel 3: Das Mittelfranzösische – *Le moyen français*
(ca. 1300 bis ca. 1500).
Kapitel 4: Das Frühneufranzösische – *Le français de la Renaissance*
(ca. 1500 bis ca. 1600).
Kapitel 5: Das Neufranzösische – *Le français moderne*
(ab ca. 1600).
Kapitel 6: Das Französische der Gegenwart – *Le français contemporain.*

3 Weitere Grundbegriffe der diachronischen Sprachwissenschaft

Diasystem

Die französische Sprache ist – wie jede Einzelsprache – zu keiner
Zeit ein homogenes System, sondern ein **heterogenes System**.
Die Varietäten dieses heterogenen Systems werden als sogen. Dia-
system von der diachronischen Sprachwissenschaft untersucht,
vor allem im Hinblick auf die Beziehungen, die zwischen den zeit-
lich aufeinander folgenden Sprachsystemen bestehen.
 Es werden verschiedene Subsysteme unterschieden, die sich al-
lerdings überschneiden können:
■ **Diatopik** (diatopische Variable) = regionale Varietäten
■ **Diastratik** (diastratische Variable) = soziale Varietäten

- **Diaphasik** (diaphasische Variable) = stilistisch-situationelle Varietäten
- **Diamesik** (diamesische Variable) = den graphisch-phonischen Code („Medium") betreffende Varietäten.

Diachronie / Synchronie

Auf den Genfer Strukturalisten FERDINAND DE SAUSSURE (1857–1913) zurückgehende grundsätzliche methodische Dichotomie (binäre Unterscheidung).

Synchronie meint die Betrachtungsachse der Gleichzeitigkeit („Querschnitt"), also die in einem Sprachsystem gleichzeitig existierenden und funktionierenden Elemente und Beziehungen. So bildet das Französische des 20. Jahrhunderts eine Synchronie. Die synchronische Betrachtung kann sich auch auf frühere „Querschnitte", so das 16. Jahrhundert usw., erstrecken.

Diachronie meint die Betrachtung des historischen, des chronologischen Aufeinanderfolgens sprachlicher Erscheinungen, also den Sprachwandel. Für SAUSSURE war die Diachronie auch die Ebene unsystematischer, zufälliger Veränderungen. Nach SAUSSURE wurde erkannt, dass der Sprachwandel auch unter dem Gesichtspunkt der Systemhaftigkeit analysiert werden muss.

Heute betreffen Diachronie und Synchronie nicht mehr verschiedene Gegenstandsbereiche, sondern **verschiedene Betrachtungsebenen** derselben Gegenstände (Geckeler/Dietrich 1995:51).

In der Nachfolge SAUSSURES hat WALTHER VON WARTBURG methodologisch das „Ineinandergreifen" von Diachronie und Synchronie begründet (von Wartburg 1931) und in seinem Buch „*Evolution et structure de la langue française*" (¹1934, ¹²1993) in die Praxis umgesetzt.

Langage/ Langue/ Parole

SAUSSURE und die Genfer Schule (z. B. CHARLES BALLY) unterscheiden ferner methodologisch grundlegend zwischen *langue* und *parole*. Beide Begriffe sind dem *langage* („Sprachvermögen") untergeordnet. Die *langue* ist ein virtuelles, abstraktes, soziales System und Inventar aller sprachlichen Möglichkeiten, die im konkreten individuellen Sprechakt der *parole* aktualisiert, realisiert werden.

Syntagmatik/ Paradigmatik

SAUSSURE und seine Nachfolger unterscheiden bei der sprachlichen Analyse von Äußerungen *(„énoncés")* zwei Betrachtungsebenen: Die **syntagmatische** (horizontale) Achse meint das, was einem sprachlichen Element in der Linearität der Äußerung vorausgeht oder folgt; die **paradigmatische** (vertikale) Achse meint alle die Elemente, die an die Stelle jedes betreffenden sprachlichen Elements treten könnten:

Paradigmatik ↑	*Ce* *Le*	*chien* *chat*	*court.* *boit.*
	Mon *Ton* *Son*	*cheval* *lapin*	*mange.* *dort.*

→ **Syntagmatik**

Norm(en)/
Normierung

Trotz der Vieldeutigkeit des **Norm-Begriffs** gibt es einige wesentliche Merkmale, die linguistische Normauffassungen mit anderen Disziplinen der Sozialwissenschaften teilen:

- Normen sind auf **soziale Handlungen** bezogen, sie regulieren Abläufe von Interaktionen.
- Normen haben Anspruch auf **umfassende Geltung.**
- Normen sind gebunden an **Sanktionen:** Wer gegen Normen verstößt – „Fehler begeht" –, wird Strafmaßnahmen ausgesetzt.
- Normen der sprachlich-kommunikativen Tätigkeit sind eine Teilmenge sozialer Normen, Sprachnormen sind **Sprachverhaltensregularitäten.**
- Sprachnormen sind somit als Teilmengen der sozialen Normen im individuellen und kollektiven Normbewusstsein präsent; sie meinen ein einheitliches **Regelsystem** oder Teilsystem für alle Angehörigen einer (Sprach-)Gemeinschaft.
- Sprachnormen als Teilmengen von sozialen Normen sind wie diese **wandelbar;** sie sind an bestimmte historische Epochen gebunden (vgl. Settekorn 1988:3–37).

Sprachnormen, die jede sprachliche Varietät, und nicht nur die „Standard-Varietät", aufweist, sind zunächst deskriptiv („normal"), sie können präskriptiven („normativen") Status erhalten durch Kodifizierung (wie in *„bon usage", „langue standard"),* die besonderes Prestige besitzen.

Usus

Den Sprachnormen steht der unverbindlichere **Sprach-Usus** gegenüber. Die Durchsetzung der sprachlichen Normen – die **Normierung** – geschieht durch Institutionen oder durch den Staat als Norm-Autorität. Sprachliche Normierung auf der Basis einer „Standardvarietät" kann zur Diskriminierung anderer Sprachformen (z. B. *„mauvais usage")* führen.

Sprach-
varietäten

Sprachvarietäten meinen Teile einer Sprache, die angesichts ihrer Heterogenität normalerweise eine größere Zahl von Subsystemen aufweist wie Standardvarietät, Dialekte, Soziolekte, Technolekte. COSERIU hat die Gesamtheit aller Varietäten einer Sprache deren Architektur genannt. Die Varietätenlinguistik erforscht die vieldimensionale Heterogenität der Ethnosprachen.

Mündlichkeit/ Schriftlichkeit	Diese Gegenbegriffe stehen seit 1980 im Zentrum interdisziplinärer Untersuchungen und Vergleiche der Besonderheiten gesprochener und geschriebener Sprache mit erweiterten Fragestellungen und Blickrichtungen sowie unter Einbeziehung der diachronischen Perspektive. Mündliche und schriftliche Kommunikation besitzen ihre jeweiligen Spezifika, es sind nicht nur verschiedene „Übertragungskanäle", **Medien,** sie repräsentieren auch unterschiedliche **Denk- und Verhaltensweisen.** Schriftlichkeit erfordert höheren Planungsaufwand. Die Polarität **Mündlichkeit – Schriftlichkeit** ist nicht abrupt; eher ist sie im Sinne eines Kontinuums skalar zu sehen. Die **skalare Sichtweise** beachtet also allmähliche Übergänge.

Die **Varietätenlinguistik** arbeitet mit beiden in unmittelbarer Opposition stehenden Begriffen. Nach KOCH/OESTERREICHER (1985 und 1990; vgl. auch BLASCO-FERRER 1996:189 f.) ist die **Nähesprache** *(langue de la proximité)* durch folgende Parameter bestimmt:

■ Sie ist medial und konzeptionell „gesprochen" (wenig geplant und organisiert).
■ Sie ist diastratisch und/oder diaphasisch niedrig und diatopisch stark markiert.
■ Sie schafft eine kommunikativ-pragmatische Nähe zwischen Sender und Empfänger.

Die **Distanzsprache** *(langue de la distance)* wird dagegen bestimmt durch die Parameter

■ schriftlich/geschrieben;
■ mehr geplant und organisiert;
■ gehoben und unmarkiert.

Bilinguismus/ Diglossie	Beide Termini bezeichnen Formen der Zweisprachigkeit. Individuen oder ganze Bevölkerungsgruppen bedienen sich in der Kommunikation mühelos zweier unterschiedlicher Sprachen, meist dadurch bedingt, dass zwei Ethnien in engem Kontakt miteinander leben **(Bilinguismus).** Diglossie meint dagegen Zweisprachigkeit in Bezug auf Varietäten ein und derselben Sprache (z. B. Standard und Dialekt), wobei eine dieser „Sprachen" wenig soziales Prestige besitzen kann.
Absolute/ relative Chronologie	Sprachgeschichtliche Vorgänge sind nicht immer leicht zu datieren. Dies gilt vor allem für sprachinterne Entwicklungsprozesse. Dagegen sind sprachexterne Einwirkungen oft genau – also absolut – datierbar, wie etwa die folgenden, markant die französische Sprachgeschichte bestimmenden Daten:

842	„Les Serments de Strasbourg"
987	Machtantritt der Kapetinger mit HUGUES CAPET in der Ile-de-France
1337/1453	Guerre de Cent Ans
1494	Beginn der Italienfeldzüge unter CHARLES VIII
1539	Ordonnance de Villers-Cottérêts von FRANÇOIS Ier
1549	„Deffence et illustration de la Langue Françoise" von DU BELLAY
1605	HENRI IV beruft F. DE MALHERBE an den Pariser Hof
1635	Gründung der Académie Française durch LOUIS XIII und RICHELIEU
1694	Erste Edition des „Dictionnaire de l'Académie Française"
1789	Ausbruch der Grande Révolution Française
1827	„Préface de Cromwell" von VICTOR HUGO
1881	Bildungsgesetzgebung der Regierung unter JULES FERRY
1975	La Loi relative à l'emploi de la langue française (= Loi BAS-LAURIOL)
1994	La loi n° 94–665 du 4 août 1994 relative à l'emploi de la langue française (= Loi JACQUES TOUBON).

Sprachinterne Entwicklungen lassen sich oft nur in Relation zu anderen Vorgängen datieren: Die eine Erscheinung muss eher eingetreten sein als eine spätere. So zeigt die Entwicklung von lat. *causa* › frz. *chose*: Bevor der **Diphthong** *au* › *o* monophthongiert worden ist, muss *c* vor *a* zu *tš* palatalisiert worden sein. Wir erschließen also eine (unbelegte) Form – deshalb mit Asterisk – : **chausa*. Erst dann erfolgt die **Monophthongierung** zu *chose*. Eine genaue absolute Datierung ist also nur schwer möglich, nur Vermutungen können geäußert werden.

Wissenschaftsgeschichtlich betrachtet haben vor allem ELISE RICHTER und GEORGES STRAKA die Methode der relativen Lautchronologie entwickelt.

Sprach-
prognostik

Außerordentlich problematisch sind Voraussagen zukünftiger sprachlicher Entwicklungen aus der intimen Kenntnis der vergangenen Sprachentwicklung. Vergangenheit und Gegenwart bedingen in gewisser Weise die Zukunft mit. Zukünftige Entwicklungen können an das bereits Gegebene anschließen. Extrapolationen sind also denkbar im Sinne eher **spekulativ** bleibender **Prognosen.**

So bleibt es fraglich, ob es sinnvoll ist, aus dem Schicksal des lat. synthetischen Futurs *cantabo*, das zu Gunsten der ursprünglich analytischen Form *cantare habeo* › *je chanterai* unterging, zu prognostizieren, dass das nunmehr synthetische *je chanterai* zu Gunsten des analytischen *je vais chanter* ebenfalls eines Tages verschwinden wird.

Gleichermaßen fragwürdig ist die Extrapolation im Hinblick auf das System der französischen Nasalvokale. Das viergliedrige System (ã, õ, ẽ, œ̃) ist in Teilen Frankreichs zum dreigliedrigen System (ã, õ, ẽ) geworden; gibt es in Zukunft nur noch zwei Nasale (ã, ẽ)? (vgl. HOLTUS/RADTKE [Hrsg.] 1994).

Grundpro-
bleme der
phonischen
Entwicklung

Wollen wir die lautliche Entwicklung eines Wortes im Französischen untersuchen, sind folgende Kenntnisse erforderlich:
- möglichst Kenntnis seines **Etymons;**
- wo liegt die betonte Silbe (**Haupttonsilbe**); jedes lat. Wort trägt einen bestimmten **Akzent:**
  Oxytona: Hauptton liegt auf der letzten Silbe *(cor);*
  Paroxytona: Hauptton liegt auf der vorletzten Silbe *(amáre, castéllum);*
  Proparoxytona: Hauptton liegt auf der drittletzten Silbe *(cámera, óculum);*
- wo liegt die **Nebentonsilbe** *(àmáre, lìberáre, sáeculùm);*
- steht der haupttonige Vokal in **freier (offener)** Silbe: immer dann, wenn ihm nur ein oder zwei Konsonanten, die Verschlusslaute + r oder l *(muta cum liquida)* sind, folgen: *a-ma-re, ma-trem, ca-pra, te-la, flo-rem;*
- steht der haupttonige Vokal in **gedeckter (geschlossener)** Silbe: ihm folgen zwei Konsonanten, die nicht *muta cum liquida* sind: *cam-pus, ter-ra, par-tem;*
- der Vokal kann auch in zwischentoniger Silbe stehen: *lìberáre, sèparáre, lìberatióne, óculùm;*
- der Vokal steht in unbetonter Silbe: *àmáre, térra, mátrem.*

1 Vorbemerkungen

Romania

Das Französische ist eine romanische Sprache; diese Sprachen sind in ununterbrochener **„Stafettenkontinuität"** (s. S. 9) aus dem Latein hervorgegangen, das in die jeweiligen Gebiete, in denen die romanischen Sprachen heute gesprochen werden, getragen wurde. Wir unterscheiden heute mindestens zehn romanische Sprachen, die die sogen. Romania bilden:

Französisch Okzitanisch }	**Galloromania**	⎯ Nordgalloromania ⎯ Südgalloromania
Katalanisch Spanisch Portugiesisch }	**Iberoromania**	
Rätoromanisch	**Rätoromania**	
Italienisch Sardisch }	**Italoromania**	
Dalmatisch[1]		
Rumänisch	**Dakoromania**	

Romania nova

Als Folge der kolonialen Expansion seit dem 16. Jh. wurden drei dieser Sprachen in andere Kontinente getragen: Es entsteht die **Romania nova**. Das Französische expandiert nach Nordamerika (Québec, Mississippigebiet) und in Teile Afrikas, das Spanische nach Mittel- und Südamerika sowie in den Süden der USA, das Portugiesische nach Brasilien und in Teile Afrikas und Asiens (Angola, Moçambique, Kapverden, Macau, Osttimor).

Minderheitensprachen

Das Französische ist in Frankreich Staatssprache. Seit 1992 steht im Artikel 2 der *Constitution française: „La langue de la République est le français."* Frankreich ist jedoch ein multilinguales Land; in beachtenswerten Teilen des Landes werden folgende Sprachen *(„langues régionales")* gesprochen:

■ **Okzitanisch** = *L'occitan* in Südfrankreich (mit den Dialekten des *Gaskognischen, Languedokischen, Provenzalischen)*. Die Sprachgrenze zwischen dem Französischen und okzitanischen

Mundarten verläuft heute von der Girondemündung im hohen Bogen über das Massif Central bis hin nach Valence an der Rhône und in die Westalpen.

- **Katalanisch** (im Département Pyrénées Orientales mit der Hauptstadt Perpignan);
- **Italienisch** (Korsika und Osten des Département Alpes Maritimes);
- **Baskisch** (in der südwestlichen Ecke der *Gascogne,* im Département Pyrénées Atlantiques);
- **Bretonisch** (westlicher Zipfel der Bretagne = Bretagne bretonnante, „Inselkeltisch");
- **Flämisch** (in der Nordwestecke des Landes, in Verlängerung des flämischen Gebiets Belgiens);
- **Deutsch** (im Elsass und nördlichen Lothringen).

KREMNITZ (1995:81) betont noch 1995: „Frankreich weigert sich offiziell noch immer, die Existenz sprachlicher Minderheiten auf seinem Boden anzuerkennen, und unterzeichnet daher auch die einschlägigen internationalen Abkommen nicht bzw. macht für einzelne Paragraphen Vorbehalte."

2 Rom und das Imperium Romanum

Historische Entwicklung

Wesentliche Daten der militärischen, ökonomischen und kulturellen Expansion:

- 753 v. Chr.: legendäre **Gründung der Stadt Rom** durch ROMULUS und REMUS nach der Überlieferung *(ab urbe condita)* am Unterlauf des Tiber; dann Ausdehnung auf die *Provinz Latium* und weiter auf *Süditalien* (bis 272 v. Chr.) (der Name Italia begegnet erst seit ca. 500 v. Chr. für die Südspitze der Halbinsel = *Bruttium,* dann ab 3. Jh. für die gesamte Apenninhalbinsel)
- 241 v. Chr.: nach dem *1. Punischen Krieg* (mit *Karthago)* **Eroberung Siziliens**
- 238 v. Chr.: **Eroberung Sardiniens**
- 215 v. Chr.: **Eroberung Venetiens**
- 225–191 v. Chr.: **Eroberung weiter Teile Norditaliens** *(Gallia cisalpina),* Gründung von *Mediolanum* (Mailand), *Bononia* (189), *Aquileia* (181)
- seit 197 v. Chr.: **Eroberung Hispaniens**
- bis 167 v. Chr.: **Eroberung Dalmatiens**
- 146 v. Chr.: nach Vernichtung Karthagos **Eroberung Nordafrikas**
- 125–118 v. Chr.: **Eroberung Südgalliens**

---

1 1898 stirbt der letzte Sprecher dieser Sprache auf der Insel Veglia (Krk).

- 58–51 v. Chr.: unter Cäsar **Eroberung Nordgalliens**
- 15 v. Chr.: **Eroberung Rätiens**
- 395 n. Chr.: **Zusammenbruch** des *Imperium Romanum;* **Teilung** in ein Westreich: Rom und ein Ostreich: Konstantinopel (Byzanz).

Romania submersa

Beträchtliche Teile des Imperium Romanum wie Nordafrika, Griechenland, Britannien und Süddeutschland gehen dem *Imperium* bald verloren. Latinität kann sich hier nur in Resten halten, sie geht unter: *Romania submersa.* So wurde im Gebiet um Trier, das lange Zeit Hauptstadt des Weströmischen Reiches war, bis zum 10. Jh. **Moselromanisch** gesprochen.

Die Eroberung großer Teile Europas und Afrikas gestaltet sich zum Teil außerordentlich schwierig. Der Widerstand der von Rom bedrohten Völkerschaften dauert Jahrzehnte, in Hispanien sogar fast zwei Jahrhunderte.

Romanisierung Galliens

Die Eroberung *Galliens* und damit dessen Romanisierung vollzog sich in zwei Etappen. **Erste Etappe:** Die römischen Legionen hatten den ersten Kontakt mit den in Gallien ansässigen Völkerschaften bereits 154 v. Chr., als die griechischen *Massalioten* – die im Jahr 600 v. Chr. *Massilia* (Marseille) als Kolonie gegründet hatten – die Römer zu Hilfe riefen gegen die Ligurer, die *Massilia* bedrohten. Drei Jahrzehnte später begann die vollständige Eroberung Südgalliens; 122 v. Chr. wurde die Festung *Aquae Sextiae* (*>Aix-en-Provence)* und 118 v. Chr. *Narbonne* gegründet. Unter KAISER AUGUSTUS (63 v. Chr.–14 n. Chr.) wurden große Teile des Südens in der neuen *Provincia Gallia Narbonensis* administrativ zusammengefasst. Die Romanisierung dieser *Provincia (>Provence)* wird die sprachliche Grundlage für die **Herausbildung des Okzitanischen** und seiner Mundarten.

Die **zweite Etappe** der Eroberung und damit der Romanisierung Galliens begann mit dem *Bellum Gallicum* JULIUS CÄSARS: Damit kam Gallien bis an den Rhein unter römische Oberherrschaft. Neue Provinzen werden gegründet: *Aquitania, Lugdunensis, Belgica* (ganz Nordfrankreich mit den Hauptstädten *Remis> Reims* und *Augusta Treverorum>Trier).* Die Latinität dieser Provinz wird die Basis für das sich herausbildende **Französisch** und seine Mundarten. Die in Gallien einheimischen Völkerschaften, vor allem die zahlreichen gallischen (= keltischen) Stämme, wurden unterworfen. Die Römer gründeten neue Städte, von denen auch die sprachliche Beherrschung durch das von ihnen mitgebrachte „Sprechlatein" ausging. Solche städtischen Zentren wurden *Lugdunum (>Lyon,* 43 v. Chr. gegründet), *Arausia (>Orange), Némausus (>Nîmes)* und *Augustodunum (>Autun).* Die römische Besatzungsmacht praktizierte eine „geschickte Politik der Assimilierung der unterworfenen Völkerschaften" (GECKELER/DIETRICH 1995:141).

Es begann eine etwa 400 Jahre dauernde **Periode des Bilinguismus.** Neben ihren angestammten Muttersprachen übernahmen zunächst die mit den Römern kollaborierenden Oberschichten, dann auch die ländliche Bevölkerung allmählich das prestigeträchtige Latein als **Verkehrs- und Umgangssprache.** Geographisch schwer zugängliche Gebiete wie das Massif Central entzogen sich noch längere Zeit der Romanisierung.

3 Das Latein und seine Varietäten

Merkmale

Von „dem" Latein zu sprechen, ist eine Abstraktion. Die pragmatische Wende – der in der modernen Sprachwissenschaft erfolgte Paradigma-Wechsel (im Sinne THOMAS S. KUHNS) – verlangt, auch für die Betrachtung des Lateins, die **Homogenitätsannahme** durch die **Heterogenitätsannahme** zu ersetzen. Auch das Latein ist charakterisiert durch folgende Merkmale:
- Variation
- Mehrdimensionalität
- „Architektur"
- diasystematischen Charakter
- Diskrepanzen zwischen Mündlichkeit und Schriftlichkeit.

1 Die Schriftlichkeit

Medialität

Latein existiert zunächst im alten Rom und in *Latium* als **mündliche Varietät.** Zu dieser Varietät tritt auf Grund neuer gesellschaftlicher, zivilisatorischer und kultureller Anforderungen allmählich die **Schriftlichkeit.**

Periodisierung

Diese Schriftlichkeit und damit die Entwicklung der lateinischen **schriftsprachlichen Tradition** lässt sich wie folgt periodisieren, wobei der Kontakt zur Mündlichkeit zunächst stärker, dann aber schwächer wird, um am Ende wieder dominanter zu werden:
- **vorliterarische Schriftlichkeit** *(prisca latinitas* = alte Latinität) ab dem 6. Jh. v. Chr., vor allem durch Inschriften belegt.
- **vorklassische Schriftlichkeit (Altlatein)** ab Mitte 3. Jh. v. Chr. bis ca. 100 n. Chr., Herausbildung der altlateinischen Literatursprache unter der stark einwirkenden Patenschaft der hochangesehenen griechischen Literatursprache (vermittelt vor allem durch die unteritalienische *Magna Graecia);* wachsender Abstand zur gesprochenen Sprache; selektives Vorgehen; Normierungstendenzen.

Bedeutende **Autoren:**

- LIVIUS ANDRONICUS (ca. 270 in Tarent geboren, er ist griechischer Herkunft), Übersetzer von HOMERS *„Odyssee"* ins Latein;
- ENNIUS (239–169), stammt aus dem griechischen *Kalabrien,* verfasst die *„Annales"* und 20 von EURIPIDES inspirierte Tragödien; 184 erhält er das römische Bürgerrecht, er wird *civis romanus;*
- PLAUTUS (254–184), verfasste Komödien; hier noch starker Kontakt zur Alltagsrede;
- TERENZ (190–159), schrieb ebenfalls Komödien, stärker stilisiert, entwickelte Distanz zur Mündlichkeit.

■ **klassische Schriftlichkeit (Klassisches Latein, Goldene Latinität)** von ca. 100 v. Chr. bis 14 n. Chr. (Tod des KAISERS AUGUSTUS):
- Höhepunkt der normativen Tätigkeit in Grammatik, Lexikon und Stil; große Distanz zur Mündlichkeit;
- Vollendung in der Prosa CICEROS (ca. 106–ca. 43) und CÄSARS (100–44);
- großer Abstand in der poetischen Diktion VERGILS (ca. 70 bis ca. 19) *„Aenäis"* und damit Trennung von Prosa und Poesie.

■ **nachklassische Schriftlichkeit (Silberne Latinität)** von 14 n. Chr. bis 117 n. Chr. (Regierungsantritt HADRIANS) oder bis 284 n. Chr. (DIOKLETIANS Regierungsantritt):
- relative Eigenständigkeit, neue literarische Bedürfnisse;
- die klassische Trennung von Prosa und Poesie wird gemildert, so bei SENECA, QUINTILIAN, TACITUS, JUVENAL.

■ **spätlateinische Schriftlichkeit (Spätlatein, *le latin tardif*)** vom 2. (3.) Jh. bis an das 7. Jh.:
- neue soziale Gegebenheiten;
- Eigenständigkeit wiederum neuer literarischer Bedürfnisse und Ziele;
- nicht mehr nur als Periode des Verfalls und der Dekadenz anzusehen; neue Formen, neue Ästhetik, neue Inhalte („Weltauslegung" statt „Weltdarstellung"; umfassende Ausgestaltung des christlichen Glaubens);
- Distanz zur klassischen Literatursprache, größere Nähe wieder zur **Mündlichkeit:**
  - lat. *Bibelübersetzung „Vetus Itala"; „Vulgata"* (390–405) des HIERONYMUS (347–419); Predigten des Kirchenvaters AUGUSTINUS (354–430) und *„Confessiones";* Grammatik des DONATUS (4. Jh.) *„Ars Minor"/"Ars Major";*
  - *„Historiographie"* des PRUDENTIUS (348–410);
  - die *„Consolatio philosophiae"* des Philosophen und Staatsmanns BOETHIUS (480–524);
  - *„Geschichte der Westgoten, Vandalen und Sueben"* sowie die zwanzigbändigen *„Origines"* = *„Etymologiae"* – eine Enzyklo-

pädie des damaligen Wissens von Isidor von Sevilla (570–636, seit 600 Erzbischof von Sevilla);
- das *„Corpus iuris"* des oströmischen Kaisers Justinian (533 bis 534).

■ **Lateinische Schriftlichkeit des Mittelalters (Mittellatein, *latin médiéval*)** von ca. 600 bis 1200 (1500):
- in großen Teilen Europas verbreitete Schriftlichkeit, regional verschieden datiert;
- in den einzelnen Ländern mehr oder weniger stark von den Muttersprachen der Schreiber beeinflusst; somit enge Kontakte zu der jeweiligen nationalen Mündlichkeit, also stark regionale Varianz;
- im Gegensatz zum Spätlatein ist das Mittellatein zunehmend Zweitsprache (Sekundärsprache, auch „Vatersprache" neben der jeweils romanischen/germanischen/ungarischen Muttersprache;
- ist Verkehrssprache der Gelehrtenwelt, der *clerici* und *litterati;*
- wichtige Quelle zum Ausbau der sich entwickelnden Schriftlichkeit der Volkssprache durch zahlreiche Lehnwörter *(mots savants);*
- die von Karl dem Grossen eingeleitete sogen. *Karolingische Renaissance* (um 800) verordnet zeitweise ein Zurück zu den klassischen sprachlichen Normen; es vergrößert sich – zeitweise – wieder der Abstand zu den jeweiligen Nähesprachen.

■ **Neulateinische Schriftlichkeit (Neulatein)** ab ca. 1300 bis in die Gegenwart
- setzt ein mit *Humanismus* und *Renaissance* (z. B. Petrarca 1304–1374);
- Rückgriff auf das klassische Latein, puristische Neuorientierung;
- abschätzige Haltung gegenüber dem Mittellatein;
- Vitalitätsverlust durch Abstand zu den nationalen Nähesprachen.

2 Die Mündlichkeit (das „Vulgärlatein")

Charakteristika des Vulgärlateins

Im alten Rom und in der Provinz Latium existierte das Latein zunächst und zuerst als Mündlichkeit.

■ Das Sprechlatein, in der romanistischen Tradition meist *Vulgärlatein* genannt, ist medial und konzeptionell als **Nähesprache** zu bestimmen, es ist die **mündliche Varietät** des Lateins.

■ Vulgärlatein ist nicht etwa aus der lateinischen Literatursprache oder Hochsprache hervorgegangen; es ist mitnichten deren Entartung oder Verderbtheit oder korrumpiertes Latein. Irreführend sind in der historischen Lautlehre noch anzutreffende Gleichungen wie lat. *mensem* > vulgärlat. *mese* > altfrz. *meis* > nfrz. *mois* (Monat).

■ Mit Verweis auf Blasco-Ferrer (1994:121 ff.) lässt sich das Vulgärlatein unter Nutzung der von den Römern selbst für diese Varietät eingeführten (semantisch allerdings schillernden) Benennungen als Nähesprache folgendermaßen bestimmen:
- tendenziell ist das Vulgärlatein eine Varietät, die vorwiegend auf der Ebene der *Diamesik* als gesprochen zu charakterisieren ist; sie ist Sprechlatein ≅ *sermo cotidianus* (Alltagslatein, Alltagsrede);
- zudem ist es eine diaphasisch markierte Varietät: sie ist spontan, gefühlsbetont, affektiv (im Sinne von Bally [1950] und Hofmann [1926]), wenig reflektiert ≅ *sermo familiaris;* diese Sprachform findet auch gewissen Zugang zur Schriftlichkeit bildungstragender Schichten, aber auch in schriftlichen Äußerungen (Inschriften) von weniger Gebildeten;
- zudem ist es eine diastratisch eher niedrig markierte Varietät unterer Volksschichten, es ist relativ derb, anschaulich, oft normwidrig vom Normenkodex der Literatursprache aus gesehen ≅ *sermo proletarius* oder *sermo plebeius;*
- zudem handelt es sich um eine nicht einheitliche, also regional, diatopisch markierte Verkehrssprache in dem immens gewachsenen *Imperium Romanum* ≅ *sermo peregrinus;*
- besonders auf dem Lande (≅ *sermo rusticus* = *rusticitas)* gegenüber den Städten (mit der Prestigeform des *sermo urbanus* = *urbanitas)* und in von den Zentren abgelegenen Gebieten begegnen regionale Eigenentwicklungen;
- es dominieren eher *zentrifugale* Kräfte (gegenüber *zentripetalen* Kräften), die mit dem Wachsen des *Imperiums* vom steigenden Druck der Sprachen der in das Staatswesen mehr oder weniger integrierten besiegten Völkerschaften ausgelöst werden. Das **Regionallatein** der Galloromania wie das der Italoromania, Iberoromania, Rätoromania und Dacoromania entwickelt eigene Züge;
- zudem handelt es sich tendenziell um eine gesprochene Volkssprache, die in Ansätzen schon in altlateinischen Texten aufscheint (so in den Komödien des Plautus). Negativ bewertet (als *sermo vulgaris)* wird es erst nach der Fixierung der künstlerisch und stilistisch wohlgeformten und zu hoher Blüte gelangten klassischen lat. Literatursprache (= **Distanzsprache**) der Zeit Ciceros, Caesars und Vergils.

Terminus

Von *sermo vulgaris/vulgaris sermo* ausgehend, wurde in der Romanistik von Hugo Schuchardt (1847–1927) der Fachterminus **Vulgärlatein** (1866) lanciert.

In der altlateinischen Periode (Mitte 3. Jh. v. Chr. bis ca. 100 v. Chr.) stand die gesprochene Varietät (= **Nähesprache**) noch nicht einer festen, abgehobenen, streng normierten Hoch- und Literatursprache (= **Distanzsprache**) gegenüber.

Diglossiesituation

Ganz anders ist die Situation seit dem 1. Jh. v. Chr.: Hoch- und Literatursprache sind streng abgehoben und normiert gegenüber der Nähesprache; vulgärlateinische Tendenzen werden vermieden und unterdrückt; es ist eine **Diglossiesituation** entstanden.

Zum vollen Durchbruch kamen die vulgärlateinischen Tendenzen im relativ langsamen Herausbildungsprozess der einzelnen romanischen Sprachräume, also im 5. bis 8. Jh. n. Chr. Es entsteht also keinerlei Bruch, es dominiert die „Stafettenkontinuität" vieler Generationen. Abzulehnen ist daher die heute noch verbreitete Aussage, die romanischen Sprachen seien Tochtersprachen der lateinischen Muttersprache, eine „Entbindung" hat zwischen Latein und Romania nie stattgefunden.

Quellen des Vulgärlateins

Wichtigste Quelle für die Kenntnis des heterogenen, keinesfalls homogenen Vulgärlateins sind die 10 romanischen Sprachen und ihre Dialekte. Die historisch-vergleichende romanistische Sprachwissenschaft hat bis heute hervorragenden Anteil an der exakten Bestimmung aller sprachlichen Ebenen bis hin zum Lexikon.

Schriftliche Quellen

Schriftliche Quellen für die Kenntnis des Vulgärlateins oder das Durchschimmern der Mündlichkeit in der Schriftlichkeit (also wiederum: *Le parlé dans l'écrit du latin*):
- Rein vulgärlateinische Texte gibt es nicht, kann es auch nicht geben.
- Die Komödien von PLAUTUS sind nur mit Vorsicht als Quellen für das Vulgärlatein zu verwerten.
- PETRONIUS, *„Cena Trimalchionis"*: der Text stammt aus der Zeit NEROS (37–68 n. Chr.). Trimalchio war einst Sklave, wurde freigelassen, wurde steinreich. Er veranstaltete ein Gastmahl: die Reden der prassenden ungebildeten Teilnehmer sind sprachlich von besonderer Relevanz, hier spiegelt sich die niedere Umgangssprache Mittelitaliens (Raum Neapel) im 1. Jh.
- Private briefliche **Mitteilungen** auf *Papyri*, Pergamenten oder Tonscherben (sogen. *Ostraka*); so aus Ägypten, ca. 300 in lat. Sprache, von Soldaten verfasst zu Alltagsproblemen.
- **Inschriften**, meist in Stein gemeißelt; auch Wandkritzeleien spontaner Natur, so die „Graffiti", die bei Ausgrabungen in Pompeji und Herculanum entdeckt wurden, in Städten also, die der Ausbruch des Vesuvs 79 n. Chr. verschüttet hatte. Diese Graffiti wurden von VÄÄNÄNEN (1966) genauestens untersucht.
- Die Anfänge lateinischer Bibelübersetzung *(s. o. „Itala"* und *„Vulgata")*. Die *„Itala"* – hier sind Teile des Neuen Testaments

übersetzt – nimmt sprachlich Rücksicht auf die Adressaten, die ersten Christen also, die noch wenig Bildung besaßen. Die „Vulgata" (um 383 n. Chr.) bietet dagegen auch sprachlich anspruchsvolle Übersetzungstexte, das Christentum ist jetzt Staatsreligion;

■ „**Appendix Probi**" (ca. 305 n. Chr.), erhalten im Anhang der Grammatik des PROBUS; der Verfasser des Anhangs ist unbekannt. Der Anhang ist ein Anti-Barbarus, getragen von puristischer Gesinnung. Getadelt werden insgesamt 227 aufgelistete Fälle:

normgerecht		falsch	
spéculum	non	speclum	„Spiegel"
pérsica	non	pessica	„Pfirsich"
víridis	non	virdis	„grün"
cálida	non	calda	„warm"
auris	non	oricla	„Ohr"
occasio	non	occansio	„Gelegenheit"
formosus	non	formunsus	„schön"
ansa	non	asa	„Henkel"
pauper mulier	non	paupera mulier	„arme Frau"

– Die ersten vier inkriminierten Belege zeigen in Wörtern, die auf der drittletzten Silbe betont sind *(Proparoxytona)*, den Ausfall des Vokals der *Paenultima* (der vorletzten Silbe > frz. *pêche, vert, chaud)*
– *oricla* zeigt die Monophthongierung des Diphthongs *au* und die Diminutiverweiterung (zu karezzativen Zwecken) *auricula* „Öhrchen", mit Ausfall des Paenultimavokals; die frz. Form *oreille* geht etymologisch auf *oricla* zurück;
– *ansa* ist ein Beleg für den generellen Ausfall von *n* vor *s* im erbwörtlichen Wortschatz;
– *occansio* und *formunsus* sind hyperkorrekte Formen (ein n wird dort verschlimmbessernd eingeführt, wo es gar nicht hingehört);
– *pauper* ist ein Adjektiv, das für alle drei Genera eine Form hat; *paupera* ist somit „falsch", analog zu den lateinischen Adjektiven dreier Endungen wie *bonus, bona, bonum.*

■ „**Mulomedicina Chironis**" (ca. 350 n. Chr. entstanden, in Afrika oder Sardinien?): der „**Traktat des Chiron**" ist ein Nachschlagewerk zur Behandlung kranker Maulesel, darin viele Gräzismen und Normabweichungen; so begegnet im Text als Akkusativ für das lat. Neutrum *lac, lactis* „Milch" die „richtige" Form *lac* neben *lactem* und *lacte* (mit Ausfall des auslautenden *m* im Vulgärlatein);

- **„Peregrinatio Egeriae"** (= „Aetheriae"); nach DURANTE (1993: 42) zwischen 381 und 384 entstanden im Grenzgebiet *Iberia/ Gallia,* also im Nordwesten Spaniens; es ist die Pilgerreise einer literarisch wenig gebildeten Nonne ins Heilige Land *(Palästina);*
- GREGOR VON TOURS (538–594, ab 573 Bischof von Tours): zehn Bücher der **„Historia Francorum"**; diese Bücher sind eine wichtige Quelle für die Geschichte der *Merowinger;* sprachlich zeigt das Werk beachtlichen Verfall der Grammatik (vgl. BONNET 1890);
- **Glossare:** sie sind Vorläufer der späteren Wörterbücher; es sind Kompilationswerke, an denen *clercs* aus verschiedenen Jahrhunderten mitgearbeitet haben. Diese Glossensammlungen erklären seltene, veraltete, nicht mehr verstandene Wörter antiker Autoren oft mit umgangssprachlichem Wortschatz;
  - **„Reichenauer Glossen":** Handschrift aus dem 9. Jh. aus der Abtei Reichenau/Bodensee. Zwei Teile: Glossensammlung zu Bibelstellen und alphabetisches Glossar; hier wird u.a. folgendes erklärt:
    - *pulcra: bella (pulcher* „schön" lebt nicht weiter im Romanischen!), frz. *beau, belle;*
    - *semel: una vice* „einmal" > frz. *une fois;*
    - *femur* „Oberschenkel": *coxa* eigentlich „Hüfte" (> frz. *cuisse* „Oberschenkel"); *femur* geht unter; ein „Nachbarwort" füllt die Lücke, als neue Bezeichnung für die Hüfte tritt das fränkische *hanka* > frz. *hanche* ein!;
    - *iecore: ficato;* die Bezeichnung für „Leber" fällt aus; aus der Welt der Küche: „mit Feigen gespickte Leber" führt zur Neubezeichnung des Organs durch *fecatum* > frz. *le foie* (ital. *fegato,* span. *hígado,* port. *fígado,* rum. *ficat);*
    - *Gallia: Frantia* (der neue Name für Gallien!);
    - *arena: sabulo* „Sand" (> frz. *sable),* aber span. *arena,* port. *areia;*
    - *canere: cantare* „singen" (> frz. *chanter),* nach dem Partizip Perfekt *cantatum* Neubildung des Infinitivs;
    - *hiems: ibernum* „Winter"; das Adjektiv wird die Basis für das frz. Substantiv (> *l'hiver);* im Vulgärlatein schwindet anlautendes *h- (hibernum > ibernum);*
    - *si vis: volis* „wenn du willst"; an die Stelle von *velle* „wollen" tritt *volere* (> *vouloir),* also Neuformierung des Infinitivs;
    - *in ore: in bucca* „in den Mund"; *os, oris* „Mund" wird als Erbwort nicht überliefert, *bucca* > *la bouche* übernimmt seinen Platz.
  - **„Kasseler Glossen":** sie stammen aus dem 9. Jh. In ihnen wird lateinischer/romanischer Wortschatz durch althochdeutsche Äquivalente erklärt:
    homo: man (> frz. *homme* „Mann")
    ordigas: zehun (> frz. *orteil* „Zehe").

■ Eine wichtige Erkenntnisquelle für die sprachlichen Gegebenheiten im Vulgärlatein sind die lateinischen Lehnwörter in
nichtromanischen Sprachen der Gebiete, die einst römisch besetzt, aber dann geräumt wurden (vgl. *„Romania submersa",
s. S. 18).*
• So geben lateinische Lehnwörter im Deutschen Hinweis darauf, dass sie zu einer Zeit entlehnt wurden, als lat. *c* vor *e*
oder *i* noch nicht palatalisiert war, also noch die [k-]Aus-
sprache aufwies:
lat. *cellarium* → dt. *Keller*
lat. *cista* → dt. *Kiste*
• Dasselbe gilt für lateinische Lehnworter im Baskischen: *bake* <
lat. *pacem* „Frieden", Berberischen oder Inselkeltischen (der
Bretagne bretonnante).

Literatur

Zu diesen und weiteren Quellen des Vulgärlateins vgl. ROHLFS
(1951); HERMAN (1970); VÄÄNÄNEN (1981); REICHENKRON (1965);
SLOTTY (1960); VOSSLER (1954); J. B. HOFMANN (1926).

❹ Sprachliche Neuerungen und Eigenheiten des Vulgärlateins

Vokalismus

Im phonologischen System des klassischen Lateins war die Opposition Länge : Kürze der Vokale (ō : ŏ) phonologisch gültig (rele-
vant), d. h. bedeutungsunterscheidend:

pŏpulus	: pōpulus	„Volk"	: „Pappel"
ŏs	: ōs	„Knochen"	: „Mund"
lĕgit	: lēgit	„er liest"	: „er las"

Im Vulgärlatein bricht dieses quantitative **Oppositionsschema**
zusammen (**Quantitätenkollaps**); es wird allmählich ersetzt
durch ein **qualitatives Schema,** nämlich offen : geschlossen (ẹ :
ę; ọ: ǫ; usw.). Es erfolgt also eine „Umphonologisierung" Quan-
tität > Qualität. Dabei fallen verschiedene Vokale zusammen mit
unterschiedlichen Ergebnissen in den einzelnen Regionen der Romania. Es hat also ein einheitliches vulgärlateinisches Vokalsys-
tem nie gegeben. Für die Galloromania (sowie Iberoromania,
Rätoromania, Norditalien, Mittelitalien, Nordteil von Süditalien)
gilt folgendes System:

| klassische lateinische Quantität: | ī | ĭ | ē | ĕ | ă | ŏ | ō | ŭ | ū |
| vulgärlateinische Qualität: | i̦ | | ẹ | ę | a | ǫ | ọ | | u̦ |

vulgärlateinische Beispiele:

ripa; scriptu(m)	„Ufer"; „geschrieben"
fẹde(m); mẹttere	„Treue"; „stellen"
tẹla; mẹ(n)se(m)	„Leinwand"; „Monat"
pẹde; fẹsta	„Fuß"; „Fest"
patre(m̂); manu(m)	„Vater"; „Hand"
nọve(m); pọrta	„neun"; „Tür"
dolọre(m); cognọsco	„Schmerz"; „ich kenne"
gọla; gọtta	„Schlund"; „Tropfen"
mụru(m); pụrgat	„Mauer"; „er reinigt"

Anmerkungen

1. Es gibt – auf Grund unterschiedlicher Zusammenfälle – weitere **3 Vokalsysteme** (1. für Sardinien, Nordkalabrien und Südlukanien; 2. für Sizilien, Mittel- und Südkalabrien sowie Südapulien; 3. für Rumänien und Randgebiete Südlukaniens).
2. Die lateinischen **Diphthonge** *ae* und *oe* werden **monophthongiert**:
   ae > ẹ, oe > ẹ: caelu(m) > cẹlu „Himmel"; *poena > pẹna* „Strafe". Der lateinische Diphthong *au* wird in der Nordgalloromania *> o* monophthongiert; in der Südgalloromania erhalten.
3. Die große Mehrzahl der lateinischen Wörter trägt den **Hauptakzent** auf der vorletzten Silbe (Paroxytona: *dólor/dolórem; maturus* „reif"; andere Wörter haben den Hauptakzent auf der drittletzten Silbe (Proparoxytona: *mettere, viridis*). Viele dieser Proparoxytona verlieren den Vokal der vorletzten Silbe (sogen. Synkope) und werden dadurch zweisilbig *(tábula > tábla* „Tisch", *méttere > méttre)*.

Konsonantismus

Auch das **Konsonantensystem** des Vulgärlateins besitzt eigene Züge:
- Noch im 1. Jh. v. Chr. verstummen in der Aussprache nach dem Zeugnis von Grammatiken

anlautendes *h-*	:	*ibernu* „winterlich" > „Winter"
auslautendes *-m*	:	*me(n)se*
n vor *s*	:	*mese* „Monat"

Die traditionelle Graphie des Lateinischen (und des Französischen beim *h-*) schleppt diese **ausgefallenen Konsonanten** noch lange weiter.
- Der **anlautende Konsonant *k*** (geschrieben *c*) vor den Vokalen *o* oder *u* bleibt wie die meisten Konsonanten im Anlaut erhalten. Vor den Vokalen *e* und *i* wird *k* in großen Teilen des Imperiums „assibiliert": der Verschlusslaut wird zur *Affrikata,* zum stimmlosen Verschlussreibelaut: *Cicero* in klass. Hochsprache [kíkero], jetzt [tsítsero]; *cera* „Wachs" > [tsɛra] usw.

| Genera | Im Vulgärlatein sind gravierende Unterschiede zur klassischen Literatur- und Hochsprache feststellbar: Statt der drei Genera (masculinum, femininum, neutrum) des klassischen Lateins beschränkt das Vulgärlatein diese Zahl auf zwei durch **Aufhebung** des Neutrums. |

Die Substantive und Adjektive, soweit sie überleben, gehen in das Masculinum oder Femininum über:

vinum	> frz. *le vin*
templum	> frz. *le temple*
velum	> frz. *le voile* „Schleier"

Die pluralischen Neutra auf -*a (vela, folia)* werden als **Kollektiva** (Sammelbegriffe) verstanden und in das Femininum überführt:

vela	> *la voile*	„Segelwerk" → „Segel"
folia	> *la feuille*	„Blattwerk" → „Blatt"
gaudia	> *la joie*	„Freudenausbruch" → „Freude"

Klassen

Die streng geregelten fünf **Deklinationsklassen** der Nomina gehen ineinander über:

materies	→ *materia* „Stoff"
glacies	→ **glacia* > *la glace* „Eis"
facies	→ * *facia* > *la face* „Aussehen".

Casus

Reduzierung der lateinischen *Casus*. Das klassische Latein kannte sechs *Casus*. Sie dienten dem **Ausdruck der Satzgliedfunktionen** im Satz; im Vulgärlatein treten an die Stelle der *Casus* vielfach Umschreibungen mit den **Präpositionen** ad und de + Substantiv zur Markierung der Satzgliedfunktionen; dieser Wandel ist typologisch wichtig:

klasslat.:	**Postdetermination** mit **synthetischen** *Casus*-Endungen
vulglat.:	**Prädetermination** mit **analytischen** Präpositionalumschreibungen. –

Diese Umstrukturierung wird auch nötig auf Grund des lautlichen Zusammenfalls verschiedener Casus-Endungen durch Ausfall des auslautenden -*m* und durch den Übergang von ŭ > o (s. o. Quantitätenkollaps, S. 26).

	Klassisches Latein	Vulgärlatein
Dativ	*muro*	*muro*
Akkusativ	*murum*	*muro*
Ablativ	*muro*	*muro*

Artikel

Das klassische Latein kennt *keine Artikelformen*. Im Vulgärlatein entwickeln sich Vorformen der **bestimmten Artikel** aus den **demonstrativen Pronomina**, in den meisten Regionen der Romania aus *ille, illa – illu(m), illa(m) –*, in anderen aus *ipsu(m), ipsa(m)*. Dabei steht der Artikel meist vor dem Substantiv (im Rumänischen nach dem Substantiv):

> *illu muro*   > *lo mur*   > *le mur*
> *illa fémina* > *la femme*.

Adjektiv

Die Gradation (Steigerung) der Adjektive war im klassischen Latein postdeterminierend *(synthetisch)*, also mit Endungen:
altus – altior – altissimus „hoch – höher – am höchsten"
Dafür bevorzugt das Vulgärlatein den prädeterminierenden *(analytischen)* Ersatz durch *magis* oder *plus:*

$$altus \underset{plus}{\overset{magis}{<>}} altus \quad \rightarrow \text{frz. } haut - plus\ haut - le\ plus\ haut$$

Verbum

Grundlegende Divergenzen zwischen klassischem Latein und Vulgärlatein weist auch die Morphosyntax des Verbums auf.

■ **Wechsel der Konjugationsklasse:**

canere	→ *cantare*	*esse*	→ *éssere/essére*
posse	→ *potére*	*velle*	→ *volére*
ridére	→ *rídere* „lachen"	*sápere*	→ *sapére* „wissen"

■ **Beseitigung der sogen. Deponentien;** sie hatten das Konjugationsparadigma des Passivs, aber aktivische Bedeutung:

lavari	→ *lavare*
imitari	→ *imitare*

■ **analytischer (periphrastischer) Neuaufbau großer Teile des Verbparadigmas**
Futur: statt *cantabo* „ich werde singen": *cantare habeo > je chanterai*. Analog dazu wird sogar ein neues Tempus (bzw. neuer Modus), das **Konditional**, neu geschaffen: *cantare habebam > je chanterais*

Perfekt: statt *cantavi* „ich habe gesungen" *habeo cantatum > j'ai chanté*
Passiv: statt *amor* „ich werde geliebt" *sum amatus > je suis aimé.*

Die **Satzgliedfolge** des klassischen Latein bevorzugt die Stellung des Prädikats am Satzende. Im Vulgärlatein bahnt sich die spätere romanische Satzgliedfolge **Subjekt – Prädikat – Objekt** an:

> *Pater filium amat > pater amat filio*

Das Klassische Latein bevorzugt lange **Satzperioden** *(Hypotaxe)*, das Vulgärlatein dagegen die **Nebenordnung** *(Parataxe);* deshalb fehlt im Vulgärlatein ein Großteil der zahlreichen subordinierenden Konjunktionen (außer *quando, quomodo, si* und *quod*).

Statt der Konstruktion aus dem klassischen Latein *Accusativus cum infinitivo* (A.c.I.) nach Verben des Sagens gebraucht das Vulgärlatein **Kompletivsätze:**

> klasslat.: *dico me illum cognoscere*
> vulglat.: *dico quod illum cognosco*
> frz.: *je dis que je le connais*

Statt dem **Gerundium** (= deklinierte Formen des Infinitivs!) aus dem klassischen Latein bevorzugt das Vulgärlatein die **Infinitivkonstruktion:**

> klasslat.: *dare ad manducandum*
> vulglat.: *dare ad manducare* (schon in der Itala!).

Der **Grundwortschatz** ist in größeren Teilen den Varietäten des Lateins gemeinsam (und damit auch den meisten romanischen Sprachen):
rotundus „rund", *plenus* „voll", *calidus* „warm", *frigidus* „kalt", *siccus* „trocken", *niger* „schwarz", *novus* „neu", *bonus* „gut", *habere* „haben", *facere* „machen", *dormire* „schlafen", *bibere* „trinken", *credere* „glauben".

Dennoch gibt es auch im grundlegenden Wortschatz Abweichungen; so gibt es eine bestimmte Aversion gegen einsilbige Wörter:

klassisches Latein		Vulgärlatein	
vir	dafür	*homo*	„Mann"
domus	dafür	*casa*	„Haus"
		mansione	
pulcher	dafür	*bellus*	„schön"
ferre	dafür	*portare*	„tragen"

res	dafür	*causa*	„Sache"
crus	dafür	*camba*	„Schenkel, Bein"
loqui	dafür	*parabolare*	„sprechen"
vis	dafür	*fortia*	„Kraft"

Gegenüber **„nullexpressiven"** Wörtern des klassischen Latein bevorzugt das Vulgärlatein drastische, ausdrucksstarke, affektisch **konnotierte Wörter:**

édere	dafür	*manducare*	„essen"
caput	dafür	*testa*	„Kopf"
ōs	dafür	*bocca*	„Mund"
magnus	dafür	*grandis*	„groß"
equus	dafür	*caballus*	„Pferd"
felis	dafür	*cattus*	„Katze"
ignis	dafür	*focus*	„Feuer"

Das Vulgärlatein bevorzugt statt der kurzen *Simplicia* des klassischen Latein die emotional aufgeladenen, einschmeichelnden *Diminutiva* (sie geben dem Wortkörper überdies mehr Volumen):

auris	dafür	*aurícula (óricla)*	„Ohr" *(s. o. Appendix Probi, S. 24)*
sol	dafür	**solículu*	„Sonne"
acus	dafür	*acúcula*	„Nadel"
vetus	dafür	*vetulus, *veclus*	„alt"
apis	dafür	*apícula*	„Biene"

Das Vulgärlatein entwickelt weitere eigene Möglichkeiten der Wortbildung, der **Derivation:**

mons	→	*montanea*	> *la montagne*
opus	→	*operarius*	> *l'ouvrier*
pectus	→	*pectorina*	> *la poitrine*

Der vulgärlateinische Wortschatz wird auch durch **Lehnwörter** aus dem **griechischen Adstrat** beeinflusst; zu beachten ist dabei die Rolle des mit dem Griechischen eng verbundenen Christentums, das im Imperium zur Staatsreligion wird:

ángelus	>		frz. *ange*	
présbyter	>		frz. *prêtre*	
apostulu	>		frz. *apôtre*	
epíscopus	>		frz. *évêque*	
ecclesía	>	*ecclésia*	> frz. *église*	

diábolus	>	frz. *diable*	
monasterium	>	frz. *moutier* „Kloster"	

Durch griechische Einwirkungen erhalten lateinische Wörter **neue Bedeutungen:**

fides	„Vertrauen", „Glaube"	→ „(christlicher) Glaube"
humilitas	„Niedrigkeit"	→ „geistliche Demut"
paganus	„ländlich"	→ „unchristlich, heidnisch"
saeculum	„(Menschen-)Geschlecht"	→ „säkularisierte Welt".

Ein Beleg für die **„Kalkierung"** (Übersetzungslehnwortbildung) ist die Neubildung *septimana* > frz. *semaine* nach dem griechischen Vorbild *hebdomás* „Siebener = Woche mit sieben Tagen" als neue Zeiteinheit in Rom.

5 Die Substrateinflüsse auf das Latein der Galloromania

Sprach-kontakte

Bevor die römischen Legionen die Galloromania eroberten, siedelten und lebten hier schon viele Völkerschaften. Mit diesen Völkern stießen die Römer nicht nur militärisch zusammen, sie kamen mit ihnen auch in sprachlichen Kontakt. Diese Völker bewahrten zunächst ihre angestammten Sprachen. In ständigem Kontakt mit den Eroberern lernten sie neben ihren Muttersprachen zur Verständigung mit den Siegern allmählich auch das Latein. Daraus entwickelten sich **bilinguistische Sprachsituationen,** die lange Zeit andauern können bis zum schrittweisen Rückzug und schließlich dem Ausfall der vorlateinischen Sprachen in der Galloromania. Aus dem Bilingualismus entstand dann **Monolinguismus.**

Substrat

Der Untergang der unter der Sprachschicht („stratum") des Lateins gelegenen Sprachen – der **Substratsprachen** – ist jedoch nicht vollständig. Das Vulgärlatein der Galloromania und das werdende Nord- und Südgalloromanische werden ihrerseits von den Sprachen der vorlateinischen, nunmehr verschwindenden Völker mehr oder weniger stark beeinflusst.

Diese **Substrateinflüsse** können alle sprachlichen Ebenen betreffen, vor allem das **Lautsystem** und den **Wortschatz.** Solche Einwirkungen sind offenbar auch wichtig geworden für die **Differenzierung der romanischen Sprachen** und ihrer Dialekte und damit für die Ausgliederung der romanischen Sprachräume.

Wissenschaftsgeschichtlich gesehen wurde die **Substratforschung** von dem italienischen Linguisten GRAZIADIO ISAIA ASCOLI

(1829–1907) um 1875 begründet; Ascoli ist auch der Schöpfer des Terminus „Substrat".

Bis heute ist strittig, wie groß das Ausmaß der Substrateinflüsse auf das sich herausbildende Galloromanisch gewesen ist. Substratophilen (Befürwortern) stehen Substratophoben (Ablehnende) gegenüber. In Bezug auf den Wortschatz sollte die These des wissenschaftlichen Begründers der romanischen Philologie, Friedrich Diez (1794–1876), weiter gelten, die romanischen Wörter so weit wie möglich im Latein zu verankern. Dieser These folgt Harri Meier 1986 in Bezug auf die etymologische Forschung in kontroverser Auseinandersetzung mit substratophilen Positionen (z. B. Gerhard Rohlfs). Nach Walther von Wartburg sind bis heute etwa 20 % des galloromanischen, vor allem dialektalen Wortschatzes ihrer Herkunft nach ungeklärt. Viele dieser Elemente könnten aus Sprachkontakten mit vorlateinischen Völkerschaften stammen.

In der Galloromania haben sich in prähistorischer und historischer Zeit verschiedene Völker- und Sprachschichten überlagert. Es ist heute außerordentlich schwierig, die einzelnen Schichten exakter voneinander zu trennen.

Vorkeltische Elemente

Unsere Kenntnisse über die in Frage kommenden vorlateinischen Sprachen und Völker sind außerordentlich gering. Genauere Zuweisungen an eine bestimmte vorindoeuropäische oder indoeuropäische Sprache sind kaum möglich. Hilfreich sind sprachgeographische Momente, wenn die Siedlungsgebiete der betreffenden Völker nicht ganz im Dunkeln verblieben sind.

Tatsache ist, dass im 6. Jh. v. Chr. nach „Frankreich" kommende und hier siedelnde **Festlandskelten** auf andere Völkerschaften gestoßen sind, von denen sie auch Sprachliches übernehmen.

Hilfestellungen geben die Teildisziplinen der **Onomastik** (Namenkunde), so die **Toponomastik** (Ortsnamenkunde) und die Disziplinen, die die Namen der Flüsse und Gebirge untersuchen. Sehr viele dieser Namen – in Frankreich gibt es schätzungsweise mehr als 1500 Gewässernamen – sind in Frankreich vorlateinischen Ursprungs, etymologisch aber meist noch unklar (vgl. Dauzat/Deslandes/Rostaing 1978, dazu Hubschmid 1979). Flüsse sind auch als Gottheiten angesehen worden; im religiösen Kult haben z. B. die Göttinnen *Dea Sáuconna* (>*Saône*) und *Dea Séquana* (> *Seine*) eine Rolle gespielt. Vorindoeuropäischer Herkunft sind auch die Flussnamen *Garonne* und *Gironde,* die beide verwandt sind.

Ligurische Elemente

Die Kelten, die im 6. Jh. v. Chr. eindrangen, stießen im Südosten „Frankreichs" auf die **Ligurer.** Diese bewohnten das Rhônebecken, die Franche-Comté, Teile der Schweiz und Oberitaliens sowie Nordportugals. Von den Kelten wurden sie in das westliche

Alpengebiet abgedrängt. Als die Römer 125 v. Chr. in Südgallien einfielen, trafen sie noch auf Ligurer. Von der **Sprache der Ligurer** wissen wir praktisch nichts. Die Ligurer stammen wahrscheinlich aus Osteuropa; es werden ligurisch-kaukasische neben baskisch-kaukasischen Beziehungen vermutet. Das Ligurische scheint durch den Sprachkontakt mit dem Keltischen indoeuropäisiert worden zu sein.

Den Ligurern zugewiesene **Relikte**, sprachgeographisch abgestützt:

– das **Suffix** *-asko/-usko* in Orts- und Personennamen wie *Venasque, Manosque;*

– ihrerseits den Römern übergeben, vom regionalen Latein dann in die alpenokzitanischen Dialekte und von ihnen aus schließlich ziemlich spät ins Französische):

le chamoix (im *Bas Latin* des 5. Jh. als *camox* belegt „Gämse" (sie lebt im alpinen Hochgebirge); *la calanque* „fjordartige Einbuchtung der Küste"; *le chalet* „Sennhütte"; *le caillou* „(Kiesel-) Stein"; *l'avalanche* „Lawine" (in Savoyen: *lavantse*, volksetymologisch mit *avaler* in Kontakt gebracht) (vgl. *FEW 5*, 101 ff.); *la luge* „Schlitten" (das Wort stammt aus Savoyen und der Suisse romande).

Andere vorkeltische Elemente („préroman")

Schwierig ist deren Zuweisung an eine bestimmte vorlateinische Völkerschaft; für einige Elemente ist eine **illyrische Herkunft** möglich:

le drap (im 5. Jh. latinisiert zu *drappus;* lebt auch außerhalb der Galloromania); *la cabane*, über das Okzitanische ins Französische; *la joue* „Wange"; *le mélèze* „Lärche" (Baum), heimisch ist das Wort ursprünglich in der *Dauphiné;* *la motte* „Erdscholle, Ballen, Klumpen"; *drausa* „Erle" (nur dialektal in den Westalpen, in Hochgebirgstälern des Wallis und im Aostatal); *le barrage* „Sperre"; *le parc* „Pferch" (im *Bas Latin* als *parricus* latinisiert); *le pot* „Topf" (in der Nordgalloromania verbreitet, im Raum Trier viele Eigennamen *Pottus,* speziell für Töpfer).

Iberische Elemente

Von Afrika kommend haben die **Iberer** nicht nur die „iberische" Halbinsel (Spanien) beeinflusst, sondern auch – ab 600 v. Chr. – den Südwesten Frankreichs, den sie zeitweise bis zur *Loire* besetzt hatten. Die *Aquitaner,* die die Römer im Südwesten antrafen *(Aquitania > Guyenne!)* sind offenbar iberischer Herkunft.

Relikte in der *Gascogne* (und Nachbargebieten):

Okzitanisches *esquer* „links" (mit Lautvarianten auch in anderen okzitanophonen Departements) → vgl. span. *izquierdo;* port. *esquerdo.* Lat. *sinister* „links" hat sich in der Galloromania nicht durchsetzen können; frz. *gauche* stammt aus dem Fränkischen; *artigue* „urbar gemachtes Land".

Alt- griechische Elemente	(vgl. von Wartburg 1956). Hierbei handelt es sich nicht um die zahlreichen griechischen Lehnwörter, die die Sprache Roms früh- zeitig und mit dem Christentum meist aus dem Griechischen Un- teritaliens *(Magna Graecia)* übernommen hat und die mit dem Vulgärlatein in große Teile der Romania getragen wurden. Ge- meint sind ca. 90 Wörter, die im Raum Marseille mit Ausstrah- lungen in benachbarte Gebiete vorhanden sind als **Reste der griechischen Kolonisation der *Massalioten,*** die 600 v. Chr. zur Gründung Marseilles und anderer Handelsniederlassungen am Mittelmeer führte *(Nice < Nikaia „die Siegreiche"; Antibes < Antí- polis = „Stadt, die Nizza gegenüberliegt"; Agde < Agathé tyché „bonne fortune"; Mónaco < Herakles Monoikos).*
Lexikalische Relikte	Lexikalisches im Okzitanischen aus den **Sachgebieten:** – **Schifffahrt, Handel und Wetterbezeichnungen:** *néfo* „Wolke"; *lampá, lampeiá* „blitzen"; *empürá* „anzünden"; *tubo* „Rauch"; – **Wein- und Obstbau:** Die Massalioten bringen zwei wichtige Kulturpflanzen mit: den Weinstock und den Olivenbaum; der Spezialwortschatz dieser Kulturen strahlt teilweise das Rhône- tal entlang bis in die Bourgogne und Champagne sowie ins Moselgebiet aus:

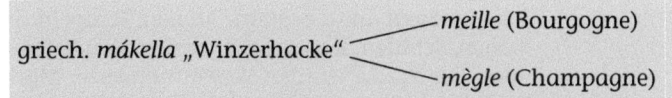

Keltische / Gallische Elemente	Von den Kelten wird etwa seit dem 7. Jh. v. Chr. gesprochen; um 500 v. Chr. begann ihre Expansion. Sie waren in großen Teilen der heutigen Romania anwesend. Im westlichen Teil Oberitaliens sie- delten sie bis zur Linie **La Spezia/Rimini,** die bis heute als wichti- ge **Sprachgrenze** zwischen der **Westromania** (Gebiete nördlich und westlich dieser Linie) und **Ostromania** (Gebiete südlich und östlich dieser Linie) angenommen wird (vgl. VON WARTBURG 1950). Intensiv gesiedelt haben sie seit dem 6. Jh. auch in dem Land, das nach ihnen benannt wurde: in Gallien.
Keltisches Adstrat	Lange Zeit waren die Kelten zunächst ein Nachbarvolk der Rö- mer, man lebte friedlich miteinander, und es gab schon wirt- schaftliche Beziehungen, die auch sprachlichen Austausch be- wirkten. Für diesen nachbarschaftlichen Sprachaustausch hat 1932 der niederländische Romanist MARIUS VALKHOFF den Termi- nus **Adstrat** geschaffen. Ins Latein gehen somit schon einzelne keltische Wörter als Boten der keltischen Sachkultur und Lebens- weise über: *le chemin; la chemise* (die Kelten tragen Hemden); *le char* (die Kelten waren hervorragende Wagenbauer!); *les braies* „weite Hose der Gallier"; *changer* (Geld wechseln).

Eroberung Galliens	Dann erfolgt die Eroberung Galliens – wie oben dargestellt *(s. S. 18)* – in zwei Etappen 125–118 v. Chr. und 58–51 v. Chr.

Zur Zeit der **römischen Expansion** war Gallien aufgeteilt in: 70 Völkerschaften *(„civitates")*, die fast 500 keltische Stämme (*„pagi"* mit einem *„rix"* als Vorsteher) bildeten.

Sie stellten keine innere politische Einheit dar, was den Römern die Eroberung erleichterte. Sie waren vor allem durch die **keltische Sprache** und das **Druidentum** miteinander verbunden.

Die Kelten schufen in Gallien in sprachlicher Hinsicht ein relativ homogenes Feld. Ihre Sprache ist **indoeuropäisch**, also mit dem Latein verwandt. Die Eroberung Südgalliens (125–118) durch die Römer stellte den Landweg Roms nach dem bereits weitgehend unterworfenen Hispanien her. Der Süden bildete die sogen. *Gallia togata* „das die Toga tragende Gallien". Er setzte sich ab von den erst unter CÄSAR eroberten *Tres Galliae (Aquitania, Belgica, Lugdunensis, s. o. S. 18)*, die als *Gallia braccata* „das Hosen tragende Gallien" oder *Gallia comata* „das lange Haar (Mähnen) tragende Gallien" bezeichnet wurden.

Romanisierung

Die Romanisierung (**Latinisierung**) der autochthonen Bevölkerung ist langwierig. Die römische **Urbanisierung** war dabei ein wesentlicher Faktor. Die Gallier kannten kaum Städte, sie bauten mit Holz, Lehm, Flechtwerk. Die Römer schufen städtische Zentren aus Stein, mit Theatern, Arenen, Tempeln, Statuen, Triumphbögen, Schulen, Kasernen, Thermen, Wasserleitungen (Aquädukten). Die Städte wurden Verwaltungssitze, Märkte. Die keltische Landbevölkerung wurde nur sehr langsam romanisiert, langes Festhalten an der keltischen Muttersprache, langsames Anlaufen des **Bilinguismus keltisch-romanisch;** bis in das 4./5. Jh. n. Chr. findet sich in Rückzugsgebieten – z. B. im *Massif Central* – noch die keltische Sprache. FALC'HUN (1977:54) will sogar wahrscheinlich machen, dass die aus Großbritannien vor den anstürmenden Angeln und Sachsen fliehenden „Inselkelten" in ihrer neuen Heimat, in der Bretagne, noch festlandkeltisch (gallisch) sprechende Bevölkerungsteile vorgefunden hätten. Vgl. WOLF/HUPKA (1981:9–13).

Keltische Relikte

Viele franz. Städte tragen **latinisierte Namen,** die auf die Namen der in ihrer Nachbarschaft einst ansässigen keltischen *pagi* zurückgehen (alte Ablative):

Remis „bei den Remern" > Reims; *Pictavis* > Poitiers (auch Provinzname *Poitou)*; *Parisiis* > *Paris* (ursprünglich war das keltisch-römische Stadtgebiet das des *Oppidum Lutetia* im Gebiet des keltischen Stammes der *Parisii)*[2].

Keltische **Ortsnamen-Suffixe** (auch für Personennamen derjenigen, die aus solchen Orten stammen). Sie finden sich nicht nur mit keltischer Basis, auch lateinische Namen nehmen sie als Lehn-Suffixe an:

-dunum „Burg, befestigter Ort" *(Lugdunum > Lyon; Augustodunum > Autun; Virodunum > Verdun; Châteaudun* (Tautologie: *château = -dun!); auch: Dom-le-Mesnil* (Ardennes);

-ac oder *-iacum*	südgalloromanisch: *-ac*	Angabe des Besitzes, der
	nordgalloromanisch: *-y*	Zugehörigkeit zu einer Person, Personengruppe

Auch als **Lehnsuffix** an lat. Basen:

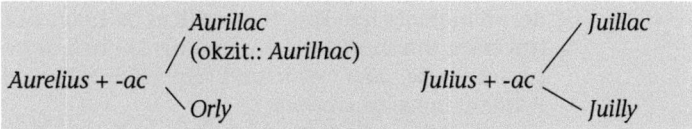

Ebenso: *Savignac/Savigny, Cognac, Balzac, Mauriac.*
Das Suffix *-ac* begegnet in lautlichen Variationen in Ortsnamen überall dort, wo die Kelten in Europa gesessen haben (Rheingebiet, Österreich usw.):
-ach: Antunnacum > Andernach; *-ich: Tolbiacum* > Zülpich; *Juliacum* > Jülich; *-ig: Marciacum* > Merzig. Vgl. SCHÜTZEICHEL (1988).

Phonologische/ phonetische Einflüsse

Die phonetischen Einwirkungen des Keltischen werden bis heute kontrovers diskutiert:

■ **Sonorisierung** der intervokalen Explosiva (nicht nur in der Galloromania, sondern in der gesamten Westromania)

-p- > *-b-*	(im Frz. weiter > *-v-*):	*ripa > riba > rive*
-t- > *-d-*	(im Frz. weiter > --- Ausfall):	*vita > vida > vie*
-k- > *-g-*	(im Frz. weiter > /--- Ausfall) \ *-i-*	*securu > seguru > seur > sûr* *pacare> paiier > payer*

■ **Nexus:** *-ct-* > *-it-* (auch in der Westromania)

factu > fait	*octo > uit > huit*
lacte > lait	*lectu > lieit > lit*

---

2 Nach der Überlieferung erlitt hier im Jahr 250 n. Chr. der Bischof Dionysius = Saint Denis den Märtyrertod auf dem „Berg des Martyriums" = *Mons Martyrii = Montmartre.* Um 360 n. Chr. erhielt das alte *Lutetia* den Namen *Paris (Lutetia Parisiorum);* Hauptstadt der großen Provinz Belgica, die ganz Mittel- und Nordfrankreich bis zum Rhein umfasste, blieb bis 395 n. Chr. *Trèves* (Trier). Die Frankenkönige bevorzugten als Hauptstadt teils Paris (so Chlodwig 481–511) teils *Aix-la-Chapelle* (= Aachen, so Karl der Grosse 768–814). Zur ständigen Hauptstadt des Landes wurde Paris erst ab 987 mit der Herrschaft Hugo Capets (Regierungszeit 987–996).

■ Lat. *ū* (langes *u*) > ü: eine **Palatalisierung** in der Galloromania und im Westteil Oberitaliens

muru > mür; habutu > eü (il a eu!); securu > segür > seür > sûr.

Wortschatz

Mindestens **240 Wortstämme** des Französischen, des Okzitanischen und deren Dialekte der verschiedensten Tätigkeitsgebiete stammen nach Ausweis des *„FEW"* **aus dem Keltischen.** In der städtisch-urbanen Kommunikation setzten sich lateinische Wörter durch, in der ländlichen blieben keltische Wörter bewahrt. In der etymologischen Forschung gibt es bis heute noch heftige Kontroversen um manche der unten als keltisch angesetzten Relikte (so um *roche; pièce; verne* und sein lateinisches oder fränkisches Pendant *aune; quatre-vingts*).

Als Sachgebiete finden sich:

■ **Bodenkonfigurationen:**
lat.: *mont, montagne, val, vallee, pierre;*
kelt.: *la marne* „Mergel", *la grève* „Sand", *le roc* „Fels", *la roche* „Fels", *le galet* „flacher Stein", *galoche* „Schuhart mit flacher Sohle", *le bief* „Wassergraben", *la lande, le talus, la boue.*

■ **Landwirtschaft** (Viehzucht, Ackerbau usw.):
Für die Produkte, die der keltische Bauer auf dem städtischen Markt verkauft, übernimmt er die lat. Bezeichnungen; die Nebenprodukte behalten die keltischen Namen, die in das Romanische eingehen; für die Feldwirtschaft und -bearbeitung bleibt der speziellere Wortschatz keltisch, auch für die Viehzucht:
lat.: *le lait, le beurre* (< *butyrum* < griech.)*, le champ, le pré, la chèvre, la vache;*
kelt.: *la mègue* „Molke" (neben *mesgaud* in Westfrankreich; dazu neuerdings *mégot* „Kippe" (Zigarette); *la charrue, la raie, le sillon* „Furche", *le soc* „Pflugschar", *la jachère* „Brachfeld", *la claie* „Schutzhecke" *le mouton, le bouc* (dazu *le boucher, boucherie!*), *alouette, glaner* „Ähren lesen", *le bec.*

■ **Alte Feldmaße:**
kelt.: *l'arpent* „Morgen", *la lieue* „Meile" (dazu *banlieue,* dessen erstes Element fränkisch ist), *la borne* „Grenzstein", *le boisseau* „Scheffel" (Getreidemaß).

■ **Bienenzucht** (Hauptprodukte für den städtischen Markt lateinisch):
lat.: *miel* „Honig", *la cire* „Wachs";
kelt.: *la ruche* „Bienenkorb" (< „Rindenstülper" aus Baumrinde).

■ **Weinbau / Bierbrauerei:**
lat.: *le vin, le raisin;*
kelt.: *la lie* „Weinhefe, Bodensatz", *le tonneau* „Holzfass" (die Römer benutzten Schläuche), *la bonde* „Spundloch", *la cervoise* „Bier" (heute archaisiert; ersetzt im 15. Jh. durch das niederländische Lehnwort *bière:* bessere Qualität durch Hopfenzusatz

= *houblon* (< niederl. ebenfalls), *brasser* (> *brasserie*) „Bier brauen".

■ **Pflanzen,** speziell Baumnamen (Bäume spielen im Kult der Druiden eine Rolle):
kelt.: *la verne* „Erle", *le chêne* „Eiche", *l'if* „Eibe", *le bouleau* „Birke", *le sapin* „Tanne", *la bruyere* „Heidekraut".

■ **Haushalt:**
kelt.: *la pièce* „Stück" (Stoff zunächst), *bercer* „wiegen" sowie *le berceau* „Wiege"; *la suie* „Ruß", *le pairol* (okzitan. „Heizkessel").

■ **Gesellschaftsstruktur:**
Die Kelten kannten bereits die Institution der Vasallen, die dann im Feudalismus bedeutsam wird.
kelt.: *le vassal* (dazu auch *le valet* „Knecht, Diener"), *le druide* „keltischer Priester in Gallien und Britannien".

■ **Sonstiges:**
kelt.: *la mine* „Bergwerk, Mine", *le lai* (mittelalterliche Verserzählung, so bei Marie de France, ca. 1130 bis ca. 1200), *quatre-vingts:* Die Kelten zählten nicht nach Zehnern (Dezimalzählung), sondern nach Zwanzigern (Vigesimalzählung), sie geht teilweise ins Franz. über; heutige Reste davon sind: *soixante-dix* (ursprünglich *trois-vingt-dix*), *quatre-vingts, quatre-vingt-dix*. Das Französische in Belgien und in der Suisse Romande hat das Dezimalsystem konsequent durchgesetzt: *septante, huitante, nonante*.

6 Die Superstrateinflüsse auf das Latein der Galloromania

Historischer Überblick

Zwischen 400 und 500 ist die bilinguale Sprachsituation in der Galloromania beendet: Das Festlandskeltisch hat dem werdenden Romanischen den Platz geräumt, nicht ohne dieses intensiv zu beeinflussen in Form der **Substratwirkungen** *(s. S. 35 ff.).* Es ist somit eine relativ einheitliche Sprachgemeinschaft entstanden, deren Kommunikationsmittel das **galloromanische Vulgärlatein** (oder besser: **Altromanische**) ist, das sich zum **Galloromanischen** hin entwickelt, möglicherweise schon mit ersten Differenzierungen in einen nordgalloromanischen (französischen) und einen südgalloromanischen (okzitanischen) Raum.

Nach dem **Zerfall des** *Imperium Romanum* (395) wird der *zentripetale* Einfluss Roms auch sprachlich immer geringer. *Zentrifugale* Kräfte dominieren, auch durch die Wirkung neuer regionaler Zentren wie Narbonne, Lyon u. a.

Das Imperium war zerbrochen aus vielerlei **Ursachen:** Interne ökonomische und soziale Gründe (Zerfall der Sklavenhaltergesellschaft) wirkten ebenso wie externe, nämlich der Beginn der sogen. Völkerwanderung *(migration des peuples).* Nach 400 nahmen die Germaneneinfälle den Charakter von Invasionen an. Im Jahr 476 wurde das Weströmische Reich vernichtet.

1 Germanische Elemente der ersten Schicht

Adstrate

Vor ihren Invasionen waren die Germanen relativ friedliche Nachbarn der Römer, es bestanden auch sprachlich nachbarliche Beziehungen. Solche **Adstrateinflüsse** betreffen erste Wörter, die in das Vulgärlatein Roms eindringen und mit diesem Vehikel in der gesamten Romania von Rumänien bis Portugal verbreitet werden können.

Die Zahl solcher germanischer Wörter der ersten Schicht ist relativ gering; dazu gehören nur wenige *(s. u., S. 46: „Gallofränkische" Wanderwörter)*:

le savon (ursprünglich ein Produkt aus Talg und Asche, zum Blondfärben der Haare); *la soupe* „Brotscheibe, über die Brühe gegossen wird; Brotsuppe" (vgl. die neufrz. *locution: être trempé comme une soupe* „völlig durchnässt sein"; *brun, fauve, gris* sind ursprünglich Farben der Pferde; *blond* (Vermittlung: Haarfarbe); *baron* „Beamter, der unterhalb des Grafen steht"; *bâtir* (die Germanen bauten mit „Bast" = Flechtwerk, das mit Lehm beworfen wurde; das dt. Wort *Wand* – zu *winden* – weist das bis heute aus); *le maçon* „Maurer" zum german. Verbum **makôn* „Lehm für den Bau anmachen, anrühren"; *le banc* „Wandbank im germanischen Haus"; *garder* „warten, pflegen, bewachen, behüten".

2 Germanische Elemente der zweiten Schicht

Superstrate

Diese Einwirkungen auf das Romanische wurden veranlasst durch die militärisch in die Galloromania einfallenden Germanenstämme. Diese besiedelten die Gebiete mehr oder weniger lang, sie traten in Kontakt zu der latein-romanischsprachigen Bevölkerung. Die germanischen Besatzer und Siedler übernahmen in einem längeren Prozess die **Prestigesprache der Besiegten.** Es entstanden erneut längere Perioden des **Bilinguismus: Latein-Romanisch** und **Westgotisch** (bzw. **Burgundisch** oder **Fränkisch**). Die bilingualen Sprachsituationen endeten mit dem Niedergang und dem Ausfall der in die Galloromania eingedrungenen germanischen Sprachen. Die Sprachen der Sieger gingen also unter; dominant blieb das Latein-Romanische, das jedoch während der Zweisprachigkeit beeinflusst wurde.

Thesen

WALTHER VON WARTBURG (1888–1971) hatte 1932 für diesen Spracheinfluss auf die obsiegende Sprache in Analogie zu dem

Terminus **Substrat** den neuen Terminus **Superstrat** geprägt. Seit Anfang der Dreißigerjahre hatte VON WARTBURG dem germanischen Superstrat eine zentrale Rolle bei der Ausgliederung romanischer Sprachräume zugewiesen, insbesondere für die Entwicklung des Französischen in Abgrenzung zum Okzitanischen. Nach VON WARTBURGS Tod wurden wesentliche Elemente seiner Thesen zurückgewiesen; sie lassen sich nur in eingeschränkter, in modifizierter Form aufrechterhalten.

So schrieb VON WARTBURG (1950;²1951) die Herausbildung der französisch-okzitanischen Sprachgrenze im Mittelalter (die **Loire-Vogesen-Linie**) der Wirkung der Franken zu als deren südliche Siedlungsgrenze. Es konnte jedoch nachgewiesen werden, dass diese Sprachgrenze prinzipiell in die vorfränkische Periode zurückreicht (vgl. SCHMITT 1974, 1982; PFISTER 1978; WÜEST 1979 und KONTZI 1982). Es wurde somit gezeigt, dass die Weichen für die Binnengliederung der Galloromania schon in römischer Zeit gestellt worden sind.

Diphthongierung

WALTHER VON WARTBURG hatte als Kronzeugen für die sprachgliedernde Wirkung der Franken die Differenzierung des **haupttonigen Vokalismus** in freier Silbe von dem in gedeckter Silbe im Französischen, nicht aber im Okzitanischen herangezogen. Im Französischen führte dies zur Zerdehnung und damit zur **Diphthongierung** innerhalb des haupttonigen Vokalismus in freier Silbe.

tẹla > teile > toile; pẹde > piet > pied; dolọre > dolour > douleur; cọre > cuer > coeur.

Bei *ẹ[* und *ọ[* hatte die Zerdehnung schon im 3. Jh. begonnen; die Franken mit ihrer starken Akzentuierung des betonten Vokalismus hätten diesen Vorgang dann verstärkt und auf die anderen betonten Vokale in freier Silbe ausgedehnt.

Heute wird die französische Diphthongierung wieder stärker als ein gesamtromanisches Phänomen angesehen, denn Diphthongierungen finden sich auch im Italienischen, Spanischen, Rumänischen usw. (Vgl. SCHÜRR 1970 und WÜEST 1979.)

Francoprovenzalisch

Problematisch geworden ist auch der Versuch VON WARTBURGS, die **Sonderstellung des Francoprovenzalischen** – eines Sprachraums, der von Lyon bis zum Genfer See reicht und sowohl Eigenheiten des Französischen als auch des Okzitanischen aufweist – mit dem Superstrat der Burgunder in Beziehung zu bringen. Zur Rolle des germanischen Superstrats in der Geschichte der romanistischen Sprachwissenschaft vgl. SCHLEMMER (1983).

Westgoten

Seit 376 n. Chr. sind die **Westgoten;** *(les Visigoths)* aus Dakien kommend unterwegs. Nach dreimaligem Einfall in Italien – unter ALARICH eroberten sie 410 sogar Rom – fielen sie 412 in Südfrankreich ein. Hier errichteten sie ein westgotisches Reich mit der Hauptstadt *Tolosa*. Dieses tolosanische Reich wurde von den Franken vernichtet, die seit 486 Nordfrankreich besetzt hielten. Die Westgoten zogen mit ca. 200.000 Mann über die Pyrenäen und gründeten ein neues Reich mit Toledo als Hauptstadt, das bis zur Invasion der Araber (711) bestand.

Westgotische Reliktwörter im Okzitanischen, die von dort ins Französische übergehen:

l'ambassade < okzit. *ambaissada;* la gaffe „Bootshaken", „Fehler"; *la guimbarde* „Tanzart"; *gai* „heiter", „froh".

Burgunder

Die Hunnen *(les Huns)* verdrängten die Burgunder *(les Burgondes)* aus der Gegend von Worms und Speyer. Teile dieses Stammes fielen den Hunnen zum Opfer (Nibelungensage!); andere entwichen nach Frankreich.

443 n. Chr. fielen die Burgunder in das Gebiet des Genfer Sees ein; sie dehnten ihre Macht bis Lyon und in die Franche-Comté und die Bourgogne (Name!) aus. Lyon wurde 461 erobert; es wurde Hauptstadt des burgundischen Reiches. 534 wurde auch dieses Reich dem expandierenden Frankenreich einverleibt.

Der Versuch VON WARTBURGS, die Sonderstellung des Francoprovenzalischen in lautlicher Hinsicht den Burgundern zuzuweisen (vgl. VON WARTBURG 1956), gilt heute als nicht gelungen. Es verbleiben somit nur einige **burgundische Reliktwörter** im Südosten Frankreichs und in der Suisse Romande:

fata „poche"; brogi „réfléchir".

Franken

Die Franken sind von wesentlicher Bedeutung für die Gestaltung und Entwicklung des galloromanischen Sprachgebiets; sie geben dem Land sogar ihren Namen: *Frantia > la France.* Der umfassende militärische Einfall der Franken *(les Francs)* und damit ihrer germanischen Sprache, des **Fränkischen *(le francique),*** beginnt 486 n. Chr.. Unter CLOVIS (CHLODWIG 481–511), dem aus dem Geschlecht der Merowinger (448–751) stammenden König, wurde in der **Schlacht von Soissons** der römische Statthalter SYAGRIUS und sein Heer vernichtend geschlagen. Der Grad der Beeinflussung des Nordgalloromanischen durch die Franken nimmt von Nord nach Süd ab:

■ Toxandrien, das heute flämische Gebiet Belgiens, wird gänzlich germanisiert.

■ Die nach Süden anschließenden Gebiete Picardie, Wallonie, Lorraine erfahren starken fränkischen Einfluss, aber das Romanische bleibt erhalten.

■ Das daran nach Süden anschließende Gebiet wird weniger beeinflusst.

■ Ganz gering sind die fränkischen Superstratwirkungen in den erst im Laufe des Mittelalters eroberten Grenzgebieten zum okzitanischen Raum (Poitou, Aunis, Saintonge, südliches Berry, Morvan).

Die Franken haben im nordgalloromanischen Raum die Oberherrschaft; die Prestigesprache bleibt jedoch das entstehende **Nordgalloromanisch** und das **Latein als Verwaltungssprache**. Die fränkische Oberschicht entwickelte eine frühfeudalistische Gesellschaftsstruktur. Fränkischer Wortschatz diente in oberflächlicher Latinisierung zur Bezeichnung der neuen Sachverhalte. Zwischen dem 5. und 9. Jh. herrschte Bilinguismus; die Franken gingen jedoch allmählich vollständig zum Nordgalloromanischen über. Fränkisch ist noch die Muttersprache KARLS DES GROßEN (CHARLEMAGNE), der im Jahr 800 in Rom zum Kaiser gekrönt wurde; er ließ noch eine fränkische Grammatik schreiben. Die Karolinger regieren von 774 bis 987.

Der ihnen folgende erste Capetinger, HUGO CAPET (941–996), der 987 König wurde, beherrschte das Fränkische nicht mehr; er sprach nur noch „Altfranzösisch". Die Franken brachten auf Grund ihres feudalistischen Gesellschafts- und Staatsaufbaus **neue Rechtsnormen** mit. Sie importierten in die Nordgalloromania das fränkische Gewohnheitsrecht *(droit coutumier)*, das bislang mündlich tradiert war, später jedoch in den sogen. *„coutumes"* verschriftet wurde.

In der Südgalloromania blieb das geschriebene Römische Recht (*„ius Romanum"* = *„droit écrit"*) maßgebend.

Die Franken gaben dem Land nicht nur ihren Namen: *France,* das zunächst nur das Gebiet der *Ile de France,* also den Raum von Paris und von Saint-Denis umfasste. Saint-Denis war das katholische Zentrum; CLOVIS war 497 zum Katholizismus übergetreten; die Merowinger nutzten die Kirche zur Festigung ihrer Staatsmacht. Zahlreiche fränkische **Personennamen** werden in Gallien heimisch, sie werden Mode für Männer und Frauen: *Rollo >Roux;* in Ortsnamen wie *Châteauroux; Walter > Gautier; Baldwin > Baudouin; Wilhelm > Guillaume; Veit > Guy; Hardouin* in Ortsnamen: *Villehardouin* (→ Eigennamen); *Bertrand; Hugues; Hugo; Louis; Charles; Robert; Roland; Roger; Richard; Kuno; Bernard; Renard; Gérard; Garnier; Alice; Berthe.*

Viele Ortsnamen zeigen das romanische Modell: lat. Gattungswort + fränkischer Name (des Besitzers, Herrschers) oder umgekehrte Reihenfolge (germanisches Modell): *Châteaubriand;* aber: *Bettancourt; Bethonvilliers; Remonville; Faronville; Francourville < Francorum villa; Francorchamps < Francorum campus.*

Lautliche Beeinflussung

Das fränkische Superstrat beeinflusste auch das **konsonantische System**. Zwei neue Konsonanten wurden in die Nordgalloromania importiert:

■ Die Franken brachten in zahlreichen Superstratwörtern einen **behauchten *h*-Laut** mit. Das anlautende lateinische *h*- war bereits im 1. Jh. verstummt; zum Teil wird es bis heute geschrieben. Dieses neue ***h*- aspiré** fränkischer Herkunft in fränkischen Superstratwörtern wurde im Zentrum Frankreichs bis in das 17. Jh. gesprochen. Dann verstummt es, bis heute verhindert es jedoch Elision und Liaison. In den Dialekten der nördlichen Randzone der Nordgalloromania wird dieses *h*- jedoch bis heute aspiriert:
la/halle, les/halles; la/haine, les/haines; la honte/les hontes; la/hanche, les/hanches; le/hêtre, les/hêtres; le/hameau, les/hameaux. Dieses ***h*- disjonctif** steht also im Gegensatz zu den Wörtern aus dem Latein, die das *h*- als etymologische Reminiszenz bis heute schreiben: *l'homme – les hommes.* (Vgl. Greive 1970.)

■ **Bilabiales *w*- im Wortanlaut.** Dieser Laut besteht bis heute in den nördlichen und östlichen Randzonen, so in der <u>W</u>allonie: dort treten Namen wie <u>W</u>illaume auf. In den zentralen Gebieten der Nordgalloromania wird dieses mit beiden Lippen artikulierte *w* systemkonform durch den Nexus *gu*- [gw-] ersetzt, der im Latein etwa in *lin<u>gu</u>a* auftritt. Im Altfranzösischen geht das entscheidende zweite Element dieses Nexus jedoch in der Aussprache verloren. Also: *Guillaume, Guy, guérir, guider, guise, guetter;* altfrz. *guarder > garder.*

Viele der mit *ga-, gui*- oder *gue*- anlautenden frz. Wörter gehen auf fränkische Etyma mit anlautendem *w*- zurück.
Stark umstritten ist heute die Rückführung der **nordgalloromanischen Diphthongierung** auf das fränkische Superstrat (s. o. S. 41).

<table>
<tr><td>Wortschatz</td><td>

Unbestritten ist der bedeutende Einfluss des Fränkischen auf den **vulgärlateinisch-nordgalloromanischen Wortschatz** in den Jahrhunderten nach 486. Die Bände 15, 16 und 17 von von Wartburgs *„FEW"* – also drei Bände des insgesamt 25 Bände umfassenden monumentalen Werkes – behandeln diesen Wortschatz. Etwa 700 Wortstämme wurden durch die Franken vermittelt. Wir ordnen einige dieser Wörter nach Sachgruppen:
– **Bezeichnungen der frühfeudalen Gesellschaftsstruktur**
  le fief „Lehen" mit der dazugehörigen latinisierten Wortfamilie *feudum, feodalis; fief* ist erstbelegt im *„Rolandslied"* (1095); *(feudum* ist das Lehen, also das Land, das der Adlige vom König oder einem höheren Adligen zur erblichen Nutzung erhielt, unter der Bedingung, für ihn Kriegsdienste zu leisten; die Bewohner dieser Territorien werden Leibeigene *(serfs).* Das *feudum* ist die endgültige Form des feudalen Grundbesitzes); *l'alleu* „Allod"; (in der lateinischen *Lex Salica* des 5. Jh. latinisiert zu *allodium* „frei veräußerliches Grundeigentum"); *le maréchal* zuerst

</td></tr>
</table>

„Diener, Beamter, der die Pferde zu versorgen hatte"; *le sénéchal* „Hof- und Küchenmeister"; (in Südfrankreich ist der *sénéchal* später der Repräsentant der Königsmacht in den Regionen (frz. = *bailli*)); *l'échanson* „Mundschenk"; *le chamberlenc* > *chambellan* „Kammerherr".

- **Bezeichnungen aus dem Rechtswesen des fränkischen Gewohnheitsrechts** *(droit coutumier)*
  l'échevin „Schöffe"; *bannir* „vor Gericht zitieren, verkünden, verbannen"; *le ban* „Proklamation, Gerichtsspruch", dazu *la banlieue* „Gebiet, in dem ein Gerichtsspruch Gültigkeit besitzt"; *saisir* „ergreifen"; *le gage* „Unterpfand"; *le garant* „Bürge"; *garantir; le gant* „Handschuh" und *le gazon* „Rasen" (beide Termini spielen bei der feierlichen Belehnung eines Adligen eine symbolische Rolle); *le meurtre* „Mord"; *meurtrir; l'écot* „Zeche"; *le héraut* „Herold"; *blesser* „verwunden"; *navrer* „verwunden".
- **Ehrenkodex des Feudaladels**
  l'orgueil „Reckenstolz"; *la honte* „Schande"; *laid* „hässlich"; *riche* „reich"; *hardi* „kühn"; *haïr* „hassen"; *honnir* „anprangern".
- **Militärwesen**
  la guerre < *werra* (dt. „Wirren"); *la bannière* „Banner"; *le dard* „Pfeil", *galoper; garçon* „Trossknecht"; *le hauberc* (altfrz. halberc) „Panzerhemd".
- **Körperteile**
  l'échine „Rückgrat"; *le flanc* „Weiche"; *la hanche* „Hüfte".
- **Baum- und Pflanzenbezeichnungen**
  le houx „Stechpalme"; *le hêtre* „Rotbuche, Heister"; *l'osier* „Weide"; *le saule* „Weide".
  Der Baumname *l'aune* „Erle" ist entgegen JUD, VON WARTBURG, FRINGS (die das Wort aus sprachgeographischen Gründen mit fränkisch **alira* „Erle" in Bezug setzen) auf lat. *alnus* zurückzuführen (vgl. REMACLE 1972).
- **Hausbau, Bautechnik, Mobiliar**
  la halle „Halle"; *la salle* „Saal"; *la loge* „Laube, Hütte"; *le faîte* „First"; *le fauteuil* (Roland 1095: *faldestoel*).
- **Landwirtschaft, Viehzucht**
  le troupeau „Herde"; *gagner* < **waidanjan* „durch Weidenutzung verdienen" – „verdienen"; *le gain* „Gewinn"; *le regain* „Grummet"; *le blé* „Getreide"; *la gerbe* „Garbe" (auch im Rechtswesen als Symbol bei Belehnung); *le jardin* „Garten".
- **Hauswirtschaft, Küche**
  le gâteau „Kuchen"; *le gruau* „Grütze"; *le flan* „Fladen"; *buer* „Wäsche waschen"; *la buée* „Wäsche, Beschlag, Wrasen"; *rôtir*.

| Wortbildung | Fränkische Wortbildungsmorpheme gehen als Suffixe oder Präfixe ins Französische über und verbinden sich auch mit lateinischer Basis: |

-aud (-aut, -ault): Rimbaud, Renault, finaud, lourdaud, grimaud; -ard: Richard; (bis heute produktives Suffix: vieillard, banlieusard); -enc, -anc, -an: boulenc, boulanc > altfrz. boulangier „Bäcker"; chamberlenc > chambellan; paisenc, paisanc > paysan; mé- („miss"-): méconnaitre, mépriser, mécréant.

„Gallo-fränkische" Wanderwörter

Um das Jahr 800 besaß das Frankenreich seine größte Ausdehnung. Nordgallien war das Siedlungsland der Franken, aber sie eroberten darüber hinaus militärisch und administrativ nicht nur den südgalloromanischen Raum, sondern auch Teile Italiens und der Iberischen Halbinsel. Im Zuge dieser fränkischen Oberherrschaft verbreiten die Franken einen Teil ihres Wortschatzes auf größere Gebiete. Diese Wörter sind somit **Expansionswörter** der fränkischen Oberherrschaft. Sie gehen über ins Okzitanische, Italienische, Spanische, Portugiesische, d. h., diese Wörter haben eine weite geographische Verbreitung nach 800 erfahren. Zu diesen Expansionswörtern gehören offenbar:
fränk. *werra > frz. guerre; okzit. guerra; kat. guerra; it. guerra; span. guerra; port. guerra (Die neue fränkische Kriegsführungstechnik ersetzt damit das lat. Wort für „Krieg" bellum. Dieses lat. Wort lebt in keiner romanischen Sprache als Erbwort weiter.); – fränk. blank > frz. blanc „weiß"; okzit. blanc; kat. blanc; it. bianco; span. blanco; port. branco. (Das lat. Wort albus wird weitgehend ausgeschaltet.); – fränk. frisc > frz. frais; okzit. fresc; kat. fresc; span. fresco; port. fresco; – fränk. *bosk > frz. bois „Busch", „Wald"; okzit. bosc; it. bosco; – fränk. *gardo > frz. jardin „Garten" („Ziergarten"); okzit. gardi; it. giardino; span. jardin; port. jardim. (Die Derivate von lat. hortus in verschiedenen romanischen Sprachen benennen den „Gemüsegarten": okzit. ort; span. huerto; port. horta). – (Vgl. ROHLFS 1952:111–128.)

Normannen (Wikinger)

Um 800 neigte sich der Bilinguismus zwischen Romanisch und Fränkisch seinem Ende zu; das Altfranzösische konstituierte sich immer deutlicher.

Die **Normannen** (les Normands) oder **Wikinger** (les Vikings) hatten als gefährliche Seeräuber immer wieder die Meeresküsten und die Ufer der Seine und Loire bis weit hinein ins Binnenland unsicher gemacht. Einen Einblick in das Ausmaß der Plünderungen durch die Normannen in Nordwestfrankreich und weiten Gebieten Englands und Europas gibt DUBY (1984:147 ff.).

Um 800 fallen die Normannen massiv in die Normandie ein. Um sie zu neutralisieren, weist ihnen der Karolingerkönig CHARLES III LE SIMPLE in der Normandie Siedlungsplätze zu und macht sie sesshaft.

Die normannischen Seefahrer kamen aus Skandinavien, sie sprachen altnordisch. Sie kamen ohne Frauen; nach kurzem **Bilinguismus** (Altnordisch/Romanisch) gaben sie ihre Mutter-

sprache schon auf, d. h., sie waren vollständig **romanisiert**. Aus ihrer Muttersprache bewahren sich im Romanischen der Normandie:
- **Marineterminologie / Seefahrt**
  le tillac „Oberdeck"; *l'étave* „Vordersteven"; *l'étambot* „Hintersteven"; *cingler* „segeln"; *guinder* „hissen", „hochwinden".
- **Fischbezeichnungen**
  le turbot „Steinbutt"; *le marsouin* „kleiner Tümmler" (Delphinart).
- **Normannische Ortsnamen** mit den Suffixen
  -bec „Bach": *Bolbec, Candebec; -tôt: Yvetôt, Tournetôt.*

Innerhalb von 150 Jahren sind die Normannen vollständig romanisiert, sodass sie durch ihre Eroberungen Großbritanniens unter Guillaume le Conquérant (1066 Schlacht bei Hastings) das Französische (Normannische) nach England exportieren.

Dort entwickelt sich das Normannische zum **Anglonormannischen**.

7 Die weitere Entwicklung von Mündlichkeit und Schriftlichkeit in der Galloromania bis ca. 800

Mündlichkeit

Das von den Römern ins Land gebrachte Vulgärlatein hatte die keltische Bevölkerung übernommen und in ihrer Mündlichkeit durch Substratwirkung verändert. In diese Mündlichkeit griffen dann nach 486 die Franken mit ihren Superstratwirkungen zusätzlich ein. Sie entwickelte sich hier zu einer romanischen Mündlichkeit. Die **Kontinuität der Mündlichkeit** bleibt immer gewahrt, sodass die Frage schwer zu beantworten ist, ab wann sich das Vulgärlatein Galliens zur frühen französischen bzw. frühen okzitanischen Mündlichkeit gewandelt hat. Fest steht allerdings: Zwischen dem 5. und 8. Jh. hat sich die Mündlichkeit, die **Nähesprache** also, beträchtlich von den ursprünglichen Gegebenheiten des Lateins entfernt. Die einst vor allem durch ein entwickeltes Schulsystem gehaltenen Kontakte zur lateinischen Schriftlichkeit gehen weitgehend verloren.

Dialektale Differenzierung

Lange vor 842 – dem Jahr mit dem ersten romanischen Sprachdokument *(s. S. 52)* – hat sich durch kontinuierliche Veränderung aus der **vulgärlateinischen Mündlichkeit** Galliens eine zweifach ausgeprägte qualitative Veränderung ergeben: der **nordgalloromanische französische Sprachraum** und der **südgalloromanische okzitanische Sprachraum**. Die dialektale Differenzierung in beiden Sprachräumen hat offenbar schon in merowingischer Zeit (448–751) begonnen, sodass diese zur karolingischen Zeit (751–987) schon mehr oder weniger deutlich ausgeprägt war. Das Fehlen eines politischen Zentrums noch in karolingischer Zeit begünstigte offenbar die **mundartlichen Eigenentwicklungen**. Unter den Kapetingern (987–1328) ändert sich diese Situation grundlegend.

Die **regionalen Besonderheiten** der einzelnen Provinzen beginnen sich also bis etwa 800 schon zu festigen. Das sich ausbildende Lehenswesen und die dadurch bedingte Partikularisierung der Machtbereiche fördert **sprachliche Sonderentwicklungen in den Provinzen,** die regionalen Sprechsprachen entwickeln sich unbehindert. CARTON (1974:139) weist zu Recht darauf hin, dass sich Sprachen in bestimmten Perioden sehr schnell, in anderen eher langsam entwickeln. Der Zeitraum 5. bis 8. Jh. war eine Periode schneller Entwicklungen. In größeren Teilen der Galloromania kommt es in dieser Periode z. B. zur **Palatalisierung** von g^a und c^a > [dž] bzw. [tš]:

campu > champ; cattu > chat; caru > chier;gardinu > jardin; gamba > jambe; galbinu > jalne > jaune.

Schriftlichkeit

Die Eroberung der **Schriftlichkeit** für das werdende Französisch bzw. Okzitanisch stand noch aus.

Die relativ kleine Minderheit, die der **Schriftlichkeit** als **Distanzsprache** bedurfte, bediente sich auch in der Galloromania des *„Mittellateins",* des *Bas Latin.* Der Besitz der Schriftsprache bleibt das **Privileg einer Minorität,** die durch Vertreter der Kirche und der weltlichen Machtinstitutionen gebildet wird. Es sind vor allem die *clerici* und *litterati,* die alphabetisiert sind. Das *Bas Latin,* das sie in der Galloromania schreiben, wird immer stärker von der romanischen Mündlichkeit, den muttersprachlichen Gegebenheiten, die die *clercs* als Nähesprache sprechen, unterwandert. Die Qualität der mittelalterlichen Schriftlichkeit sinkt somit immer weiter ab durch diese Kontakte zur Mündlichkeit, die unter dem lateinischen *„Firnis"* dieser Texte lexikalisch wie morphosyntaktisch immer stärker durchschimmert. Die mittellateinischen Texte werden sozusagen von innen her durch die jeweilige romanische Mündlichkeit der Gegend, in der diese Texte verfasst werden, ausgehöhlt. Einen vertieften Einblick in diese Sachverhalte liefert das 1678 erschienene zehnbändige *„Glossarium ad scriptores mediae et infimae latinitatis"* von DU CANGE (1610–1688) und das *„Mittellateinische Wörterbuch" („MLW"),* das seit 1967 erscheint. Grundlegend auch AEBISCHER (1978).

„Renaissance"

Dieser unbefriedigende Zustand der mittellateinischen Texte wird am Ende des 8. Jh. in der Galloromania besonders deutlich. Nunmehr wird durch verschiedene sogen. **Renaissancebewegungen** gegengesteuert. Die bedeutendste davon ist die **Karolingische**

Renaissance um 800. Die hohe Bildung tragende Schicht des Karolingischen Reiches erkennt durch den Vergleich der zeitgenössischen mittellateinischen Texte mit klassischen lateinischen Modelltexten den ungeheuren Qualitätsabfall, den es zu beseitigen gilt. Vor allem ist die Unbildung vieler *clercs* zu beheben.

Bildungspolitik

KARLS DES GROSSEN energische **Bildungspolitik** äußert sich u. a. in der Gründung einer **Hofakademie**, an der herausragende Gelehrte der Zeit tätig werden, so der Angelsachse ALKUIN (ca. 730–804), der Langobarde PAULUS DIACONUS (ca. 720–ca. 800), der Westgote THEODULF (ca. 760–821) und Karls Biograph EINHART (ca. 770–840). Ferner werden **Palastschulen** für die Kinder KARLS und die der Großvasallen gegründet. Die **Stifts- und Klosterschulen** verbessern die Ausbildung des klerikalen Nachwuchses und des weltlichen Adels. Erstmals wird der bildungstragenden Schicht des Karolingischen Reiches in vollem Maße bewusst, dass qualitative Unterschiede zwischen der lateinischen schriftsprachlichen Tradition und den romanischen und deutschen Volkssprachen im Reich bestehen.

Mit dem **Zurück zu den Normen** der klassisch-lateinischen Schriftlichkeit für die zeitgenössischen Texte geht aber ein bislang bestehender Vorteil verloren: Auch Halbgebildete, ja des Lateins Unkundige konnten barbarisierte Texte noch rudimentär beim Lesen oder im mündlichen Vortrag verstehen, jedoch nicht die in klassischem Latein geschriebenen Texte.

Tours 813

Die direkte Folge dieser Sachlage ist, dass das Romanische nunmehr Positionen erobert, die ihm bislang verschlossen waren. Der erste sichtbare Beweis dafür ist der Beschluss der Bischofsversammlung des Karolingischen Reiches in Tours: Das **Konzil von Tours 813** beschließt u. a., das Wort Gottes, die christliche Botschaft also – die offizielle Staatsreligion – nunmehr in den *Homilien* (= **Predigten**) in den **Sprachen des Volkes** – und nicht mehr in Latein – zu vermitteln:

„transferre … in rusticam Romanam linguam aut Thiotiscam quo facilius cuncti possint intellegere quae dicuntur" *„sie zu übertragen in bäurische romanische oder deutsche Sprache, damit alle Anwesenden leicht verstehen, was gesagt wird"*

(Die gottesdienstlichen Handlungen außerhalb der Predigt bleiben – bis 1974! – noch lateinisch; vgl. WOLF/HUPKA 1981:17).

Romanz

Damit wird dem „Romanischen", dem *„romanz",* der romanischen Volkssprache, zum ersten Mal gegenüber dem Latein ein Platz im öffentlichen Leben eingeräumt.

Das Beschlussprotokoll von Tours aus dem Jahr 813 kann als offizielle Beurkundung der Existenz europäischer Volkssprachen gelten.

Stiltrennung

Ein weiteres ist wichtig: Es beginnt eine bewusste Stiltrennung, eine bewusste Trennung nach **Kommunikationssphären** zwischen **Latein** und dem *romanz (< romanice loqui „auf romanische Weise sprechen")*. Die lateinische Schriftlichkeit bleibt noch lange allein dominant in den Wissenschaften, international verbreitet. Träger der nunmehr beginnenden Verwendung des *romanz* auch in der Schriftlichkeit (als Distanzsprache) sind wiederum *clercs,* meist Geistliche, die ihre Alphabetisierung und Bildung am Latein erfahren haben. Als diese *clercs* mit der Verschriftung des *romanz* beginnen, stehen sie in Bezug auf die Graphie vor großen Schwierigkeiten: Wie sollte die eigentümlich entwickelte Phonie der romanischen Sprachformen mit Hilfe der Grapheme (Buchstaben) des lateinischen Alphabets realisiert werden? Im Jahr 842 begegnet der erste uns überlieferte romanische Text, der auch diese Schwierigkeit zu meistern hatte.

2 KAPITEL

Das Altfranzösische –
L'ancien français (9. Jh. – ca. 1300)

1 Voraussetzungen

Kriterien

Externes/exogenes Kriterium zur Bestimmung dieser Epoche ist das Auftreten des ersten Textes und damit des **ältesten Sprachdenkmals** des Französischen, die *(s. u.) „Serments de Strasbourg"* (842). Als **internes Kriterium** wird eine Reihe **innersprachlicher Entwicklungen** und Veränderungen herangezogen, die in den ältesten Texten gegenüber dem „Vulgärlatein" erstmals schriftlich fixiert auftreten; sie betreffen Eigenheiten aller Sprachebenen vom lautlich/phonologischen über den morphosyntaktischen bis zum lexikalischen Bereich.

Veränderungen des Französischen

GECKELER/DIETRICH (1995:184) betonen zu Recht, dass dem nur des Neufranzösischen Kundigen „beim Betrachten eines altfranzösischen Textes als erstes auffällt . . . der tiefgreifende Unterschied zwischen diesen beiden Sprachstufen derselben historischen Sprache". Das Französische hat sich somit seit seiner textlichen Überlieferung im 9. Jh. bis heute grundlegend verändert. Dieser Sachverhalt trifft auch auf das Deutsche zu, dessen althochdeutsche (750–1050) und auch mittelhochdeutsche Periode (1050–1350) gewaltige Unterschiede zum Frühneuhochdeutschen (1350–1650) und dem Neuhochdeutschen aufweist. Geringer sind dagegen die Divergenzen zwischen altokzitanischen und neuokzitanischen Texten.

Räumliche und zeitliche Differenzierung

GECKELER/DIETRICH (1995:184) betonen weiter, „dass das Altfranzösische keine einheitliche Sprache ist, sondern starke Differenzierungen insbesondere in räumlicher und in zeitlicher Hinsicht aufweist". Die Periode bis 1300 umfasst viereinhalb Jahrhunderte, in ihr gibt es bedeutsame Veränderungen. Daraus ergibt sich, dass die altfranzösischen Texte nicht in einer einheitlichen Schriftlichkeit überliefert sind. Vor der Durchsetzung supraregionaler Tendenzen, die auf dem **Franzischen *(francien)*** basieren, die Ende 12./Anfang 13. Jh. erfolgt, dominieren stark **regionale sprachliche Züge**. Zudem sind die meist von uns unbekannten Autoren verfassten literarischen und nichtliterarischen Texte nicht in den Originalen überliefert, sondern in Abschriften von Kopisten, die in die Texte auch eingegriffen haben. Dazu kommt, dass sogar innerhalb ein- und desselben Textes – eine Orthographie des Altfranzösischen gibt es nicht – beträchtliche **Variation** vorherrscht; sie sind in *Scriptae (s. u. S. 59)* abgefasst; diese sind „Schreibsprachen", „Graphietraditionen" mit regionalen und supraregionalen Einschlägen.

2 Die ältesten altfranzösischen Texte

1 „Les Serments de Strasbourg" (842 n. Chr.)

Straßburger Eide

Die Eide sind ein juristischer, nichtliterarischer Text. Es sind Eidesformeln – zwei altfranzösische und zwei althochdeutsche –, überliefert in dem lateinisch verfassten Geschichtswerk des karolingischen Historikers NITHARD. Wahrscheinlich wurden diese Eide von der königlichen Kanzlei zuerst ebenfalls in lateinischer Sprache vorformuliert, dann aber aus zwingender Notwendigkeit in die Volkssprachen übertragen.

Historischer Kontext

Am 14. Februar 842 wurden diese Eide nach der Schlacht von Fontanet öffentlich geschworen von zwei Enkeln KARLS DES GROSSEN und Söhnen von LOUIS LE DEBONNAIRE, nämlich von CHARLES LE CHAUVE, Herrscher über das französische Westreich, und LOUIS LE GERMANIQUE, Herrscher über das deutsche Ostreich, gegen ihren Bruder LOTHAIRE, der das Mittelreich beherrschte. Vor den angetretenen Heerscharen beider schwor LUDWIG DER DEUTSCHE, damit er vom Heer seines Bruders verstanden wurde, in Altfranzösisch, danach KARL DER KAHLE denselben Eid in Althochdeutsch. Anschließend schworen die Führer der beiden Heere je einen Eid in ihrer Muttersprache. Damit wurde ein **staatspolitischer Rechtsakt** vollzogen.

Pro Deo amur et pro christian poblo et nostro commun salvament, d'ist di in avant, in quant Deus savir et podir me dunat, si salvarai eo cist meon fradre Karlo et in aiudha et in cadhuna cosa, si cum om per dreit son fradra salvar dift, in o quid il mi altresi fazet et ab Ludher nul plaid nunquam prindrai, qui, meon vol, cist meon fradre Karle in damno sit. Si Lodhuuigs sagrament que son fradre Karlo jurat conservat et Karlus, meos sendra, de suo part non l'ostanit, si io returnar non l'int pois, ne io ne neuls cui eo returnar int pois, in nulla aiudha contra Lodhuuig nun li iu er.[1]

Eine neufranzösische Übersetzung des zitierten ersten Teils der Eide könnte lauten:

Pour l'amour de Dieu et pour le peuple chrétien et notre salut commun, à partir de ce jour, en tant que Dieu me donne le savoir et le pouvoir, je soutiendrai mon frère Charles que voici par mon aide et en toute chose, comme on doit soutenir son frère, selon l'équité, à condition qu'il m'en fasse autant, et avec Lothaire je ne prendrai jamais aucun arrangement qui, de ma volonté, soit au détriment de mon frère Charles que voici.[2]

Der Originaltext ist oben in sogen. diplomatischer Umschrift abgedruckt; er folgt weitgehend der Urkunde *(diplôme)*, es werden nur die Kürzel aufgelöst und interpretatorische Satzzeichen eingeführt.

„Relatini-
sierungs-
tendenzen"

Bislang gibt es in beiden Vulgärsprachen keine Tradition für die erforderliche jurolektale Diktion. Daher lehnt sich der altfranzösische Text eng an die etablierte lateinische rechtssprachliche Tradition an. RAIBLE (1996) spricht von „**Relatinisierungstendenzen**" schon in diesem ersten französischen Text auf den verschiedenen Ebenen:

- **Laut-/Graphem-Ebene** (Ebene der Scripta): stark latinisiert: statt *donet* steht *dunat;* neben *Karlo* steht *Karle;* statt *comun* steht *commun.* Der schon altfrz. Laut [ə] wird neben <a> auch mit <e>, <o>, <u> geschrieben (vgl. *fradre/fradra*).
- **Morphologische Ebene:** sie ist weitgehend „altfranzösisch".
- Die **Zweicasusflexion** der Masculina ist eingehalten:
  casus rectus: *Deus* – ***casus obliquus:*** *Deo; neuls* – *nul; Lodhuuigs* – *Lodhuuuig; Karlus* – *Karlo* neben *Karle.*
- **Prädetermination** einiger nominaler Elemente durch Deiktika (Demonstrativa, Possessiva oder allein ausreichende Präposition): *in aiudha.* Aber: Fehlen des Determinativs vor *sagrament,* das durch einen Relativsatz ergänzt ist; es fehlt in der Kollokation *Pro Deo amur et pro christian poblo.*
- **Futur:** *salvarei; prindrei.*
- **Syntax:** hochgradig lateinisch (im Gegensatz zur Morphologie). Festhalten an der **lat. Satzgliedfolge SOP; OSP.**

et ab Ludher nul plaid nunquam prindrai		
	O	P
si cum om per dreit son fradra salvar dift		
S	O	P

Hier sogar noch die lat. Abfolge: *salvare debet* (altfrz. sonst: *deit salver*).

In der Prosa des Altfranzösischen dominieren in der Satzgliedfolge die Modelle S P O; die anderen fünf möglichen Modelle (S O P; O P S; O S P; P S O; P O S) begegnen unterschiedlich häufig in poetischen Texten des Altfranzösischen.

- **Wortschatz:** lat. Lexik in den Eiden:
  d'ist di in avant „von diesem Tage an"; *nunquam* „niemals"; *in damno sit* „zum Schaden sei"; *pro, per, quid.*
  Aber auch Romanisch-Altfranzösisches:
  dreit (< *directum*) statt *ius* „Recht"; *savir* (*i* notiert offenbar den Diphthong *ei* wie in *podir* „*savoir et pouvoir*"!) statt *scire.*

---

1 Text nach Wolf/Hupka (1981:18).
2 Neufranzösische Übersetzung aus Geckeler/Dietrich (1995:180).

Die beiden altfranzösischen Eide sind nicht – wie immer noch angenommen wird – mit ostfranzösischen Landschaften (Bourgogne, Bourbonnais, Champagne, Lorraine) sprachlich in Beziehung zu bringen (vgl. TAVERDET 1995:374). Die beiden althochdeutschen Eide sind offenbar rheinfränkisch.

2 „La Séquence de Sainte-Eulalie" (ca. 880 n. Chr.)

Erster literarischer Text

Dieser erste altfranzösische literarische Text ist etwa vierzig Jahre nach den *„Serments de Strasbourg"* entstanden. Die Gattung **Sequenz** (auch *cantilène*) verdankt der **Liturgie** ihre Entstehung, sie ist eine melodienabhängige Form geistlicher *(hagiographischer)* Dichtung. Die **Eulaliasequenz** besteht aus 28 Versen verschiedener Länge: Zehnsilber, Elfsilber, Zwölfsilber und Dreizehnsilber sowie ein Siebensilber als Schlussvers; die Verse *assonieren,* d. h. es sind **Halbreime,** nur mit Gleichklang des letzten betonten Vokals in den zwei jeweils durch Assonanz gebundenen Versen.

Besungen wird das Leben und der Tod einer jungen spanischen **Märtyrerin** namens EULALIA, die im Jahre 304 unter der Herrschaft des Kaisers MAXIMIAN ihren christlichen Glauben mit dem Tod besiegelt. Ihre Seele fliegt gen Himmel.

Schreibform

Die Schreibform des Altfranzösischen ist in der Eulaliasequenz in **Wiedergabe der Phonie** schon recht gut entwickelt. Sprachlich verweist die Sprachform in das Grenzgebiet zwischen Picardie und Wallonie. Im Text begegnen auch Latinisierungen (*clementia, post, virginitet, anima, inimi, deo, rex, christiien, element* „Kraft").

Grammatische Auffälligkeiten

Reste des lat. Plusquamperfectums, jetzt in der Funktion eines Perfekts, begegnen noch im Text *(hábuerat > auret; pótuerat > pouret),* ebenso noch *érat > (i)eret. Saeculum* erscheint als *lo seule* „irdische Welt", *diabolus* als *diaule* „Teufel" (noch ohne Artikel, der sonst fast generalisiert ist bei den Nomina). Der Beleg *manatce* mit der Graphie <tc> für [ts] belegt die Aussprache mit Verschlussreibelaut, der erst später zu [s] wird.

3 Weitere frühe altfranzösische Texte vor dem *Rolandslied*

Saint-Leger

La Vie de Saint-Leger (nach 950 entstanden)
Eine weitere **Heiligen-Vita,** die des Heiligen LEODEGAR, in 40 Strophen zu je 6 Versen (also 240 Verse insgesamt) in Achtsilbern. Überliefert in einer okzitanischen Kopie des beginnenden 11. Jh. aus Clermont-Ferrand.

Passion	*„Passion du Christ"* = *„Passion de Clermont"* (nach 950 entstanden) Diese **Leidensgeschichte Jesu** ist im selben Manuskript überliefert, der Text ist stärker okzitanisiert; 129 Strophen zu je 4 Versen in Achtsilbern; der Text enthält viele Latinismen, er ist offenbar nach einer lateinischen Vorlage geschrieben worden.
Jonas	*„Fragment de Valenciennes"* (entstanden zwischen 938 und 950) = *„Jonas-Fragment"* Es ist ein **Predigtentwurf** zum Bibeltext des Propheten Jonas, sprachlich weist der Text in die Wallonie, halb ist der Text auch lateinisch, teilweise sogar in Stenographie (*„tironische Noten"*); große Textverluste durch Abrieb des Pergaments, das als Bucheinschlag verwendet worden war, vor allem auf der Vorderseite (*Recto*-Seite; Rückseiten sind *Verso*-Seiten). Dieser Text ist das erste rudimentäte Zeugnis **altfranzösischer Prosa.**
Alexius	*„La Vie de Saint-Alexis"* (ca. 1040 entstanden) **Heiligenvita;** 125 fünfzeilige *assonierende* Strophen in Zehnsilbern. Entstanden ist das Werk offenbar im Raum von Rouen. Die überlieferten Handschriften sind alle um hundert Jahre jünger als das Original. Diese Kopien zeigen stärker **anglonormannische Spracheigentümlichkeiten,** sind also offenbar in England kopiert worden: Anglonormannisch ist die in England nach 1066 (Schlacht bei Hastings *s. o. S. 47*) gesprochene und geschriebene Variante des Normannischen. Die „Schreibe" hat hier Eigenheiten: das Graphem <u> notiert die Laute [ü] z. B. *mur = mür,* [o] z. B. *dulur = dolour,* [ou] z. B. *flur = flour;* das Graphem <e> notiert die Laute [ie] z. B. *melz = mielz,* [e] z. B. *me = me.* Der Wortschatz enthält zahlreiche Latinismen wie *crestientet.* Inhaltlich ist das Alexiuslied ein Loblied auf die Weltentsagung, auf Armut und Askese.

4 „La Chanson de Roland" (ca.1095) und die „Chansons de geste"

Anglonormannische Einflüsse	Aus dem anglonormannischen Raum gingen weitere bedeutende Werke der altfranzösischen Literatursprache hervor, so von ROBERT WACE (1100–1170) die Reimchronik *„Roman de Brüt"* (1155) und der *„Roman de Rou"* (1161–1174). Anglonormannisch beeinflusst ist auch die aus dem Jahre 1170 stammende Oxforder Handschrift, die uns das *„Rolandslied"* überliefert hat.
Rolandslied	Das *„Rolandslied"* ist das älteste überlieferte Beispiel der *chansons de geste,* der nationalen Heldenlieder Frankreichs. Deren **Strophenform** ist *la laisse:* sie bindet durch die Assonanz eine ungleichmäßige Zahl von Versen meist in Zehnsilbern.

Diese Heldenlieder wurden mündlich vorgetragen vom *jongleur*, rezitativartig begleitet von der Fiedel *(la viele)*. Die Mündlichkeit spielt also für die Textfassung eine konstitutive Rolle. Ein Lesepublikum gibt es bis ins 12. Jh. offenbar nur im Bereich der lateinisch geschriebenen Literatur (vgl. AUERBACH 1958).

Im *„Rolandslied"* erreicht die altfranzösische Literatursprache ihren ersten Höhepunkt. Inhaltlich stellt das *„Rolandslied"* in dichterischer Verklärung **historische Ereignisse** des Jahres 778 dar. Als Verbündeter eines heidnischen Araberfürsten war KARL DER GROSSE gegen andere Araber zu Felde gezogen. Die spanische Mark bis zum Ebro war der Gewinn für den Karolinger gewesen. Beim Rückzug aus Spanien über die Pyrenäen wurde die Nachhut des fränkischen Heeres im Tal von Roncesval von Basken angegriffen, wobei einige bekannte Grafen den Tod fanden.

In der 300 Jahre später entstandenen Dichtung wurde daraus das Hohelied des nationalen Themas: Es geht um die *dolce France,* um die enge Verquickung von **Nationalem und christlicher Religion.** CHARLEMAGNE wird in der Vorstellung des Volkes zum Symbol der Macht, der Einheit und der Stärke des Frankenreiches. KARL wird zum **idealen Herrscher** und Heerführer, zum Kämpfer für das Christentum gegen die Sarazenen, für das Wohl des Vaterlandes, unterstützt von seinen Getreuen wie ROLAND und OLIVIER, die im Kampf gegen die Heiden den Tod finden. Die Kreuzzugsideologie des ausgehenden 11. Jh. wird in anachronistischer Weise als Leitvorstellung auf Ereignisse des ausgehenden 8. Jh. übertragen. Den **ideellen Kern** des *„Rolandsliedes"* bilden die politischen, juristischen, religiösen und moralischen Probleme der zeitgenössischen Feudalgesellschaft.

Feudal-wortschatz

Die feudalistische Welt spiegelt sich wider in beträchtlichen Teilen des Wortschatzes des *„Rolandslieds",* der insgesamt etwa 4000 Wörter umfasst. Wie in den Eiden, in der Eulalia und im Alexius sind darunter viele **Latinismen,** auch hier erfolgt eine Relatinisierung des Wortschatzes neben dem **Erbwortschatz.**

Die Untersuchung des Feudalwortschatzes des *„Rolandsliedes"* ergibt viele Wörter, die ganze **Bezeichnungsfelder** (onomasiologische Strukturen) bilden, so für die Bezeichnung der verschiedenen Klassen und Schichten, die die Feudalgesellschaft konstituieren.

Der **Wortschatz der feudalen Ritterwelt,** die sich als Vasallen zu ihrem obersten Herrn CHARLEMAGNE bekennen und ihm auf Gedeih und Verderb ausgeliefert sind, ist dominant. *Vasselage* ist ein Fahnenwort, die Lehenstreue („Vasallentum") also die oberste Tugend. Der Einzelne handelt nicht für sich, sondern im Dienste einer hohen Sache, für Nation und christliche Kirche. Persönliche Gefühle wie die Liebe spielen kaum eine Rolle, nur ganz wenige

Zeilen gelten ALDA, der Braut ROLANDS, die bei der Nachricht vom Tode des Recken ohnmächtig zusammenbricht. Durch ROLAND und OLIVIER wird der heroische Gedanke verkörpert, GUENES/GANELON ist der Typ des Verräters, er ist vom Eigeninteresse besessen. ROLANDS Eigenschaften sind *prouesse, orgueil* und *fierté*; dieser heldische Übermut und Reckenstolz, die Hybris, die kriegerische *desmesure*, hat wesentlichen Anteil am Untergang ROLANDS. Weise dagegen ist Rolands Freund OLIVIER, er bewahrt vernünftige Gemessenheit. Der erste Zehnsilber des 87. *Laisse* des „Rolandsliedes" (Vers 1093)[3] resümiert den Gegensatz beider:
Rollanz est proz et Oliver est sage(s),
aber dann heißt es schon im folgenden Vers (1094)
Ambedui unt merveillus vasselage
  In der berühmten Sterbeszene ROLANDS (*Laissen* 174 und 175) spiegelt sich erneut ein Rechtsbrauch des Lehnswesens: Die Belehnung eines Adligen erfolgt symbolisch durch Übergabe des Handschuhs und durch ein Stück Rasenerde *(gant; gazon)*. Der sterbende ROLAND ruft Gott an *(Deus!)*, bekennt seine Schuld vor dessen Größe und bietet Gott seinen rechten Handschuh dar vor den Engeln, die vom Himmel zu ihm herabsteigen:
Sun destre guant en ad vers Deus tendut.
Angles del ciel i descendent a lui. (Verse 2373/74).

Verfasser

Der letzte Vers (4002) der Oxforder Handschrift des „Rolandsliedes" lautet:
Ci falt la geste que Turoldus declinet.
  Rätselhaft ist die Semantik des letzten Wortes, eines Latinismus: Hat TUROLDUS das Heldenlied „verfasst", „gedichtet", (als Jongleur) „vorgetragen", „erzählt", „überarbeitet" oder gar „abgeschrieben" oder „übersetzt"? Darüber wird in der Forschung bis heute gestritten.

Chansons de geste

Das „Rolandslied" ist das bedeutendste von etwa 80 *chansons de geste*, die im 12. und 13. Jh. nachfolgen. Sie sind in sogen. Zyklen eingeteilt worden, die sich jeweils um eine **zentrale Figur** gruppieren.
  Die *chansons de geste* wurden nicht gelesen, sondern – wie gesagt – von *Jongleurs* („Spielleuten") **rezitativisch vorgetragen** vor dem **Volk** auf den Pilgerstraßen nach Santiago de Compostela (in Nordwestspanien), den „*Chemins de Saint-Jacques*", und auf städtischen Märkten. Das **wechselnde Publikum** führte zu sogen. **Wiederholungslaissen** in den *chansons de geste*, in denen die bisherige Handlung für „Neuankömmlinge" kurz resümiert wird.

---

3 Zitiert wird nach folgender Ausgabe: *Das altfranzösische Rolandslied nach der Oxforder Handschrift.* Hrsg. von Alfons Hilka. Dritte verbesserte Auflage besorgt von Gerhard Rohlfs. Halle: Niemeyer, 1948.

3 Die supraregionale Literatursprache und die *Scriptae*

1 Die Supraregionalität

Herkunft	Die Oxforder Handschrift (ca. 1170) des *„Rolandsliedes"* besitzt einige anglonormannische Einschläge. Das nicht überlieferte Original des *Rolandsliedes,* das ca. 1095 verfasst worden ist, stammt offenbar auch nicht aus der Normandie, sondern viel eher aus dem französischen Sprachgebiet, also der Ile de France, die nach dem Machtantritt der Capétiens mit HUGUES CAPET (987), sehr langsam allerdings, nicht nur politisch, sondern auch sprachlich bestimmend geworden ist.
Thesen	Als zum Teil überholt gelten daher die Forschungspositionen, die KUHN (1956), als einer ihrer Anhänger, in dem Aufsatz *„Schriftsprache und Dialekt"* zusammengefasst hat: In jeder französischen Sprachlandschaft sei zunächst, als man in *romanz (s. S. 49 f.)* zu schreiben begann, der lokale Dialekt zur Schriftsprache (Literatursprache) erhoben worden. In der Folgezeit habe dann der ebenfalls zur Schriftsprache erhobene Dialekt von Paris, der **dialecte de l'Ile de France** (für den 1889 der französische Philologe GASTON PARIS den Terminus *„francien"* und 1888 HERMANN SUCHIER *„francisch"* geschaffen hatten), diese regionalen Dialektschriftsprachen konkurrenziert und dann mit der Zeit, dank seines großen Prestiges als Sprache des Königshofes, aus dem Felde geschlagen (vgl. GOSSEN 1957:432). Damit folgt KUHN Positionen, die BRUN (1905:364) apodiktisch so formuliert hatte: *„Dans toutes les provinces, à l'origine, c'est le dialecte local qui a, d'abord, remplacé le latin".* Nach 1946 stellt BRUN (1946:24) fest, dass das *francien* zunächst nur *unus inter pares* gewesen sei.
Gegenthesen	Diesen Standpunkten widersprechen GOSSEN (1957, 1962, 1967, 1970) und HILTY (1968, 1973). Beide setzen erstens die **dialektale Aufgliederung** des nordgalloromanischen Sprachraums, der **langue d'oïl,** schon in der **Merowingerzeit** (448–751) an. Und zweitens favorisieren sie die Auffassung, dass sich die Sprachformen *der Ile de France,* eben das *Francien,* wegen ihres Prestiges angesichts der dominanten Kapetinger schon im 10./11./12. Jh. auf benachbarte Regionen ausgedehnt haben. HILTY hatte schon in der *„Eulaliasequenz"* (ca. 880) Belege für diesen Einfluss **franzischer Irradiationen** feststellen wollen.
Gegen-Gegenthesen	Gegen die Auffassung von GOSSEN und HILTY hat dann DELBOUILLE (1970) Stellung bezogen: Er ist gegen diese frühe Ausstrahlungshypothese des Französischen, die historisch kaum gesichert sei, auch angesichts des Fehlens früherer, in der *Ile de France* in *francien* geschriebener Texte. Er meint vielmehr, dass sich im 9. bis 11. Jh.

die **nordgalloromanischen** Dialekte insgesamt noch sehr **ähnlich** gewesen seien, was er anhand wallonischer Texte zu belegen versucht. Das Franzische habe nicht ausgestrahlt, sondern stimme im wesentlichen mit den übrigen Dialekten der *langue d'oïl* überein. PFISTER (1973) hat dann versucht, durch kritische Analyse gesicherte Fakten von bloßen Vermutungen zu trennen. Schließlich kommt er zu der Feststellung, „dass erst seit der zweiten Hälfte des 12. Jahrhunderts eine sprachliche Ausstrahlungskraft von Paris nachweisbar ist" *(S. 250)* und von „einer überregionalen sprachlichen Ausstrahlung der Stadt Paris oder von Saint-Denis als kirchlich-kulturellem Zentrum der späteren Ile de France[4] kann vor dem 12. Jh. kaum gesprochen werden" *(S. 253)*.

2 Die *Scriptae*

Remacle

Die Erforschung der ***Scriptae*** hat die Untersuchung der Schriftlichkeit im galloromanischen Raum wesentlich befördert. Der Terminus ist nach dem Lateinischen von LOUIS REMACLE 1948 geprägt worden. Die philologische Teildisziplin, die diese *Scriptae* (Singular *Scripta)* untersucht, ist die **Scriptologie.**

Scriptae

Die *Scriptae* sind „**Schreibsprachen**", **Schreibtraditionen** oder **Graphietraditionen** in Texten – die oft beträchtliche graphische Variationen aufweisen – mit **regionalen** und vor allem mit **überregionalen (supraregionalen) sprachlichen Merkmalen.**

Es wird heute „nicht mehr davon gesprochen, dass bestimmte altfranzösische Texte in diesem oder jenem Dialekt geschrieben sind, sondern man ist der Auffassung, dass sie in sogen. Scriptae ... abgefasst sind" (GECKELER/DIETRICH 1995:185). Dialekte bleiben jedoch konstitutiv für die Mündlichkeit, weniger für die Schriftlichkeit.

Für die Überlieferung der altfranzösischen Literatur und auch der in Frankreich verfassten alten Urkunden, also der Rechts- und Verwaltungssprache, sind folgende *Scriptae* von Bedeutung, die vor allem von REMACLE, GOSSEN und GOEBL untersucht worden sind:
- die **wallonischen** *Scriptae (‚‚Eulalia"), „Jonasfragment"* und wallonische Urkunden;
- die **pikardischen** *Scriptae* (reiche Textetradition, getragen von den blühenden Städten wie Arras): verschiedene *chansons de geste; „Le Roman de Renart"; fabliaux* (das sind 127 uns überlieferte schwankhafte Verserzählungen vom Ende des 12. Jh. bis

---

4 Die Bezeichnung *Isle de France* ist erstmals erst 1387 belegt, die erste offizielle Erwähnung datiert von 1429; vgl. Bader (1969:103).

Mitte 14. Jh.); *Trouvère-Dichtung;* die *chantefable* (eine Gattung, die aus Lyrik- und Prosateilen besteht); *„Aucassin et Nicolete"* (1220); dramatische Werke von JEAN BODEL und ADAM DE LA HALLE, die Chroniken FROISSARTS (1337–1404) (FROISSART ist der letzte große Autor, der noch bedeutendere Einschläge *pikardischer Scripta* aufweist); Urkunden;

■ die **normannischen** *Scriptae:* der *„Roman de Brüt"* und der *„Roman de Rou"* von ROBERT WACE; der *„Tristan"* von BEROUL; sowie Urkunden;

■ die **anglonormannischen** *Scriptae* (sie ist von der normannischen abgeleitet und in Großbritannien weiterentwickelt worden); von ihr sind betroffen: *„Alexiuslied";* die Oxforder Handschrift des *„Rolandsliedes";* das dichterische Werk der MARIE DE FRANCE *(„Lais");* die Psalmenübersetzungen des Oxforder und Cambridger Psalter (1120); 1165 die *„Quatre Livres des Rois"* als weitere Teilübersetzungen der lateinischen Bibel *(„Vulgata")* ins Altfranzösische;

■ die **champagnischen** *Scriptae:* die höfischen Versromane CHRÉTIEN DE TROYES, die zwischen 1160 und 1190 entstanden sind; die Chroniken von VILLEHARDOUIN und von JOINVILLE. VILLEHARDOUINS *„La Conqueste de Constantinople"* (1210–1220) ist das erste zusammenhängende Werk in altfranzösischer erzählender Prosa (neben den Prosateilen der stark pikardisierenden *chantefable* von *„Aucassin et Nicolete"* [1220]).

3 Erste explizite Zeugnisse vom Prestigestatus des *Francien*

Guernes

Die ersten expliziten Zeugnisse von der Vorrangstellung des Französischen sind aus der zweiten Hälfte des 12. Jh. überliefert. Der erste große aus Franzien, der *Ile de France,* stammende Dichter ist GUERNES/GARNIER DE PONT-SAINTE-MAXENCE. Der Ort, aus dem Guernes stammt, liegt im Département Oise, 10 km nördlich von Senlis, noch in der *Ile de France,* im Grenzgebiet zur Picardie. Lange Zeit hatte er in England gelebt, daher gibt es leichte **pikardische und anglonormannische Scriptaeinschläge** in seinen Texten. Zwischen 1172 und 1174 verfasste er in Versen *„La Vie de Saint Thomas".* THOMAS war 1170 in der Kathedrale von Canterbury ermordet worden. Im Vers 6165 dieses Werkes stellt Guernes selbstgefällig und prägnant fest: *Mis languages est buens car en France fui nez.*

Conon

Oft zitiert wird der aus der Picardie stammende CUENES/CONON DE BÉTHUNE. (Béthune ist ein Ort im Pas-de-Calais). Er war *trouvère,* also ein nordfranzösischer Nachahmer der altokzitanischen Liebesdichtung der Trobadors. Er war beteiligt am 3. und 4. Kreuzzug und wurde eingeladen, am Pariser Königshof seine Liebesgedichte vorzutragen, doch er wird dort nicht gelobt, sondern wegen seiner *„Picardismen"*, wegen seiner aus dem Raum von Arras stammenden Wörter und Wortformen (und deren Aussprache) von ALIX, der Mutter des Königs PHILIPPE AUGUSTE (1180–1223) und vom König selbst kritisiert. In den 1190 verfassten drei Chansons beklagt er sich bitter über diese Kritik.

Weitere Zeugnisse

Solche expliziten Zeugnisse für das nunmehr hohe Prestige des Franzischen sind um 1180 bis 1200 zahlreich. Die Handbücher der französischen Sprachgeschichte verweisen darauf, wobei sie deren Tenor nicht immer richtig interpretieren, besonders dann, wenn sie die Durchsetzung der Supraregionalität des Französischen, und damit den **Übergang vom *francien* > *françois* (français)** viel zu spät ansetzen (vgl. KLARE 1978 und 1985).

4 Die Literatursprache des höfischen Versromans *(roman courtois)*

Altokzitanisch

In der **Südgalloromania** hatte sich das **Okzitanische** entwickelt, das zunächst nur **Nähesprache**, der Mündlichkeit vorbehalten, war. Die Schriftlichkeit beginnt um das Jahr 1000 mit dem Fragment des nur 258 Verse umfassenden *„Boèci"*, das in losem Kontakt zum Werk des BOETHIUS (480–524) *„Consolatio Philosophiae"* eine Aufforderung zur Buße darstellt.

Trobadors

Aufbauend auf diesen Anfängen der altokzitanischen Literatursprache entwickelte sich ab 1100 – fußend auf der **Sprachform von Toulouse** – an den südfranzösischen Feudalhöfen die überregionale **Literatursprache der *Trobadors*** als Grundlage für die älteste **höfische Dichtung** Europas. Der älteste uns überlieferte *Trobador* ist GUILHEM IX, Herzog von Aquitanien und zugleich Graf von Peitieu (Poitiers): 1071–1127; von ihm sind uns 11 lyrische Gedichte überliefert, getragen von einer **neuen Liebesauffassung,** die beeinflusst ist von den feudalistischen Lebens- und Abhängigkeitsverhältnissen, wodurch auch ein Teil des **spezifischen Wortschatzes** zur Bezeichnung dieser Verhältnisse in den Bereich der höfischen Liebe (der *fin'amor*) umgesetzt worden ist.

Fin'amor

Die Liebe, die der *Trobador* besingt, gilt normalerweise der verheirateten adligen *Domina*, der Herrin, der *domna*, der *dame*. Die Liebe wird zu einem Dienst *(servir)*, den der *Trobador* der Dame gegenüber freiwillig leistet. Das Liebesverhältnis entspricht dem Dienstverhältnis zwischen Vasall und Lehnsherr. So wie diese eine unüberwindliche Barriere trennt, besteht zwischen Dichter *(Trobador)* und Dame eine ebensolche Abgrenzung. Die **höfische Liebe** ist charakterisiert durch ihre prinzipielle **Unerfüllbarkeit;**

es dominiert **soziale Distanz,** soziale Ferne, die sich dichterisch dann sogar im Besingen der *amor lonh* (neufrz. *loin)* äußern wird.

Feudal-metaphorik

Die Feudalmetaphorik in der Sprache der *Trobadors* ist markant: der Dichter spricht die angebetete Dame oft mit *senhor, midons* (< *meus dominus)* an, er bezeichnet sich selbst als *om,* als *om litges,* als Vasall der Dame. Ein weiterer Trägerbegriff *(mot-clé)* ist *servir.*

Höfische Tugenden

Mit dem feudalen Gedanken- und Wortgut kreuzen sich Auffassungen (und damit auch die **Bezeichnungen**) des **mittelalterlichen Ritterwesens.** Auch der liebende Dichter hat sich, wie der angehende Ritter, einer Lehrzeit zu unterwerfen, ganze (vier) Liebesstufen *(escalós)* hat er zu durchlaufen, bis er der perfekte Liebhaber ist, der hervorragende **Eigenschaften** besitzen muss: *cortezia:* dies ist der In- und Oberbegriff der höfischen Tugenden (ihr Gegenbegriff ist *vilania),* das Wort geht als Lehnwort *(courtoisie)* ins Nordgalloromanische über: – *pretz:* „valeur", „mérite", „distinction", „estime", „gloire"; das altfrz. *prix* erhält dann diesen semantischen Zuwachs; – *donars = largeza:* „Freigebigkeit" (Gegenbegriff: *avar, escars); – jois:* „ritterliche Freude", „Exaltation" (beim Anblick der Dame); – *ensenhamen:* „höfische Bildung", „Kultur"; – *mezüra:* „maßvolles Verhalten"; – *beltat:* „Schönheit"; – *joven* : „strahlende Jugend"; – *valens:* „edel"; – *pros:* „tüchtig"; – *deport* und *solatz:* „Entzücken, das der Blick der Dame und das Gespräch mit ihr bereitet"; – *gilós:* ist der angetraute adlige Ehemann der angebeteten Dame, er darf die Liebe des *Trobadors* nicht entdecken; – *lausengiers:* das sind die Feinde der höfischen Liebe und des höfischen Sängers *(Trobadors),* den sie gegen Lohn bloßstellen und verleumden wollen (bei dem adligen Herrn der Dame); – *senhals:* die Liebe des *Trobadors* der Dame gegenüber beruht auf Diskretion. Die Angebetete wird mit „Decknamen", „Signalnamen" angesprochen wie *Rosa gentil, Bel Paradis, Bels carboncles, Bel Vezer, Mon Dezir, Bel Vezin, Bels cavaliers* und eben auch mit *Senhor.* Diese Verhüllungstaktik führte mit zum sogen. dunklen Dichtungsstil *(trobar clüs; trobar escür)* einiger *Trobadors,* so von MARCABRÜ (1129–1150), der aus der Gascogne stammt.

Einflüsse

Die **Trobadordichtung** wird ferner inhaltlich und sprachlich stark beeinflusst von der Rhetorik der mittellateinischen Lateinschulen, deren Stilfiguren; von OVID und HORAZ; sowie vom Marienkult.

Soziopoetische Aspekte

Die altokzitanische Trobadordichtung, die nicht nur Liebesdichtung, sondern auch **politische Dichtung** war, die die **sozialen Spannungen** in Südfrankreich reflektiert, schafft
– eigene Dichtungs- und Strophenformen wie *cansó* (> frz. *chanson; Kanzone), alba* „Tagelieder"; *descort* „Streitgedicht", *tensó*

„Streitgedicht", *joc partit* „fiktives Streitgedicht um Liebesfragen", *sirventés* „Spott-", „Rügelied";
– eine Art Fachsprache und Fachlexik der höfischen Liebesdichtung (und der politisch-satirischen Dichtung).

Ausstrahlung

Diese erste große europäische Dichtung strahlt vor ihrer Vernichtung durch die Albigenserkriege (1209–1229) und der Verdammung der altokzitanischen Literatursprache durch PAPST INNOZENZ IV. (1245) inhaltlich und sprachlich weit nach Europa aus: nach **Italien** (Sizilianische Dichterschule und der *dolce stil nuovo* in Bologna und Florenz), nach **Galicien** in Nordwestspanien (galizisch-portugiesische Dichtung), nach **Deutschland** (Minnesang, WOLFRAM VON ESCHENBACH und HARTMANN VON AUE) und nach **Nordfrankreich** (*Trouvères* und höfischer Versroman).

Die neue Dichtungsart der höfischen Liebesdichtung (der *fin'amor,* der *amor cortés*) strahlt um 1150 mit ihrer Sprache und ihren Inhalten nach Nordfrankreich aus. Sie wird aufgenommen von dem dortigen höfischen Publikum. Hier erfolgt der wichtige Übergang vom mündlichen Vortrag (der für die *chansons de geste* typisch war) zur Lektüre der neu entstehenden umfangreichen **höfischen Versromane.** Von dieser grundlegenden Umgestaltung des Rezeptionsverhältnisses bleiben Syntax und Wortschatz der altfranzösischen Schriftlichkeit nicht unbeeinflusst; neue Inhalte und Stoffkreise bestimmen die Literatursprache, bauen sie wesentlich weiter aus.

Neuerungen

Folgende Verschiebungen in Bezug auf Inhalt (Thematik) und Sprache werden zwischen der Tradition der *chansons de geste* und dem neuen Genre des höfischen Romans (und der *Trouvère*-Dichtung) sichtbar:

■ Die *chansons de geste* behandelten das **nationale Thema,** es ging um die *douce France.* Jeder *chevalier* geht auf im großen Heer derer, die für das Vaterland und den christlichen Glauben streiten. Im **roman courtois** steht nicht mehr das nationale Thema im Zentrum, sondern die **individuelle** *aventure* des einzelnen Ritters. Terminologisch äußert sich dies in der Ablösung des *vasellage* „Lehnstreue" durch die *chevalerie,* den Inbegriff des neuen *Chevalier*-Ideals, das hohe Vollkommenheit auch in der Liebe einschließt.

■ Grundsätzlich gewandelt hat sich die **Einstellung zur Frau:** Sie spielt in den *chansons de geste* praktisch keine Rolle (vgl. ALDA, die Verlobte ROLANDS im Rolandslied; *s.o. S. 56 f.*). Im *roman courtois* ist die (adlige) Frau die **zentrale Gestalt,** sogar Triebfeder der ganzen Handlung. Adlige Frauen hatten nicht zuletzt durch Ausdehnung der weiblichen Erbfolge auf Lehensfürstentümer soziale Bedeutung gewonnen. Damit werden neue Wortschatzbereiche in der Schriftlichkeit entwickelt.

- Daraus ergibt sich eine vollkommen andere Behandlung der **Liebe**. Die Liebesproblematik wird zentrales Thema, dieser Wortschatzbereich wird stark erweitert.
- **Neue Stoffkreise** bestimmen den Inhalt und die Sprache der Romane:
  - die *„matière de Bretagne"*, also der bretonischen Volkssagen, die mit Magisch-Märchenhaftem durchsetzt sind: der Kreis um König Artus und die Ritter seiner Tafelrunde *(table ronde)*, deren Abenteuer mehr im Mittelpunkt stehen als Artus selbst; sowie der Tristan-Stoff *(Tristan et Yseut);*
  - antike Stoffe: (Alexander, Theben, Troja, Äneas, Ovid);
  - byzantinisch-orientalische Stoffe.
- Auch **formale Unterschiede** in **Vers** und **Strophe** treten auf: Die *chanson de geste* bestimmt die Strophenform der *Laisse,* Zehnsilber oder Zwölfsilber, durch Assonanz verbunden. Im *roman courtois* dominieren paarweise gereimte Achtsilber. Die *romans courtois* sind Werke individueller Autoren, sie sind namentlich bekannt – der **Verfasser** nennt sich meist im Prolog oder im Epilog oder sonst im Inneren des Textes. Die *chansons de geste* sind **anonym** überliefert.

Crestien

Den Höhepunkt des altfranzösischen *roman courtois* bildet CRESTIEN DE TROYES (ca. 1135–ca. 1190). Er wirkt am Hofe der Champagne. Seine Gönnerin ist die Gräfin MARIE DE CHAMPAGNE, die durch ihre Abkunft von der Enkelin (ALIÉNOR D'AQUITAINE) des ersten großen *Trobadors* GUILHEM IX die Verbindung zur altokzitanischen Trobadordichtung hergestellt hatte. CRESTIEN schuf eine **neue Qualität der altfranzösischen Literatursprache**, der für die **Lektüre** bestimmten **Schriftlichkeit**.

Seine Romane

Sein erster Roman, mit noch stärkeren Anklängen auch sprachlicher Natur an die *chansons de geste* und mit Einschlägen der champagnischen *Scripta* ist *„Erec und Eneide"* (ca. 1165). Dann folgt *„Lancelot"* = *„Li romanz de la charette"*. Hier geht es noch um die Liebe zur verheirateten adligen Dame. Dann verherrlicht CRESTIEN nur noch die eheliche Liebe. Es folgen die **Versromane** *„Cligès"* und *„Yvain"* (*„Le chevalier au lion"*). Die genannten Versromane haben etwa 6800 Verse. Nur sein letzter, unvollendeter Roman *„Perceval ou Conte del Graal"* (ca. 1188) hat 9234 Verse. Der *„Perceval"* hat WOLFRAM VON ESCHENBACHS *„Parzival"* direkt beeinflusst. Im Prolog zu *„Cligès"* nennt CRESTIEN weitere vier Werke, die nicht erhalten sind (darunter *„Les commandemenz Ovide"*). CRESTIEN DE TROYES liebt lange Beschreibungen der Szenerie, der Kleidung. Erstmals begegnen in der altfranzösischen Literatursprache lange Passagen im *imparfait* (als Hintergrundtempus) neben dem *passé simple* (als Vordergrundtempus). Die **Tempusdichotomien**, die WEINRICH (1964, 1982) für das Neufranzösische beschreibt, sind bei CRESTIEN schon weitgehend vorhanden. Die *chansons de geste* bevorzugten das *présent* und das *passé simple* (beide als Vordergrundtempora).

Lexik

CRESTIEN charakterisiert die Personen individuell. Dafür setzt er eine umfangreiche **Lexik** ein. Er legt Wert auf eine psychologische Handlungsführung. Der vor ihm schon vorhandene Wortschatz erhält durch ihn neue Bedeutungen *(Neosemantismen)*, oft bedingt durch okzitanischen Einfluss. Auch die Mittel der **Wortbildung**, insbesondere die *Derivation* mit Hilfe von Suffixen und Präfixen, werden umfassend genutzt. Auch externe Übernahmen aus dem Mittellatein und dem Okzitanischen werden eingebracht. So ist die Frage, ob solche Schlüsselwörter wie *amour, jaloux, époux* in Form und/oder Bedeutung vom Okzitanischen beeinflusst sind.

Marie de France

Neben CRESTIEN ist MARIE DE FRANCE, die im normannischen England lebte (ca. 1130–ca. 1200), als **erste große französische Dichterin** wirksam gewesen. Auch sie ist von der *Matière de Bretagne* stark beeinflusst. Höhepunkte ihres Schaffens sind die zwölf **Lais-Verserzählungen**, die bretonische Märchenstoffe behandeln; auch OVID war ihr bekannt.

4 Die altfranzösische Verwaltungs- und Urkundensprache

Urkunden

Auch in der Galloromania ist die **Kanzlei- und Urkundensprache** zunächst das Mittellatein. Urkunden haben gegenüber literarischen Texten den Vorteil, dass sie meist datiert und lokalisiert sind.

Die ersten volkssprachlichen Urkunden begegnen in der Südgalloromania, also im okzitanischen Sprachgebiet. Die **älteste okzitanische Urkunde** *(carta)* stammt aus dem Jahre 1102, sie wurde im Rouergue (dem alten *Pagus Rutenicus)* verfasst, und zwar in einem der bedeutenden stadtbürgerlichen Zentren, in Rodez, in dem Handwerk und Handel blühten und die Institution des „Konsulats" die politische und verwaltungsrechtliche Macht ausübte. Dann folgen andere Städte des Rouergue wie Millau und die anderer Provinzen, so Avignon, Toulouse. Die okzitanische urkundensprachliche Tradition geht bis ins 16. Jh., bis sich das **Französische** auch als Verwaltungssprache im Süden durchsetzt. Der Wortschatz der okzitanischen Urkunden gibt wertvolle Aufschlüsse über das allmähliche Einbrechen des Französischen in die Urkunden.

Um 1145 ist wahrscheinlich in Arles sogar eine systematische **Darstellung des römischen, des geschriebenen Rechts** *(droit écrit)* in altokzitanischer Sprache auf der Basis der Gesetzgebung

JUSTINIANS (533) verfasst worden: *„Lo Codi"*, eine *„Summa Codicis"*, die bald darauf sogar von einem anderen Rechtsgelehrten ins Mittellatein übersetzt worden ist, wegen ihres wissenschaftlichen Rufs.

In der Nordgalloromania erfolgt der Übergang von der mittellateinischen zur altfranzösischen Verwaltungs- und Urkundensprache etwas später. Aus dem Hainaut stammt die älteste Urkunde: die *„charte-loi de Chièvre"* aus dem Jahre 1194. Sie zeigt Einschläge der pikardischen Scripta.

Auch die weiteren ersten Urkunden stammen vor allem aus den Zentren der frühen stadtbürgerlichen Entwicklung in Wallonie und Picardie:
1204: erste *charte* aus der Stadt Douai; – 1206: Tournai; – 1212: Metz; – 1221: Courtrai; – 1222: Mons; – 1230: Arras; – 1233: Liège; – 1240: Namur; – 1246: älteste *charte normande;* – 1254: erging die erste vulgärsprachliche Urkunde des Königshofes; – 1283: BEAUMANOIR fixiert schriftlich in altfranzösischer Sprache einen Teil des bislang mündlich tradierten Gewohnheitsrechts (die *Coutumes)* im *„Coutumier du Beauvaisis"*.

Franzische Scripta	Die franzische Schreibtradition *(scripta)* beherrscht frühzeitig die anderen Regionalscriptae. Damit ist für die Verwaltungssprache eine relativ frühe **Dominanz** der supraregional wirksamen Schreibtradition der *Ile de France* wahrscheinlich. FELLER hat schon 1931 festgestellt, dass die belgischen (wallonischen) Autoren „französisch" schreiben wollten. Wallonismen hätten sich mehr zufällig in ihre Schriftlichkeit eingeschlichen. REMACLE (1948) hat dies dann auch für die Urkundensprache in vertiefter Form bestätigt.

5 Das Spätaltfranzösische des 13. Jahrhunderts

1 Die Literatursprache und die „Fachsprachen"

Franzische Über-regionalität	Nach 1200 entwickelt sich die Schriftlichkeit weiter, die auf dem Franzischen basierende Supraregionalität setzt sich weiter durch im Reich der Kapetinger.
Über-setzungen	Im 13. Jh. gewinnt die **Übersetzungsliteratur**, die schon im 12. Jh. einsetzt, weiter an Bedeutung. Es werden nicht mehr nur lateinische religiöse Texte übersetzt, sondern auch naturwissenschaftliche und juristische. Die **Fachwortschätze** verschiedener Fachgebiete beginnen sich somit auszubilden. Übersetzt werden ins Französische Rechtssammlungen, *„Institutiones"*, *„Justinians Codex"* aus dem 6. Jh., die *Digesten* (das sind die gesammelten und geordneten Rechtsgutachten der berühmtesten römischen

Juristen, Teil des „Corpus iuris civilis"). Ende des 13. Jh. werden die ersten beiden Bücher des von KAISER FRIEDRICH II. zwischen 1244 und 1250 verfassten Traktats „De arte venandi cum avibus" übersetzt. Dieses Buch über das Jagen mit Jagdvögeln ist eines der ersten Fachbücher in der Geschichte der französischen Sprache.

Die erste vollständige französische Bibelübersetzung anhand der lateinischen Fassung der Bibel (die „Vulgata" von Hieronymus) erfolgt unter dem Patronat von Louis IX (= Saint-Louis 1226 – 1270) vor 1250 in Paris. An dieser Übersetzung waren mehrere Übersetzer beteiligt, deren Wortschatz noch ein beachtliches Schwanken zwischen volkstümlicher und der lateinisch entlehnten („gelehrten") Terminologie verrät.

Auch in Metz gab es Gruppen von Waldensern, die Teile der Bibel übertrugen und diese somit in der Volkssprache lesen oder hören konnten. Diesen Strömungen vorreformatorischer Bibelübersetzungen entstammt die „Lothringer Apokalypse", von der BOCHMANN (1983) eine Faksimile-Ausgabe der Dresdner Handschrift vorgelegt hat.

Bildungsein-richtungen

Zwischen 1253 und 1257 gründet ROBERT DE SORBON (1201–1274) die Pariser Universität als **theologische Lehranstalt**. Die „Sorbonne" ist konservativ, sie verteidigt den rechten, orthodoxen Glauben, ganz im Gegensatz etwa zu der 1239 in Spanien gegründeten Universität Salamanca, die zu einer weltberühmten Mittlerin der arabischen Wissenschaften wurde.

In der südfranzösischen Stadt Montpellier, die bis 1349 noch vom König von Aragon beherrscht wurde, wird 1221 eine berühmte **Medizinschule** gegründet, die vor allem den exzellenten Forschungsstand der arabischen Medizin vermittelt.

Literatur-sprachliche Entwick-lungen

Die literatursprachliche Entwicklung des 13. Jh. befördert insbesondere der große Pariser Trouvère RUSTEBUEF (1250–1285), sein Vorname ist bis heute unbekannt. Neben den „Chansons de Croisade" ist er Autor des ersten Marien-Mirakels – „Le Miracle de Théophile" (ca. 1261); besonders auffällig ist das, was wir heute Literarisierung von Mündlichkeit nennen. Théophile schließt – wie Faust – einen Pakt mit dem Teufel, durch das wundersame Eingreifen der Jungfrau Maria wird er gerettet. RUSTEBUEF verfasste auch *fabliaux (fablels)*, kurze Verserzählungen, und **Dits**, das sind didaktische Versgeschichten, oft auch in Dialogform, nach dem Vorbild der lateinischen *Exempla*.

Die weitere literatursprachliche Entwicklung wird nachhaltig beeinflusst von dem immer noch in achtsilbigen Versen geschriebenen „Roman de la Rose". Die Rose (offenbar das Anagramm von „Eros") ist das Symbol der Liebe. Der Roman ist eine Traum-Allegorie. Zwei Autoren haben die unterschiedlich langen und in der Liebeskonzeption stark divergierenden Teile verfasst:

– Erster Teil: Guillaume de Lorris, entstanden 1229–1236; 4058 Verse.
– Zweiter Teil: Jean de Meung, entstanden 1275–1280; 17 722 Verse. Der zweite Teil entwickelt sich zu einer Art Enzyklopädie des Mittelalters in poetischer Präsentierung.

2 Interne Entwicklungen in den Sprachebenen

System-wandel

Im 13. Jh. erfolgen in allen Sprachebenen des Französischen Umbrüche, die sowohl die Mündlichkeit als auch die Schriftlichkeit betreffen:

Vokale

Seit dem 3. bzw. seit dem 5./6. Jh. hatte sich der haupttonige Vokalismus in freier Silbe diphthongiert. Die **Diphthonge** bleiben bis ca. 1200 bestehen. Nach 1200 wurden sie allmählich beseitigt, und zwar auf zwei Wegen, wobei die Graphie die alten Diphthonge bis heute bewahrt!
– Diphthong > **Monophthong**:
  ue > /ö/: *bove* > *buef* > *le boeuf* [bœf];
  eu > /ö/: *hora* > *oure* > *eure* > *l'heure* [œr].
– das erste Element des Diphthongs wird zum **Halbkonsonanten**:
  [j] : *ie* > [je]: *pede* > *piet* > *le pied* [pje];
  [w] : *oi* > [we] *tela* > *teile* > *toile* > *la toile* [twɛ→twa].
Ab Ende des 13. Jh. besitzt die französische Hochlautung somit keine Diphthonge mehr (denn Diphthonge sind phonetisch die Kombinationen zweier Vokale in einer Silbe!).

Nasale

Strittig ist bis heute, wann die französischen Nasalvokale und Nasaldiphthonge entstanden sind. Mit den Kelten hat die französische Nasalierung nichts zu tun, denn sie hat offenbar erst im 9. Jh. begonnen. Auslöser der Nasalierung sind die Nasalkonsonanten *m* oder *n*, die dem vorausgehenden Vokal (oder Diphthong) eine **nasale Resonanz** verleihen wegen zu früher Senkung des Gaumensegels, sodass der Luftstrom bei der Aussprache der Vokale im Nasenraum zu vibrieren beginnt und die Nasalierung des Vokals bewirkt. Dieser Vorgang ist eine typische rückgreifende **(regressive) Assimilationserscheinung**. Die zunächst „genäselten", dann nasalierten Vokale sind im Altfranzösischen noch kombinatorische Varianten der oralen Vokale, die allein Phonemstatus besitzen. Das ändert sich erst in mittelfranzösischer Zeit; die Nasalvokale erhalten den Status von Phonemen *(s. dort)*.

Morpho-syntax

Bis ca. 1200 hat die altfranzösische **Zweikasusflexion**, die nur bei den maskulinen Nomina, maskulinen Adjektiva und Pronomina begegnet, Bestand.

Wortschatz	Der Wortschatz des Altfranzösischen hat sich im Laufe der Jahrhunderte außerordentlich stark entwickelt. Er wurde im allgemeinsprachlichen und fachsprachlichen Bereich ständig erweitert durch **interne Bereicherung:** nämlich durch Wortbildung (vor allem durch Derivation mit Affixen) und Bedeutungswandlungen; sowie durch **externe Bereicherung,** hier insbesondere durch „Relatinisierung" mittels zahlreicher *mots savants* und durch Okzitanismen.
Lexiko-graphie	Lexikographisch erfasst ist dieser altfranzösische Wortschatz durch die großen Wörterbücher von GODEFROY; TOBLER-LOMMATZSCH; große etymologische Wörterbücher („FEW", „DEAF"); Autorenwörterbücher z. B.: für CHRÉSTIEN DE TROYES (FOERSTER-BREUER), für WACE (H. E. KELLER).

6 Erste explizite Zeugnisse für die „Weltgeltung" des Französischen

Brunetto Latini	Das Französische als die Sprache eines schon weit zentralisierten Reiches der Kapetinger genoss in Teilen Europas und in der Levante (Kreuzzüge!) beachtliches Ansehen. Ein beredtes Zeugnis dafür sind Äußerungen von dem Florentiner BRUNETTO LATINI, dem Lehrer DANTES, der in Paris im Exil lebte. Im Jahr 1260 verfasst er – noch in altfranzösischen Versen – eine Art mittelalterliche Enzyklopädie: *„Li Livres dou Tresor".* Dort schreibt er: *„Et se aucuns demandoit por quoi cist livres est escriz en roman selonc le language des François: l'une car nos somes en France, et l'autre por ce que la parleure est plus delitable et plus commune à toutes gens"* (zit. nach von WARTBURG 1946:112).
England	Die **anglonormannische Scripta** haben wir bereits erwähnt. Sie ist eine der Folgen der normannischen Eroberung nach 1066; diese bewirkt eine grundlegende **Umschichtung der Herrschaftsverhältnisse** und in deren Verlauf auch der sprachlichen Verhältnisse in Großbritannien. Der neue Adel war vorwiegend normannisch, viele Barone stammten aber auch aus der Picardie, der Bretagne, aus Flandern. Etwa 10.000 Normannen beherrschten die etwa 1,5 Millionen Angelsachsen. **Französisch** wurde gegenüber dem Angelsächsischen und in Konkurrenz zum Mittellatein zur **Sprache der Offizialität.** Nur auf dem Lande blieb das Englische als Kommunikationsmittel erhalten. Noch im 14. Jh. dominiert das Französische im offiziellen und rechtlichen Leben. Im Rechtswesen bleibt das Französische bewahrt bis ins 18. Jh. Der allmähliche **Wiederaufstieg des Englischen** beginnt nach 1350; das älteste Rechtsdokument in englischer Sprache datiert

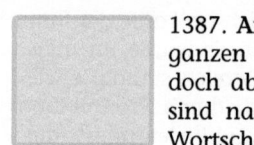

1387. **Anglonormannische literarische Texte** werden noch im ganzen 14. Jh. verfasst, das Französische ist Prestige-Sprache, doch ab 1400 treten wieder englischsprachige Texte auf; diese sind nachhaltig beeinflusst vom Französischen, besonders im Wortschatz (vgl. BURGESS 1995).

3

Das Mittelfranzösische –
Le moyen français (ca. 1300–ca. 1500)

Eckdaten

Die gängigen Handbücher der französischen Sprachgeschichte setzen fast alle eine mittelfranzösische Periode an. Die Eckdaten dieser Periode – deren Benennung offenbar erst seit 1890 in die wissenschaftliche Diskussion eingeführt worden ist – reichen über zwei Jahrhunderte. Teilweise werden die Daten **1328** (Ende der Kapetingerherrschaft/Beginn der Regierungszeit der Valois, bis 1589) und **1494** (Beginn der Italienfeldzüge CHARLES VIII) als Begrenzung angesetzt.

1 Historische Voraussetzungen

Zentralismus

Die Zentralmacht wurde weiter ausgebildet und gefestigt. Unter PHILIPPE IV LE BEL (1285–1314) wurde das Territorium um neue Provinzen erweitert: Champagne, Comté d'Angoulême (= Angoumois) und Navarre sind davon die wichtigsten. Die Autonomie des partikularistischen Feudaladels wurde von der königlichen Zentralmacht mit Hilfe der frühbürgerlichen Städte eingeschränkt. Vertreter der städtischen Kaufmannschaft haben wie die Vertreter des Feudaladels Sitz in den *Etats généraux,* die 1302 erstmals einberufen werden. Institutionen wie der königliche Gerichtshof *(Parlement de Paris)* sind zentralistische Rechtsautoritäten zu Ungunsten des **Feudalpartikularismus;** die Kanzlei und der *Conseil du Roi* sowie Organe, die das Finanzwesen stabilisieren *(Chambre des Comptes),* werden geschaffen.

Guerre de Cent Ans

Der Zentralisierungsprozess wird zunächst behindert durch die *Guerre de Cent Ans* (1337–1453). Ausgelöst wird er durch dynastische Zwistigkeiten mit England: EDWARD III. erhob Anspruch auf den französischen Thron. Außerdem versuchten die *Valois,* die letzten englischen Besitzungen in Teilen Westfrankreichs (Teile Guyennes) zu annektieren.

Kriegsverlauf

Der Kriegsverlauf war außerordentlich wechselhaft. Die französischen Ritterheere erlitten zunächst **schwere Niederlagen** (so bei Crécy 1346), der **Bauernaufstand** von 1358 *(La Jacquerie)* schuf weitere Probleme. Im zeitweiligen **Friedensschluss von Brétigny** erhielt England große Teile Südwestfrankreichs. Feudale Zwietrachten verschlimmerten die Lage. Der Krieg wurde fortgesetzt; erneute Niederlage der französischen Ritterheere (Azincourt 1415). Der Widerstand der Städte und der Bauernschaft gegen die Engländer intensivierte sich, das **französische Nationalbewusst-**

sein wuchs. Von diesem patriotischen Aufschwung wurde JEANNE D'ARC (1410–1431) getragen, die **Orléans** aus der fremden Umklammerung befreite; **Reims** öffnete CHARLES VII (1422–1461) die Tore. Die mit den Engländern verbündeten Burgunder nahmen JEANNE D'ARC gefangen und lieferten sie für 10 000 Livres an die Engländer aus. In Rouen wurde ihr vor einem kirchlichen Gerichtshof der Prozess gemacht. Schuldig gesprochen der Ketzerei und der Zauberei, wurde sie 1431 auf dem Scheiterhaufen verbrannt.

Niederlage Englands

Der weitere nationale Aufschwung, vor allem von den Städten und den Bauern getragen, brachte schließlich den Sieg über die englischen Heere. **1453** endet der Krieg, die Engländer werden aus Frankreich vertrieben, nur **Calais** bleibt (bis 1558) mit dem Zugang nach Flandern in ihrer Hand. 1456 wird der Prozess gegen JEANNE D'ARC von CHARLES VII wieder aufgenommen, es erfolgt postum der Freispruch der französischen Nationalheldin. Als Folge des Krieges fielen weitere *„pays de France"* an die Zentralmacht, darunter solche, die in der Hand der Engländer waren: Aunis, Saintonge, Guyenne, Gascogne, Périgord, 1481 die Provence und 1491 die Bretagne (endgültig 1532).

Auswirkungen auf die Sprachentwicklung

Die Ereignisse des Hundertjährigen Krieges hatten immense Auswirkungen auf die Sprachsituation und Sprachentwicklung: Das Land wurde auch sprachlich durcheinander gewirbelt, mit dem **Nationalbewusstsein** wuchs das **Sprachbewusstsein**. Die Dialekte blieben weiter maßgebend, die **Supraregionalität** der auf dem *Francien* basierenden Schriftsprache wurde weiterhin befördert. Für die Verbreitung der Schriftlichkeit wurde die **Erfindung des Buchdrucks** wirksam: 1455 hatte GUTENBERG in Mainz die Bibel gedruckt, erste Druckereien entwickelten sich auch in Frankreich. 1477 wurden die *„Grandes Chroniques de France"*, die offizielle Geschichte der französischen Könige – zuerst in Mittellatein, dann in Französisch abgefasst – in Druck gegeben. Der Buchdruck verlangte zumindest ein Minimum an Regelung der Graphie und der Morphosyntax.

2 Der sprachtypologische Umbruch des Französischen

Stellenwert des *moyen français*

Längere Zeit wurde das Mittelfranzösische in erster Linie als eine **Periode des Übergangs** zwischen dem Altfranzösischen und dem Neufranzösischen angesehen. Seit etwa 1970 ist diese Periode verstärkt ins Blickfeld der Forschung getreten. Acht internationale Kolloquien zwischen 1973 und 1996 in Nancy, Metz, Brüssel, Düsseldorf, Amsterdam, Mailand, Montreal veranstaltet, haben neue Erkenntnisse befördert, ebenso die seit 1977 erscheinende neue

Fachzeitschrift *„Le moyen français"* unter Leitung von G<small>IUSEPPE</small> D<small>I</small> S<small>TEFANO</small>. Ein großer *„Dictionnaire du Moyen Français" („DMF")*, von R<small>OBERT</small> M<small>ARTIN</small> geleitet, ist in Nancy am *Institut National de la Langue Française* in Arbeit, er wird weit über G<small>ODEFROY</small>, der das Mittelfranzösische noch mit erfasst (während T<small>OBLER</small>-L<small>OMMATZSCH</small> den Wortschatz nur bis 1400 aufnimmt) hinausgehen. Die Gesamtdarstellungen des Mittelfranzösischen von M<small>ARCHELLO</small>-N<small>IZIA</small> (1979) und Z<small>INK</small> (1990) eröffnen bereits neue Perspektiven.

Umbruch

Einen wichtigen Neuansatz stellt jedoch die Monographie *„Sprachtypus und Geschichte. Untersuchungen zum typologischen Wandel des Französischen"* von E<small>CKERT</small> (1986) dar. Dieses Werk fußt auf den sprachtypologischen Ansätzen von E<small>UGENIO</small> C<small>OSERIU</small>.

Hauptthesen

Die Hauptthesen von E<small>CKERT</small> (1986):

- Das Neufranzösische als romanische Sprache kennt viele Gemeinsamkeiten nicht, die andere romanische Sprachen wie das Italienische, Spanische teilen. Das Französische folgt also nicht dem **gemeinromanischen Sprachtyp**. Es ist von der vulgärlateinischen Grundlage wesentlich weiter entfernt als die romanischen Nachbarsprachen. Phonetische, morphosyntaktische und lexikalische Fakten belegen diese **Sonderstellung des Französischen.**

- Das **Altfranzösische** folgt dagegen noch weitgehend dem gemeinromanischen Sprachtyp, es besaß viele **Gemeinsamkeiten** mit anderen romanischen Sprachen, sein Abstand zum Latein ist längst nicht so gravierend.

- Innerhalb der Geschichte der französischen Sprache muss es einen **Umbruch** gegeben haben: Nahtstelle dieses Umbruchs ist das Ende der altfranzösischen und der Beginn der mittelfranzösischen Periode. Diese Periode ist keinesfalls eine Epoche des Niedergangs, der Dekadenz oder gar des Chaos; sie ist auch kein bloßes Durchgangsstadium, ohne besonderen Eigenwert.

- Dieser typologische Umbruch wird für das Mittelfranzösische dokumentarisch belegt. Das Sprachmaterial bisheriger und eigener diachronischer Untersuchungen wird typologisch ausgewertet, somit in einen **neuen Interpretationsrahmen** gestellt. Die vorzugsweise altfranzösische Postdeterminierung (synthetische Konstruktionen) wird durch die vorzugsweise mittelfranzösische Prädeterminierung (analytische Konstruktionen) abgelöst. Dies betrifft in der Mündlichkeit zunächst die grundlegenden Veränderungen der
  – **Numeruskennzeichnung** (*-s* war verstummt!);
  – **Genuskennzeichnung:** das Verstummen des End-*e* beseitigt weitgehend die Genusmarkierung vieler Substantive, schafft viele Unsicherheiten, ob ein isoliertes Substantiv maskulin oder feminin ist – bis ins 17. Jh. In V<small>AUGELAS</small>' *„Remarques"*

(1647) behandeln 33 seiner „Bemerkungen" offen bleibende Genusfragen. Vorgestellte Artikelformen wie *le, la, les, un, une, des* werden zu *„porteurs de la marque du nombre et du genre"*, sie schaffen im Syntagma neben attributiv beigegebenen Adjektiven erst Klarheit;

- **Personenmarkierung** bei den Verbalformen: nicht mehr durch die teils verstummenden Endungen, sondern durch Prädeterminanten *(je, tu, il, elle, nous, vous, ils, elles)*. D. h., die Setzung der **Personalpronomina** wird obligatorisch bei den Verbformen;
- **Steigerung der Adjektiva:** nicht mehr synthetisch (nur noch Reste wie *meilleur* bleiben), sondern mit *plus* analytisch wie *greignour > plus grand, hautisme > (le) plus haut;*
- **Wortbildung:** es werden besonders synthetische Diminutiva *(oiselet)* durch analytische Bildungen *(petit oiseau)* abgelöst;
- **Verbalperiphrasen:** Neubildung von *venir de* + Infinitiv, *aller* + Infinitiv (vgl. dazu auch WERNER 1980);
- **Tempora:** Entstehung der *temps surcomposés* wie *Quand il a eu dit cela, il est parti* „Als er das gesagt gehabt hat, ist er losgegangen" (vgl. CORNU 1953, KLARE 1964).

Ursachen der Sprachentwicklung	ECKERT (1986) fragt auch nach den **(außersprachlichen) Bedingungen,** die das beschleunigte Tempo der Sprachentwicklung im 14./15. Jh. bestimmen. Als bedeutsam werden die räumlichen und sozialen Verschiebungen der französischen Sprachgemeinschaft nach dem Hundertjährigen Krieg angesehen, der ein wesentlicher Instabilitätsfaktor gegenüber der Tradition war.

3 Die Fachsprachen, die Übersetzungsliteratur und die Fachwortschätze

1 Die Entwicklung der Fachsprachen

Langues de spécialité	Die ersten altfranzösischen Ansätze der Entwicklung von Fachsprachen (vor allem im juristischen Bereich) und der Übersetzungsliteratur werden nach 1300 systematisch ausgebaut.
Chirurgie und Medizin	Chirurgen werden im Mittelalter als Praktiker der Medizin, als Handwerker angesehen, so im *„Livre des métiers"* (ca. 1265) von ETIENNE BOILEAUE. Bedeutend war HENRI DE MONDEVILLE (1260–1320). Im Jahr 1314 verfasste er sein *„Handbuch der Chirurgie"* in französischer Sprache, während die hochrangigen „Theoretiker" der Medizin noch lange bei der lateinischen Wissenschaftssprache verblieben. Montpellier war die Hochburg der Medizin in Frankreich wie Salerno in Italien.

Henri de Mondeville musste sich die **medizinischen Fachwörter**, die er für seine Darlegungen brauchte, erst noch schaffen. Das auch ihm bekannte Mittellatein diente ihm als Reservoir für Leihgaben, dort fanden sich auch Übernahmen aus den griechischsprachigen Medizintraktaten von Hypokrates (ca. 460–370 v. Chr.) und Galenos (130–200 n. Chr.). Henri de Mondeville liefert als Erstbelege 1314 z. B.: *diaphragme* „Zwerchfell", *concave, concavité, contusion* „Quetschung", *infection* „Infektion".

Die altfranzösischen Bezeichnungen für den Arzt sind weitgehend erbwörtlich aus *medicus* entstanden: *mire, miere, meire, mege, miege, mige, mide;* (vgl. den *Fabliau*-Titel *Le vilain mire* „Der Bauer als Arzt"). *Médecin* erscheint als Lehnwort aus dem Latein 1330, es bezeichnet den wissenschaftlich gebildeten Arzt; der *mire* sinkt semantisch ab zum „Kurpfuscher".

Rechts-
wissenschaft

Auch die Rechtswissenschaft hatte an den Universitäten einen festen Platz. Ihre Fachsprache war zunächst das Latein, aber das Französische gewann dort seinen Platz, wo der Bezug zur **juristischen Praxis** es erforderte. Von der schriftlichen Fixierung des vorher mündlich tradierten Gewohnheitsrechts in den *Coutumiers* haben wir oben *(s. S. 66)* schon gesprochen (Philippe de Beaumanoir, „*Coutumes du Beauvaisis*" 1283). Ende des 14. Jh. kommt der „*Grand Coutumier de France*" von Jacques d'Ableiges hinzu. Wichtig ist die „*Somme rurale*" (1393–1396) von Jean Boutillier de Pernes. Dies ist ein Rechtshandbuch für die ökonomisch und sozial entwickelten Gebiete um Tournai, Flandern, Artois und Hainaut. Das Zivilrecht definiert es als „*la noble constitution des loix qui sont faictes et passées par les empereurs et par les saincts concilles et les consaux des senats, et les sainctes decretales faictes par nostre sainct pere le pape qu'on appelle droit canon, et les loix données par les empereurs*". (zitiert nach Hausmann 1996:134.)
Juristische Fachwörter wie *procès, expédier, confisquer, confiscation, accusateur, diffamateur* fassen im Mittelfranzösischen Fuß.

Übersetzen

Für die Entwicklung und den **Ausbau des fachsprachlichen Wortschatzes** haben die großen Übersetzer des 14. und 15. Jh., die die Übersetzungsarbeit des 13. Jh. fortsetzen, eine herausragende Bedeutung. Sie übersetzen aus dem Latein, das seinerseits viel griechisches Lehngut aufgenommen hatte. Die in der französischen Zielsprache **fehlenden Äquivalente** entlehnen sie aus der Quellensprache, wobei sie sehr oft das **entlehnte Neuwort** beim ersten Auftreten im Text durch scheinbar tautologische Verwendung eines volkssprachlichen Wortes erklären, quasi eine Interpretationshilfe geben. Im weiteren Verlauf des Textes steht dann allein das Lehnwort, das somit **terminologisch** verwendet wird. Beispiele: *certaineté ou certitude; injure ou contumélie; enfanter ou parir; en une ambulance ou aller.*

vgl. zum Übergang von der lateinischen zur französischen Fachterminologie im 14. Jh. den gleichbetitelten Aufsatz von BALDINGER (1975).

Wegen der Aufnahme Tausender von *„mots savants"* aus dem (Mittel)-Latein entstehen hunderte sogen. **Dubletten (doublets)**, da die betreffenden lateinischen Wörter auf Grund der „Stafettenkontinuität" *(s. o. S. 9)* von Generation zu Generation mündlich und somit erbwörtlich ins Französische gekommen waren (zu beachten sind die Bedeutungsunterschiede).

lat. Etymon		Erbwort		Lehnwort	
causa	*hospitale (m)*	*la chose*	*l'hôtel*	*la cause*	*l'hôpital*
directu	*separare*	*droit*	*sevrer*	*direct*	*séparer*
fragile(m)	*navigare*	*frêle*	*nager*	*fragile*	*naviguer*
tabula	*liberare*	*la tôle*	*livrer*	*la table*	*libérer*
fabrica	*cumulare*	*la forge*	*combler*	*la fabrique*	*cumuler*
frigidu(m)		*froid*		*frigide*	

2 Nicole Oresme

Persönlichkeit

NICOLE ORESME (ca. 1320 – ca. 1382) ist der bedeutendste Übersetzer der mittelfranzösischen Periode. Er ist **Universalgelehrter** und gilt als einer der gelehrtesten Männer Frankreichs: Theologe, Philosoph, Rechtsgelehrter, Finanzökonom, Politökonom (den Terminus *économie politique* hat Oresme geschaffen) und Bischof von Lisieux. Er war Lehrer von CHARLES V LE SAGE (1364–1380).

Übersetzungen und Schriften

ORESME übersetzt zwischen 1370 und 1374 ARISTOTELES (384–322 v. Chr.) ins Französische, nicht nach den griechischen Originalen, sondern auf der Basis einer lateinischen Version, so „Ethiques", „Politiques", „Economiques". Seine eigenen wissenschaftlichen Werke schreibt er auch erst in Latein, um sie dann selbst ins Französische zu übersetzen: *„Livre du ciel et du monde"* (ca. 1366); *„Traité de la Sphère"* (ca. 1366); *„Traité contre l'astrologie selon Aristote"* (1370); *„Livre des devinations"* (ca. 1361–1365) .

Besonders hervorzuheben ist sein ca. 1365 entstandenes Traktat über das Geld: *„De l'origine, nature et mutation des monnaies"*. Diese Schrift gilt als eines der **ersten fachwissenschaftlichen Werke** in französischer Sprache. Dieser Traktat ist eine Art Pamphlet, eine ungeschminkte Darstellung der Missstände in der Verwaltung; er ist aber zugleich ein Programm, wie man diese Übelstände beseitigen kann, es sind Ratschläge an die Regenten. In diesem Traktat sind über 100 **Erstbelege** für aus dem Latein entnommene **Fachwörter** nachgewiesen worden (vgl. KLUGE 1956/57).

Laienbildung

ORESME ist sich voll bewusst, dass **Fachsprachen** ihre Besonderheiten haben, sodass sie von der Alltagssprache abgegrenzt werden müssen. Dennoch will er möglichst allgemein verständlich schreiben, denn ihm liegt auch die Bildung derer am Herzen, die des Lateins nicht mächtig sind, also die Laienbildung, die **Bildung der Städtebürger**, die einer volkssprachlich vermittelten Wissenschaft bedürfen. Im *„Buch über den Aberglauben"* schreibt er ausdrücklich: *„pour ce ay je composé ce livre en françois afin que gens lais le puissent entendre"*. Im *„Traité de la sphère"* heißt es: *„Je veul dire en françois generalement et plainement ce qui est convenable pour savoir a tout home"*. Dennoch: *„Une science qui est forte ... ne puet pas estre bailliee en termes legiers à entendre"*; und: *„ce n'est chose aisie a mettre ou baillier en françois ce que gens layes puissent legierement entendre"*. (*„Livre des devinations"*)[5]

Erstbelege

Auswahl von Fachwörtern, die erstmals bei ORESME begegnen: *déduction, réflexion, prémisse, unanimité, régularité, attribution, latitude; démocratie, aristocratie, oligarchie, démocratique, aristocratique, oligarchique; concave, géométrique, proportionnel; légal, fragile.*

Von den 11 000 Adjektiven, die der *„Grand Robert"* für die Gegenwartssprache verzeichnet, sind die wenigsten Erbwörter: so etwa nur *bon, mauvais, vieux, petit, grand ...*

ORESME benutzt auch das tautologische Verfahren: Lehnwort neben *(ou, et)* dem teilsynonymen Erbwort: *la puissance auditive ou puissance de oïr; confidence ou confiance; persister ou demourer; la vélocité et hastiveté du mouvement.*

3 Pierre Bersuire, Jean Miélot, Octavien de Saint-Gelais

Bersuire

BERSUIRE (†1362), BERÇUIRE (die Namensschreibung variiert!) ist der bedeutende Übersetzer des lateinischen Historikers TITUS LIVIUS (59 v. Chr.–17 n. Chr.). Diese Übersetzung von Teilen der römischen Geschichte erfolgte 1352–1356. Die Könige bestellen Übersetzer auf Grund ihrer Sprachenkenntnis als Sekretäre. BERSUIRE war Sekretär von JEAN II LE BON (er regierte 1350–1364). Auch BERSUIRE hat wesentlichen Anteil am **Ausbau des mittelfranzösischen Wortschatzes** (vgl. MESSNER 1966).

Syntaktisch wird die Prosa BERSUIRES ebenfalls von den lateinischen Ausgangstexten beeinflusst. Bei BERSUIRE begegnen folgende Erstbelege: *inflammation* „Entzündung", *restituer*.

Dieser Beleg zeigt, auf welche Weise hunderte neuer „gelehrter" Verben nach lateinischen Vorbildern ins Französische übernommen werden:

---

5 Zitiert nach KLUGE (1956/57:89).

Lehnwortbildung der Verben meist mit der Endung *-er*: *accepter, accumuler, adopter, circuler, citer, assister, considérer, congratuler, contaminer, consolider, contribuer, déroger, digérer, évaporer, évoquer, exécuter, exhaler, modifier, précéder, procéder, pulvériser, solliciter, transformer;*
seltener mit der Endung *-ir*: *applaudir, approfondir, circumscrire.*

Miélot

Auch am Hof der Herzöge von Burgund wirken im 15. Jh. literarisch und humanistisch hochgebildete Kreise. Eine der markantesten Persönlichkeiten ist dort der Übersetzer JEAN MIÉLOT (†1467), am Hof von PHILIPPE LE BON von Burgund. 1448 trat MIÉLOT in dessen Dienst. Er übersetzte vor allem **asketische und hagiographische Literatur.** Den Wortschatz MIÉLOTS hat HEINZ (1964) untersucht.

Saint-Gelais

Als **literarischer Übersetzer** hat sich OCTAVIEN DE SAINT-GELAIS (1468–1502), einer der letzten der Schule der *Grands Rhetoriqueurs (s. u. S. 79)* hervorgetan. Er bietet die erste vollständige Versübersetzung von VERGILS *„Äneis"*; dabei strebt er keine philologisch genaue Wiedergabe an, er folgt einem Übersetzungsbegriff, der eine freie Bearbeitung zulässt. Diese vollständige Vers-Übersetzung VERGILS erschien postum 1509 (vgl. BRÜCKNER 1987).

4 Die mittelfranzösische Literatursprache

Zeitgeist

Die Lebens- und Geistesformen des 14./15. Jh. in Frankreich – in die JOHAN HUIZINGA (1872–1945) (1965 [1924]) einen vertieften Einblick vermittelt – bestimmen auch die Literatursprache. Diese entwickelt neue Qualitäten. Auch die Prosa erfährt neben der Dichtungssprache besondere Förderung. Von einer festen Normierung ist sie jedoch noch weit entfernt; es gibt praktisch noch keine Grammatik, die Normen festgelegt hat. Auch Wörterbücher, in denen nachgeschlagen werden könnte, existieren noch nicht, abgesehen von dem 1286 von JOHANNES BALBUS erarbeiteten und 1460 in Mainz gedruckten *„Catholicon"*. Jeder Autor schreibt seine persönliche Variation der auf ihn überkommenen literatursprachlichen Traditionen. Mit der Schule der *Rhétorique* bilden sich jedoch gewisse Modelle heraus, auch sprachliche. Grundsätzlich ist festzustellen, dass die mittelfranzösische Literatursprache nicht nur im Lexikon, sondern auch in der Syntax stärker vom Latein beeinflusst worden ist; die Mittel dieser Sprache werden auch stilistisch zum weiteren Ausbau des Mittelfranzösischen genutzt. Etymologisierende und damit (re)latinisierende Schreibungen der französischen Wörter greifen im 14./15. Jh. weiter um sich. Die Diskrepanz zwischen Phonie und Graphie wird dadurch immer

größer. Man schreibt jetzt z. B. *doubte, faict, sepmaine, chevaulx*. Viele Wörter werden falschen Etyma zugeschlagen, so *sçavoir*, das auf *sapere* zurückgeht und mit *scire* nichts zu tun hat.

1 Die Literatursprache der *Rhétoriqueurs*

Rhétorique

„*La Rhétorique*" ist eine Gruppe von Dichtern und Schriftstellern, die in der Zeit zwischen 1440 und 1525 produktiv sind. Anfänglich bezeichnet *Rhétoriqueur* jeden, der sich in Vers (und gewandter Prosa) rhetorisch raffiniert und reimtechnisch perfekt auszudrücken vermag. HAUSMANN (1997:186) weist darauf hin, dass der Name Rhétoriqueur erstmals erst 1480 auftritt, dominant ist für diese Benennung das **Bewusstsein der Sprachmeisterschaft.** Erst die *Pléiade* des 16. Jh. verleiht dem Namen die Pejoration. Die Dichter der *Rhétorique* sind **Reimkünstler,** es dominiert die **Form,** weniger der Inhalt; ihre Themen wurzeln noch im Mittelalter, sie zielen auf moralische Belehrung und religiöse Erbauung. Im Mittelalter ist die Dichtungssprache nicht von der Rhetorik getrennt; die Rhetorik liefert konkrete **Anleitung zur Sprachgestaltung.** Sprachlich sind die mittelfranzösischen Dichter der *Rhétorique* vor allem vom „*Roman de la Rose*" und seinem Inventar an Stilmitteln abhängig: die Beliebtheit der **Allegorie,** also Bildsetzungen von Begriffen, die mit Großbuchstaben beginnen, z. B. *Avarice, Stupidité, Largesse*; bis zum Grotesken führende Verkopplung von Bildern, viel Formalismus, Gekünsteltes, Manieriertes.

Repräsentanten

Als ihre Vorgänger und Wegbereiter können gelten:
* GUILLAUME DE MACHAUT (ca. 1300–1377); er verband Dichtung und Musik nochmals zu einer auch musikgeschichtlich bedeutsamen Synthese. Er komponierte Motetten und Melodien zu eigenen lyrischen Texten *(Ballades, Chants royaux, Lais, Rondeaux, Virelais)*. Stilistisch schließt er noch an den „*Roman de la Rose*" an.
* EUSTACHE DESCHAMPS (ca. 1344–ca. 1404); er wirkte am Hofe von CHARLES VI; er trennte in seiner in Prosa verfassten Dichtungslehre („*Art de dictier*" 1392) Dichtung und Musik definitiv.
* ALAIN CHARTIER (ca. 1385–1433) betonte die politische Funktion der Poesie, so in dem Prosawerk „*Quadrilogue invectif*" (1422), in dem er im Hundertjährigen Krieg zum Widerstand gegen England aufruft. Seine Sprache ist hochgradig maniert, er lehnt sich bereits an klassischlateinische Autoren wie SENECA und CICERO in seinen Satzstrukturen an. Damit weist er in das 16. Jh. Im „*Quadrilogue*", einem Meisterwerk der mittelfranzösischen Prosa, ergreifen vier personifizierte Allegorien das Wort: *le Peuple, l'Acteur (= Auteur), le Chevalier, l'Ecclésiastique*. Er kombiniert

überhöhte Minnekonflikte und patriotische Gesinnung. Zwei Jahre später legte er eine der schönsten Liebesdichtungen vor: *„La Belle Dame sans merci"*. ALAIN CHARTIER hat auch noch in lateinischer Sprache geschrieben.

- CHRISTINE DE PIZAN (1365–ca. 1429): Sie stammt aus Italien. Sie ist eine hervorragende Lyrikerin, sie nutzt die typischen lyrischen Formen, die die Rhétoriqueurs charakterisieren; sie verfasst 292 *ballades*, 3 *lais*, 80 *rondeaux*, 23 *virelais*. In ihrer Lyrik überwiegt der tradierte französische Wortschatz. Aber als hochgebildete *„femme de lettres"* ist sie stark humanistisch beeinflusst. In der Prosa ihrer zahlreichen didaktischen Werke bedient sie sich des gelehrten Fachwortschatzes, der lateinisch beeinflusst ist, und dem Latein abgelauschter syntaktischer Konstruktionen.

Die genannten Autoren wirken direkt auf die späteren *Rhétoriqueurs* ein, so auf CHARLES D'ORLÉANS (1394–1465), der bei Azincourt in englische Gefangenschaft geriet und erst 1440 zurückkehrte. Er bevorzugt als Dichter die Kurzformen, die schon CHRISTINE DE PIZAN genutzt hatte, auch den *Chant royal*. Er ist weitgehend frei von Manierismus, der sonst die *Rhétoriqueurs* charakterisiert.

Auch JEAN MOLINET (1435–1507) ist *Rhétoriqueur* und Historiograph; er verfasste *„L'Art de rhétorique vulgaire"*, er besingt *panegyrisch* Ereignisse am burgundischen Hof. MOLINET ist Schüler von GEORGES CHASTELLAIN (1415–1475), der ebenfalls Historiograph (Chronist) und *Rhétoriqueur* im Dienste des Herzogs von Burgund ist. MOLINET und CHASTELLAIN sind als Chronisten stark von der lateinischen Syntax beeinflusst.

Letzter großer Vertreter der *Rhétorique* ist JEAN LEMAIRE DE BELGES (1473–1524), der aus dem Hainaut stammt. Er ist Gelehrter, Historiograph. Seine *„Illustrations de Gaule et singularités de Troie"* (1511–1513) behandelt in enzyklopädischer Breite die Legende von der trojanischen Herkunft der Franken. In einer weiteren allegorischen Dichtung *„Concorde des deux langages"* fordert er die wechselseitige Befruchtung des Französischen und des Italienischen. Damit weist er den Weg in das von Italien wesentlich bestimmte 16. Jh.

Programm der Rhétorique	Die *Rhétoriqueurs* sind durch folgende programmatische Bestrebungen miteinander verbunden:

- enge **Verknüpfung von Poetik und Rhetorik** (Beredsamkeit);
- Herstellung der **Verbindung von Poesie, Wissenschaft und Gelehrsamkeit**;
- Bemühungen um die **Verfeinerung der französischen Verskunst** durch strenge Regelung des Verses, des Reimschemas und der Gedichtformen wie *ballades, rondeaux, virelais, chants*

royaux und *chansons*. Die seit dem 14. Jh. begegnende mittelfranzösische *ballade* z. B. ist bestimmt durch 3 Strophen +
1 *envoi* (Abgesang, Geleitstrophe);

■ bewusste **Pflege und Bereicherung der französischen Nationalsprache**, nicht zuletzt durch Nutzung von Latinismen zu
deren Ausbau.

2 Der Beitrag der mittelfranzösischen *Chroniques* und der Novellistik zur Entwicklung der Prosa

Chroniques

Die weitere Entwicklung der literarischen Prosa wird auch von
den mittelfranzösischen Chronisten bestimmt, die an die Tradition des großen Prosachronisten des 13. Jh., GEOFFREY DE VILLEHAR-
DOUIN (1150–1218) mit seiner *„Conqueste de Constantinople"* an-
knüpfen. VILLEHARDOUIN hatte sich von der Tradition der Verschro-
niken abgewandt und damit einen wesentlichen Beitrag zur
Legitimation der altfranzösischen Prosa geleistet, die sich gegenüber den lateinisch schreibenden Historiographen noch
durchzusetzen hatte.

**Repräsen-
tanten**

JEAN FROISSART (ca. 1337–1404), der aus Valenciennes stammt
und acht Jahre in England lebte, zeigt noch letzte pikardische
Skriptaeinflüsse. Er ist zunächst Dichter und Versromanautor in
der Manier der *Rhétorique*. Nach 1370 verfasst er die für die Pro-
saentwicklung wichtigen *„Chroniques de France, d'Engleterre et des
païs voisins"*. Eine moderne Analyse des psychologischen Wortschatzes in den *„Chroniques"* von FROISSART liefert PICOCHE (1976).

PHILIPPE DE COMMYNES (ca. 1447–1511) setzt in seinen acht
Büchern *„Memoires"* (1489–98) die Prosatradition fort. Er nutzt die
vorhandenen Sprachmittel und ist weitgehend frei von starken
lateinischen Einflüssen in seinem Wortschatz; er beklagt sogar
ausdrücklich die Unterwanderung durch diese Latinismen. Er beherrscht die Kunst der detaillierten Beobachtung, und er besitzt
ein beachtliches Darstellungsvermögen.

Dies gilt vor allem auch für ANTOINE DE LA SALE (1385–1461). Er
stammt aus der Provence, nimmt verschiedene Hofämter in An-
jou, in Luxemburg und am burgundischen Hof wahr. Er ist wahrscheinlich der Verfasser des Werks *„Les quinze joyes de mariage"*
(ca. 1400): dies ist eine bittere Satire auf die Ehe, sie ist frauen-
feindlich, die Männer werden zur Strecke gebracht. Dieses Werk
ist maßgebend für die erzählende Prosa. Dies gilt auch für das
zweite bedeutende Werk, das ANTOINE DE LA SALE zugeschrieben
wird: *„Les cent nouvelles nouvelles"* (nach 1456 in Burgund entstanden). Es ist die **älteste französische Novellensammlung**, sie
steht in der Tradition der *fabliaux* und in gewissem Maße schon in

der Tradition von BOCCACCIOS „*Decamerone*", der 1414 erstmals ins Französische übersetzt worden ist.

3 Der Beitrag anderer literarischer Genres zur Entwicklung der mittelfranzösischen Literatursprache

Mündliche Genres

Innerhalb der mittelfranzösischen Periode wird die Literatursprache auch von Genres befördert, die die breite Vielfalt der sprachlichen Möglichkeiten dieser Zeit, teilweise nebeneinander, schöpferisch nutzen. In verschiedenen Fällen kann von bedeutenden Formen der **„Literarisierung von Mündlichkeit"** gesprochen werden. In Wortschatz und Syntax begegnen hier Belege für Eigenheiten, die noch heute saloppes und derbes Französisch charakterisieren.

Farces

Die anonym überlieferten Farcen *(les farces)* waren ursprünglich kurze, erheiternde, derbe „Füllsel", **„Einlagen"** in den umfangreichen, ganze *journées* umfassenden ernsten Mysterienspielen. Mehr als 150 Farcen sind überliefert. Als theatertechnischer Terminus ist *farce* erstmals 1398 belegt. Das Spiel *„Le Garçon et l'Aveugle"* („Der Diener und der Blinde"), um 1260 in Tournai entstanden und in 265 Versen abgefasst, die noch pikardische *Scripta*-Einschläge zeigen, ist schon eine Farce und damit der älteste Beleg für dieses Genre. Die beiden Titelpersonen entstammen dem **unteren sozialen Milieu**, die Sprache ist derb, die Szenerie grob, es wird geprügelt, obszöne und skatologische Anspielungen sind typisch. Höhepunkt der Farcentradition, die dann bis zu MOLIÈRE weitergeführt wird, sind zwei Werke (beide in achtsilbigen Versen):

■ *„La Farce du Maistre Pathelin"* (um 1465)

Das Advokatenstück geht in seiner Länge weit über das Normalmaß von etwa 400 Versen hinaus; es geht um den betrogenen Betrüger, es ist voller Intrigen und Komik und immer noch recht derber Späße.

■ *„La Farce du Cuvier"* (Ende 15. Jh.)

Die Farce um das „Waschfass" tragen drei Personen, Jacquenot, seine Frau und die Schwiegermutter. Der Mann, schlecht behandelt, geht am Ende siegreich aus der Ehezwistigkeit hervor.

Mystères

Der Genre-Name *mystère* „Mysterienspiel" ist erstmals 1374 belegt. Er meint ein **religiöses dramatisches Spiel.** Diese Spiele wurden aufgeführt von Laienbruderschaften *(confréries)*, deren bekannteste die *Confrérie de la Passion* (in Paris) war; 1402 erhalten sie die Lizenz, die ihnen 1548 wegen der aufziehenden Reformation wieder entzogen wird. Die Mitglieder der *Confrérie* kamen aus allen Bevölkerungsschichten.

Die *mystères* dramatisieren **biblische Stoffe** oder auch **Heiligenleben;** sie erwachsen aus dem Gottesdienst, zunächst dargestellt z. B. als Oster- oder Weihnachtsspiel vor dem Altar, später dann vor der Kirche. Das „Personal" der endlos langen *mystères* ist vielfältig, damit auch die Sprachformen, die die handelnden Personen einsetzen. Sie reichen vom klassischen Latein über die dem „Küchenlatein" nahe stehende Form bis zum gewählten und bis zum derben, vulgären Französisch, also bis hin zu der „Sondersprache" des *Argot*, das zum Stilmittel der Literatursprache wird.

Treten Gottvater, ein Papst, Kardinäle, Engel oder allegorische Gestalten auf, dann sprechen diese **Latein** oder **latinisiertes Französisch,** betreten Gauner, Diebe die sogenannte Simultan-Bühne, dann agieren sie im *Argot*, in der Sondersprache der sozial Deklassierten, deren Zahl im Frankreich des Hundertjährigen Krieges immens angewachsen war.

Das Argot der *Coquillards*: Es gab in Frankreich Diebeskongregationen und Verbrecherbanden, die das Land verunsicherten. Eigene Rangordnung und Gesetze hatte auch die bekannte Bande der *Coquillards*, der Muschelbrüder, denn die *coquille* war ihr Gruppenzeichen. Einer der großen Dichter der mittelfranzösischen Periode, FRANÇOIS VILLON *(s. u. S. 84)*, war Mitglied dieser Bande, der 1455 der Prozess gemacht wurde. Dieser weltliche Prozess wird in französischer Sprache geführt (nicht mehr in Latein, wie 1431 der kirchliche Prozess gegen Jeanne d'Arc). Die französischen Prozessakten geben die ersten „Enthüllungen" des geheimsprachlichen (kryptologischen) Wortschatzes der *Coquillards*, da einer der Angeklagten die Semantik der von der Bande gebrauchten „Argotwörter" freigab. Die **bedeutendsten** *mystères*, deren Akte *journées* genannt werden, da sich die Aufführungen durchaus über mehrere Tage erstrecken konnten, sind:

- **„*Le Mystère de la Passion*"** (also der Leidensgeschichte Jesu) von EUSTACHE MARCADÉ (ca. 1430), nahezu 25 000 Verse;
- **„*La Passion*"** (1452 aufgeführt) des Pariser Gelehrten ARNOUL GREBAN: In fast 35 000 Versen wird die biblische Geschichte von der Schöpfung bis zur Auferstehung dramatisiert; das Spiel, das als Meisterwerk der Gattung gilt, dauert vier *journées*;
- **„*La Passion*"** (ca. 1480) von JEAN MICHEL, schon über 40 000 Verse lang; dieses *mystère* ist ein Kompilationswerk;
- **„*Le Mistère du Vieil Testament*":** Dies ist auch eine Kompilation, also das Werk mehrerer Autoren. Auch hier ändert sich die Sprachform, je nachdem welche Figur die Simultanbühne betritt und wer als Autor die betreffende Passage verfasst hat. Die Gauner und *Casse-Tuileau* („Ziegelbrecher") sprechen auch hier Argot.

Miracles sind **dramatische Werke**, in deren Mittelpunkt eine wundersame Rettung aus einer verzweifelten Situation durch die Jungfrau Maria (oder eine andere heilige Person) steht; sie sind Frucht der **Marienfrömmigkeit** des 13. und 14. Jh. Die wichtigsten Mirakelsammlungen sind (Ende 14./Anfang 15. Jh.):

- *„Les Miracles de Notre-Dame par personnages";*
- *„Les Miracles de Sainte-Geneviève".*

Die handelnden Personen stammen aus allen Gesellschaftsschichten, die Szenerie und die Sprachform scheuen sich durchaus nicht vor wilden Prassereien und Saufereien in Wirtshausszenen, vor derber Erotik bis hin zur Obszönität, ähnlich wie in den *Farces, Nouvelles* und *Fabliaux*, nur die **Wunderstiftung** unterscheidet die Miracles von den genannten profanen Genres.

Dasselbe gilt auch für die **erzählenden Miracles,** zu denen vor allem die *„Miracles de la Sainte-Vierge"* des 13. Jh. gehören (ca. 1220); verfasst hat sie GAUTIER DE COINCY (ca. 1177–1236). Weitere Sammlungen von Marienmirakeln hat JEAN MIÉLOT im 15. Jh. in Burgund kompiliert.

4 François Villon

FRANÇOIS VILLON (ca. 1431–nach 1463, verschollen in Frankreich oder England) ist einer der großen Dichter und einer der Meister der französischen Literatursprache des Mittelalters. Er kennt **alle sozialen und sprachlichen Milieus** der Zeit von den Höfen, der Universität, den Kaschemmen des Pariser Quartier Latin, den Verbrecherbanden der *Coquillards* bis hin zu den Gefängnisverliesen in Paris und in Meung an der Loire.

Aufgewachsen im Quartier Latin, als Student eingeschrieben an der Sorbonne, versehen mit der *licence* und der *maîtrise ès arts,* stürzt er sich in das pralle Leben der Hauptstadt, wird hier frühzeitig straffällig in einer Rauferei, die mit einem Toten endet. Vor der Flucht aus Paris schreibt er noch *„Le Lais [= legs] ou Petit Testament"* (1456). In vierzig achtzeiligen Strophen (= 320 Versen) gibt er die Fiktion eines Inventars, das er als Legat freizügig der Nachwelt vermacht und das Grundlage einer beißenden Satire wird.

Dann beginnt seine Odyssee durch Frankreich. Villon kommt in Kontakt mit den Höfen von CHARLES D'ORLÉANS und JEAN II DE BOURBON. Er verfasst *Balladen*. Im engen Kontakt mit den *Coquillards* schreibt er sieben Balladen im **Argot der *Coquillards*.** Erstmals wird damit der seit dem 12. Jh. bekannte, ständig sich wandelnde Argot von einem großen Dichter literaturfähig gemacht. Erst im 20. Jh. werden diese Balladen, deren Wortschatz kryptologisch verschlüsselt ist, von der Forschung semantisch erhellt. Im

Jahr 1461 wird Villon erneut inhaftiert, offenbar auf Veranlassung des Bischofs von Orléans, THIBAULT D'AUCIGNY, er verbringt eine schwere Gefangenschaft im unterirdischen Kerker des Schlosses von Meung sur Loire. Er wird der Folter durch die Wasserbirne ausgesetzt. Vor dem Galgen rettet ihn LOUIS XI, der – wie üblich bei der Thronbesteigung – Gefangene amnestiert. Erneute Wanderschaft, erneutes Straffälligwerden bestimmen sein Leben, bis er wieder in die Fänge der Justiz gerät und zum Tode durch den Strang verurteilt wird (1463, hier die berühmte „Ballade des pendus").

Grand Testament

Mit dem „Grand Testament" (mehr als 2000 achtsilbige Verse) nimmt Villon endgültig Abschied von Paris und vom Leben. Er gibt die letzte Verfügung über sein irdisches Hab und Gut, neben echter Bußgesinnung (so am Anfang), dann Ironie und Hohn, makabres Lachen, dunkle Anspielungen; tiefe Anhänglichkeit an Mutter und Pflegevater (der ihm den Namen Villon gegeben hat), Liebe zur Heimat, Verachtung vor der Welt der Großen, der Reichen, der gewissenlosen Geistlichen und der kirchlichen Gerichtsbarkeit, Kampf gegen soziales Unrecht – all das bestimmen Inhalt und Sprachform des „Grand Testament".

5 Weitere externe Einflüsse auf das Mittelfranzösische

Latein

Der Haupteinfluss externer Natur kommt im Mittelfranzösischen vom **Mittellatein**, sowohl in Bezug auf das Lexikon als auch auf die Syntax. Das Latein ist das große Reservoir, aus dem geschöpft wird, wenn wirkliche oder vermeintliche Lücken zu füllen sind, wenn die fachsprachlichen, aber auch stilistischen Möglichkeiten der französischen Schriftlichkeit erweitert werden sollen.

Neben diesen Einwirkungen sind folgende wirksam geworden:

Niederländisches

Niederländische Wörter. Flandern spielt dabei eine Vermittlerrolle. Das heutige Flandern gehörte bis Ende 14. Jh. ganz zu Frankreich. Französisch und Niederländisch waren beide Rechts- und Verwaltungssprache, beide beeinflussen sich gegenseitig. Vorbildlich waren die **Schifffahrt** und der **Küstenschutz** (Deichbau) organisiert.

Aus diesen Sachbereichen entlehnt das Französische:

ndl. dyk > la dique (Erstbeleg ca. 1360); wase > la vase „Schlamm" (1384); etliche Namen von Schiffstypen werden entlehnt; das Adjektiv saur < ndl. soor „gelbbraun" in Kombination mit hareng: hareng saur „Bückling"; ndl. bollwerc > le boulevard (1327) „Festung" (dann nach Abriss der Stadtbefestigung für die Schaffung breiter Straßen in Paris durch GEORGES HAUSSMANN (1809–1891) die moderne Bedeutung); ndl. boek > le bouquin (Erstbeleg 1459).

Okzita-nisches	Okzitanische Wörter. Die Zentralmacht hat im 14./15 Jh. größere Teile Südfrankreichs unter ihre Oberherrschaft gebracht. Die südfranzösische Mündlichkeit bestimmt weiter die okzitanischen Dialekte. Die Schriftlichkeit des Südens nutzt stark reduziert die okzitanische Schriftsprache, dann weiterhin das Latein (in Rechtswesen und Verwaltung), aber bei bestimmten Exponenten der südfranzösischen Gesellschaft auch schon das Französische. Das Zusammenleben von beiden romanischen Sprachen bewirkt die Übernahme verschiedener okzitanischer Wörter aus Sachbereichen wie **Küche, Marine, Bauwesen:**

la salade (1350): das Suffix *-ade* offenbart, dass das Wort nicht einheimisch ist; französische Wörter auf *-ade* können aus dem Okzitanischen, dem Italienischen oder Spanischen stammen; die wortgeschichtliche Untersuchung muss klären, wer vermittelt hat; – *l'escargot* (1353) „Schnecke", vorher *escargol < escaragol* mit Suffixtausch; *la ciboule* (13. Jh.) < *cebola* „Schnittlauch"; *le merlus* (13. Jh.) „Stockfisch"; *le cap, la gabarre* „Lastschiff"; *le goudron* „Teer"; *le dôme* „Kuppel"; *la bastide* „befestigte Stadt", auch „Landhaus in der Provence", im Französischen mit Suffixtausch > *la bastille*; *la bourgade* „kleiner Marktflecken".

Englisches	Englischer Einfluss. Zwischen Frankreich und England bestehen jahrhundertealte Beziehungen friedlicher und kriegerischer Natur. Im Jahr 1066 hatten die französischsprachigen Normannen England erobert und teilfranzösiert. Aus dem **Sprachkontakt** mit den Engländern übernahmen die Normannen schon im 12. Jh. erste englische Wörter, so die der Himmelsrichtungen, die sich gegenüber eigenen Bezeichnungen langsam durchsetzen:

l'est (einheimisch: *le levant* (Sonne!), 1351 belegt, und der Latinismus *l'orient*); *l'ouest* (einheimisch: *le couchant*, neben Latinismus *l'occident*); *le nord*; *le sud*; *l'orient* als Latinismus begegnet schon im „Rolandslied" (1095); *l'occident* als Latinismus ist im 12. Jh. belegt; *le levant/le couchant* sind bis heute als Bezeichnungen der Himmelsrichtungen gebräuchlich.

Die jahrhundertelange Oberherrschaft der Engländer in Südwestfrankreich (1152–1453) bewirkt die Übernahme von etwa zwei Dutzend englischen Wörtern und Wortfamilien in die dortigen Dialekte (vgl. dazu BALDINGER 1960).

6 Weitere wichtige interne Sprachentwicklungen

Phonetik/ Phonologie	Im Mittelfranzösischen wird die altfranzösische Variation oraler Vokale versus nasaler Vokal – die im Altfranzösischen deshalb noch in der gleichen Assonanz stehen konnte – wegen des Verstummens der nasalkonsonantischen Resonanz (*n* oder *m*) **pho-**

nematisiert. Es entsteht jetzt eine sogen. phonematisch relevante Korrelation. Seit dem Mittelfranzösischen haben wir also die Phonemserie/ã/õ/ẽ/œ̃/ĩ/, die der Phonemserie /a/o/ɛ/œ/i/ jetzt gegenübersteht. Im Altfranzösischen waren ã^m, õ^m, (ẽ^m, œ̃^{m}, ĩ^m, noch kombinatorische Varianten der Phoneme /a/o/ɛ usw. vgl. etwa die *Laisse* 10 des „*Rolandslieds*" (Vers 139–156); dort assonieren noch/i/in: *hastifs, leisir, vis, dit, enemis, dit, fiz, Sarrazins, vint, filz, gentilz, seignurill, Peril, dit, fist, devenir, guarir.*

Morphologie/
Syntax

– In der **Verbmorphologie** verstärkter, aber nicht konsequenter Abbau der sogen. *alternances vocaliques* („Ablaute"). Im Altfranzösischen zeigten viele Verben diese Alternanzen, weil sich der haupttonige Vokalismus in freier Silbe anders entwickelte als der nebentonige.
Haupttonig waren: 1., 2., 3. pers. sg. + 3. pers. plural
Nebentonig waren: 1., 2. pers. plural.

Die heutigen sogen. unregelmäßigen Verben bewahren die **Alternanz:** [œ] versus [u]: *Je meurs, tu meurs, il meurt, nous mourons, vous mourez, ils meurent;* [jẽ] versus [ə]: *je tiens, tu tiens, il tient, nous tenons, vous tenez, ils tiennent.*
Die Alternanz wird im Mittelfranzösischen bei vielen Verben beseitigt **(Stammausgleich)**, die betroffenen Verben werden „regelmäßig":

entweder durch Verallgemeinerung der endungsbetonten Formen, so bei
trouver: je treuve → je trouve (nach nous trouvons);
laver: je lef → je lave (nach nous lavons);
parler: je parole → je parle (nach nous parlons);

oder durch Verallgemeinerung der stammbetonten Form:
j'aime, tu aimes, il aime, nous amons → *nous aimons, vous amez* → *vous aimez, ils aiment.*
– **Adjektiva,** die im Lateinischen für Maskulinum und Femininum nur eine Form hatten (*grande(m), grande(m)* im Gegensatz zu Adjektiven zweier Formen wie *bonu(m), bona*) ergaben im Altfranzösischen *grant* bzw. *bon, bone.* Bei dem Typus *grant* bildet sich eine Genusunterscheidung aus in Analogie zu dem Typus *bon, bone,* also jetzt (mit etymologischer Schreibung): *grand, grande.* Im Neufranzösischen sind Reste der alten Situation erhalten:
la grand-rue, la grand-tante, la grand-mère, la grand-messe, la grand-route, grand-chose.
– **Infinitiv** mit *à/de*
Im Altfranzösischen bestand die Tendenz, den Infinitiv fast immer mit *à* einzuleiten: *je commence à faire qc., j'aime à faire qc.*
Im Mittelfranzösischen erhält der Infinitiv mit *de* großes Ge-

wicht, sodass viele Fälle begegnen, die heute nur noch den *de*-Anschluss oder beide Anschlüsse zeigen (wie *commencer und aimer*, die mit *à* oder *de* den Anschluss erreichen).

- **Negation** beim Verb

Im Altfranzösischen ist *ne* alleinige Negationspartikel beim Verb:

(je) ne sais.

Im Mittelfranzösischen wird die Negation oft expressiv verstärkt durch eine Reihe von *mots explétifs* wie *pas, point, mie, goutte:*

(je) ne vais pas „ich gehe keinen Schritt"; *(je) ne bois goutte* „ich trinke keinen Tropfen"; *(je) ne mange mie* „ich esse keinen Krümel"; *(je) n'écris point* „ich schreibe keinen Punkt".

Diese *mots explétifs* haben bald ihre konkrete Substantivbedeutung verloren und werden bloße **Negationswörter.**

Nachdem sich *pas, point* in der Negation gefestigt haben, kann die Negationsbedeutung allein auf ihnen ruhen; in der saloppen Rede kann nunmehr ne ausfallen: *je sais pas, je viens point.*

- **Modus** im hypothetischen Satzgefüge.

Im Altfranzösischen und noch im Mittelfranzösischen (antiquiert bis heute) steht im *si*-Satz und im Hauptsatz der ***subjonctif:***

Si le frere fût ici, je m'en plaignisse.

Im Mittelfranzösischen tritt jetzt *imparfait de l'indicatif* (im *si*-Satz) und ***conditionnel*** (im Hauptsatz) ein:

Si le frère était ici, je m'en plaindrais.

Es findet sich dann sogar das *conditionnel* auch im *si*-Satz, was noch im 17. Jh. weit verbreitet ist, heute ebenfalls, aber als normwidrig (sprachwissenschaftliches Zeichen: *) gilt:

Si le frère serait ici, je m'en plaindrais.

Das Frühneufranzösische – *Le français de la Renaissance* (ca. 1500–ca. 1600)

KAPITEL

Eckdaten	Die Ansetzung einer frühneufranzösischen Periode ist dringend geboten; ihre Eckdaten könnten sein: **1494** (Beginn der **Italienfeldzüge** von CHARLES VIII) und **1605** (FRANÇOIS DE MALHERBE wird zur Reglementierung der französischen Literatursprache an den Hof von HENRI IV gerufen). Die sprachlichen Verhältnisse dieses Zeitraums unterscheiden sich grundsätzlich sowohl von der vorausgehenden als auch von der folgenden Periode.
Entstehung der französischen Nationalsprache	Im 16. Jh. konstituierte sich das Französische in vollem Maße als **Nationalsprache**. Es wird als gleichberechtigt neben und schließlich über das Latein in der vulgärhumanistischen Theorie und Praxis gestellt. Diese Rangerhöhung des Französischen fand in einem Jahrhundert tiefgreifender Ereignisse statt, die den **Übergang vom Mittelalter zur Neuzeit** bestimmen: die Entdeckung und Eroberung neuer Welten, der Triumph neuer geistiger Bewegungen wie **Humanismus, Renaissance** und **Reformation** – Ereignisse, an denen Frankreich maßgeblich beteiligt ist. Beteiligt ist Frankreich unter der Herrschaft von François Ier auch an der Eroberung der Neuen Welt: 1535/36 begann unter Führung des Bretonen Jacques Cartier die Eroberung Kanadas und die Gründung von *La Nouvelle France*; 1608 wurde von Champlain die Stadt Québec gegründet; die Eroberungen gingen weiter bis ins Mississippi-Gebiet. Der Export des Französischen in die *Romania Nova* hatte begonnen.

1 Historische Voraussetzungen

Zentralismus	Die **nationale Einheit**, der weitgehend politische Zusammenschluss von Frankreich war Ende des 15. Jh. erreicht. Das nunmehr **einheitliche Territorium** bewirkte die Herausbildung der Anfänge **wirtschaftlicher Einheit(en)**. Die **zentralistische Monarchie** der Valois wurde weiter ausgebaut durch die Stärkung der Allianz zwischen der Krone und Exponenten des Bürgertums gegen den feudalpartikularistischen Adel. Die bürgerliche Oberschicht stieg auf in die *noblesse de robe*. Diese unterstützte den Übergang vom mittelalterlichen Feudalstaat zur zentralistischen Monarchie.
Italienfeldzüge	Unter dem Vorwand der Durchsetzung dynastischer Ansprüche auf Territorien Italiens begann CHARLES VIII (1483–1498) die Italienfeldzüge, die seine Nachfolger Louis XII (1498–1515), FRANÇOIS

Ier (1515–1547) und HENRI II (1547–1559) fortsetzten. Frankreich kam in engen Kontakt zu der hoch entwickelten Kultur Italiens, und die eigenen Ansätze zur Entwicklung des Humanismus wurden intensiv befördert. Die **italienische Renaissancebewegung** wurde in Frankreich ebenso positiv aufgenommen. 1559 wurden die Italienfeldzüge durch den **Friedensschluss von Cateau-Cambrésis** beendet mit dem Verzicht Frankreichs auf alle territorialen Ansprüche. **Lyon** war ein wichtiges Einfallstor für italienische Einflüsse, es wurde zum Handels-, Geld- und Kulturzentrum. 1544 wurde hier die erste Bank gegründet; die Seidenindustrie blühte auf.

Sprach-bewusstsein

Die weitere Herausbildung des Nationalbewusstseins bewirkte die Festigung des Sprachbewusstseins und löste so die damit verbundene vulgärhumanistische Diskussion der **Sprachenfrage** – der **question de la langue** – aus, die sowohl in Italien als auch in Frankreich äußerst kontrovers geführt wurde. Der Höhepunkt dieser Bemühung ist das von JOACHIM DU BELLAY verfasste *„Manifest der Pléiade"* (1549). Die Bedingungen für die **Entwicklung einer Nationalkultur** auf französischem Boden wurden intensiv gefördert. Dabei erfolgte eine ziemlich radikale Absage an die mittelfranzösische Literatur und Sprache der vorwiegend noch stadtbürgerlich orientierten Genres wie *Rondeaux, Ballades, Virelais* und *Chants royaux.* **Neue Genres** werden befördert, die den Anforderungen einer mehr aristokratischen Kultur genügen, die von der römischen und griechischen Antike als auch von der italienischen Kultur und Literatur wichtige Impulse erhielten.

Bürgerkriege

In der weiteren Entwicklung des 16. Jh. erschütterten Frankreich politische und soziale Auseinandersetzungen, die sich in Form schwerer **konfessioneller Kontroversen** und schließlich in Bürgerkriegen zwischen Katholiken und Anhängern der Reformation äußerten. Zwischen 1562 und 1593 tobten in Frankreich zehn sogen. **Religionskriege**, mit dem blutigen Höhepunkt der **Bartholomäusnacht** (23./24. August 1572), die von der katholischen Königinmutter CATHÉRINE DE MÉDICIS angestiftet wurde. Zehntausende von Hugenotten wurden in Paris und in der Provinz von fanatisierten Katholiken ermordet. Erst HENRI IV (1589–1610), der erste Bourbone, beendete 1593 diese blutigen Kriege. Das Edikt von Nantes (1598) sicherte den 1,2 Millionen Protestanten (bei einer Gesamtbevölkerung von ca. 15 Millionen) eine bedingte Religionsfreiheit.

2 Kultur- und sprachpolitische Maßnahmen der zentralistischen Monarchie

Collège Royal

FRANÇOIS Ier (1515–1547) hatte während seiner Regierungszeit die zentralistische Monarchie entscheidend stabilisiert. Auch kultur-, bildungs- und sprachpolitisch wurde er wirksam. Gegen den Widerstand der katholisch dominierten, traditionalistisch eingestellten und in lateinischer Sprache unterrichtenden Pariser Universität, der Sorbonne, gründete er 1532 in Paris z. T. schon in französischer Sprache unterrichtende Lektorate, und zwar für Latein, Hebräisch und Griechisch (das bislang als Sprache der byzantinischen Orthodoxie voller Misstrauen beäugt wurde) sowie für Mathematik und Naturwissenschaften. Der bedeutende Gelehrte PETRUS RAMUS (= PIERRE DE LA RAMÉE, 1512–1572) dozierte hier seit 1551 in französischer Sprache, noch zum Entsetzen seines gräzistischen Kollegen JEAN DORAT (1508–1588). Diese Lektorate des *Collège des lecteurs royaux* waren die Keimzelle des *Collège Royal*, aus dem das weltberühmte **Collège de France** hervorgegangen ist.

Collège de Clermont

Als Kontrapunkt gegen dieses Collège gründete der seit 1540 wirkende **Jesuitenorden** 1551 in Paris das ebenfalls berühmte *Collège de Clermont*, das seit dem 17. Jh. *Collège Louis le Grand* heißt.

Ordonnance 1539

Zur Festigung der zentralistischen Monarchie wurde von FRANÇOIS Ier ein **Beamtenapparat** aufgebaut, insbesondere für die Verwaltung und die Einziehung von Steuern. Im Jahr 1539 wurde mit der **Ordonnance von Villers-Cottérêts** – benannt nach dem Ort in der Nähe von Paris, wo diese *Ordonnance* (unter LOUIS IX hießen solche Erlasse noch *Etablissements!*) erlassen worden ist – ein sprachpolitischer Akt ersten Ranges vollzogen. Dieser Erlass knüpft an *Ordonnances* seiner Vorgänger an, die noch weitgehend wirkungslos geblieben waren. 1539 wird das Französische, der *langage maternel françois*, zur **offiziellen, einzig gültigen Urkunden- und Verwaltungssprache** des gesamten Herrschaftsgebiets. Die maßgebenden Paragraphen §§ 110 und 111 lauten:

(110) Et afin qu'il n'y ait cause de douter sur l'intelligence desdits arrêts, nous voulons et ordonnons qu'ils soient faits et écrits si clairement, qu'il n'y ait ni puisse avoir aucune ambiguité ou incertitude ne lieu à demander interprétation.

(111) Et pour ce que telles choses sont souvent advenues sur l'intelligence des mots latins contenus esdits arrests, nous voulons d'oresnavant que tous arrests, ensemble toutes autres procédures, soient de

> *nos cours souveraines et autres subalternes et inférieures, soient de re-*
> *gistres, enquestes, contrats, commissions, sentences, testaments, et*
> *autres quelconques, actes et exploicts de justice, ou qui en dépendent,*
> *soient prononcés, enregistrés et délivrés aux parties en langage*
> *maternel françois et non autrement.*

(*Text* nach WOLF 1969:52)

Der Erlass richtet sich in erster Linie
– gegen den Gebrauch des Lateins als Urkunden- und Verwaltungssprache, aber auch
– gegen die anderen in der Galloromania beheimateten Minderheitensprachen soweit sie den Herrschaftsbereich FRANÇOIS Ier schon betrafen.

3 Der Humanismus und der „volkssprachliche" Humanismus

Französischer Humanismus

Der Humanismus ist eine machtvolle **Bildungsbewegung**, die Mitte des 14. Jh. einsetzt, vor allem in Italien, aber, in geringerem Maße, auch in Frankreich und in anderen Ländern Europas. Bedeutende Zeugnisse humanistischer Mentalität – meist noch in lateinischer Sprache – gibt es in Frankreich schon ab 1350. Veraltet ist somit die Auffassung, die **französische Renaissance** habe sich erst unter italienischem Einfluss nach 1494 entwickelt (vgl. SIMONE 1965, 1968, 1974 und CECCHETTI 1987). Sie wird getragen von **Gelehrten neuen Typs**, die über Ländergrenzen hinaus miteinander in Kontakt standen und kontrovers diskutierten. Sie wenden sich thematisch dem Menschen zu in seiner diesseitigen Bestimmung, seiner natürlichen Würde, seiner Individualität und seiner nahezu unbegrenzten Fähigkeit zur Vervollkommnung.

Für diese neue Gesinnung rezipieren sie die **klassischlateinische Antike** und deren Ausdrucksform, das **klassische Latein**. Diese sprachliche Quelle wollen die Humanisten in Abgrenzung von dem durch Einfluss der Volkssprachen abgesunkenen *Bas Latin* des Mittelalters durch den eigenen Beitrag wieder beleben. Es geht somit um die Wiedergeburt, die Renaissance, der antiken Größe in Sprache und Literatur.

Auch in Frankreich wirkt somit eine ganze Phalanx von großen Humanisten, die ihre Werke nicht in der verächtlich angesehenen französischen Sprache, sondern im qualitativ hoch stehenden Latein abfassen. Diese Situation spiegelt der **Buchdruck in Frankreich** wider (vgl. GRIMM 1989:105).

1501 sind	8 % aller gedruckten Bücher Französisch				(88 Werke)
1528 ~	14 %	~	~	~	(269 Werke)
1549 ~	21 %	~	~	~	(332 Werke)
1585 ~	55 %	~	~	~	(445 Werke)

Question de la langue

Mit der in Italien und auch in Frankreich sich ausbildenden Renaissancebewegung, die zunächst die lateinische Schriftlichkeit bewusst fördert, beginnt in Italien und unter dessen Einfluss auch in Frankreich die **Diskussion um die Sprachenfrage.** Letztlich geht es um die Frage, ob die Schriftlichkeit des Lateins oder die Schriftlichkeit des *„volgare"*, der romanischen Volkssprache also, bewusst befördert und ausgebaut werden soll. Den Humanisten stellen sich in Frankreich die sogen. volkssprachlichen Humanisten **(Vulgärhumanisten)** gegenüber, die nicht mehr das klassische Latein wieder beleben und fördern wollen, sondern die eigene Volkssprache, die sich im 16. Jh. zur Nationalsprache entwickelt hat. Das sich herausbildende **Nationalbewusstsein** befördert das **Sprachbewusstsein**, den sprachlichen **Patriotismus.**

Tory

In Frankreich beginnt der **vulgärhumanistische Diskurs** mit GEOFFROY TORY (ca. 1480–1533), der 1529 sein Werk *„Champ fleury"*, „Blütengefilde" also, vorlegte. In diesem Werk finden sich keimhaft viele Ideen, die DU BELLAY 1549 breit entwickelt hat. TORY hatte in Rom und Bologna studiert, er war Philologe, Künstler, Übersetzer und vor allem königlicher Buchdrucker von FRANÇOIS Ier. Als Drucker entwickelte er das neue Medium. Bahnbrechend sind seine Vorschläge für die Vereinheitlichung der bislang chaotischen **Graphie des Französischen.** Er führt u. a. die **Akzente** *(accent aigu; grave; circonflexe)* und die Cédille ein, er trennt die Grapheme i und j, u und v. Er druckt mit lateinischen Buchstaben statt der gotischen. Für TORY gilt: *„nostre langue est aussi facile à régler et à mettre en bon ordre que fut jadis la langue grecque"*, heißt es in *„Champ fleury".*

TORY bemüht sich ferner als Vulgärhumanist um die Erkennung des Zusammenhangs zwischen Gallisch, Latein und Französisch, den Begriff „Vulgärlatein" kannte er noch nicht. Das **Latein** hält er für minderwertiger als das Französische, das aber keineswegs schon vollkommen sei, das noch entwickelt werden müsse. Der **Entwicklungsgedanke** ist eine der großen Errungenschaften der Renaissance; TORY folgt diesem, wenn er das Französische für entwicklungsfähig hält und die Schriftsteller zur aktiven Mitwirkung auffordert. TORY ist voller Optimismus und Vertrauen in die Möglichkeiten der eigenen Muttersprache.

Bovelles	Dass das Französische und andere *linguae vulgares* gemeinsam aus dem Latein hervorgegangen sind, erkannte auch der Latinist CHARLES DE BOVELLES (= CAROLUS BOVILLUS ca. 1470–ca.1553) in dem 1533 erschienenen Buch *„Liber de differentia vulgarium linguarum et Gallici sermonis varietate"*. Den Begriff des Vulgärlateins kannte auch er noch nicht. Die Volkssprachen sind für ihn noch „korrumpiertes" Latein. Darin folgt er der sogen. **Korruptionstheorie**, die in Italien schon im 15. Jh. vertreten wurde (bei FLAVIO BIONDO). BOVILLUS sah die Ursache des **Sprachwandels**, der im Sinne einer **Sprachverderbnis** verstanden wurde, in den Barbareneinfällen, für die Goten, Alanen, Burgunder, Hunnen, Franken, Bretonen und Normannen in Betracht kämen.
Budé; Estienne	Andere Humanisten versuchten das Französische auf das **Griechische** zurückzuführen, um es durch das Prestige dieser Sprache historisch zu legitimieren. Hauptvertreter dieser Auffassung sind ■ GUILLAUME BUDÉ (= GULIELMUS BUDAEUS 1468–1540); er führte die nach 1453 (Fall von Konstantinopel vor den Türken, Flucht der Gelehrten nach Europa) auch in Frankreich begonnenen **gräzistischen Studien** zum Höhepunkt. BUDÉ ist Sekretär und Bibliothekar am Hof von FRANÇOIS Ier in Fontainebleau, er war Initiator der Gründung des *Collège des lecteurs royaux*; ■ Henri Estienne (1531–1598); er nahm die Ideen Budés wieder auf in seinem *„Traicté de la conformité du langage françois avec le grec"* (1566). Im Jahr 1572 publizierte er seinen riesigen *„Thesaurus graecae linguae"*, bis heute eine Autorität der **Lexikographie des Altgriechischen**. 1566 deutete ESTIENNE schon an, dass das Französische dem Italienischen weit überlegen sei, da es dem Griechischen nahe stehe.
Picard; Ramée	Einige Humanisten – so JEAN PICARD und auch PIERRE DE LA RAMÉE – versuchen sogar, das Französische aus dem **Keltischen** abzuleiten und dessen Prestige als alteingesessene Sprache für das Französische in Anspruch zu nehmen. PICARDS Hauptwerk erschien 1556: *„De Prisca Celtopaedia, libri quinque"*.
Du Bellay	Das Manifest des französischen volkssprachlichen Humanismus und der **Pléiade** ist jedoch die ***„Deffence et illustration de la langue françoise"*** (1549) von JOACHIM DU BELLAY (1522–1560). Es ist trotz des Titels nicht mehr ein Werk der Defensive, sondern der Offensive, der bewussten Lobpreisung, der Pflege, der Bereicherung und des Ausbaus der Nationalsprache. Obwohl das Französische als Literatur- und Verwaltungssprache *in praxi* anerkannt und gefestigt ist, hält es DU BELLAY für nötig, das Französische vor dem Latein erneut in Schutz zu nehmen und eloquent zu verteidigen, es als ebenbürtig, ja überlegen anzuse-

hen und als weiterhin entwicklungsfähig zu charakterisieren. Unter Ablehnung der vordergründig stadtbürgerlich orientierten Literatur und Sprache der mittelfranzösischen *Rhétoriqueurs* und unter ihrer Verwerfung als *épiceries*, Abgeschmacktheiten also, fordert DU BELLAY die *poetologische Imitatio* lateinischer und italienischer Klassiker und damit den Ausbau einer eher aristokratisch gesinnten Literatur und Literatursprache.

Die für den **Sprachausbau** empfohlenen **Mittel** und einen beachtlichen Teil der vorgetragenen **Ideen** hat DU BELLAY dem Italiener SPERONE SPERONI (1500–1588) entnommen. SPERONI war Schüler des großen Kardinals PIETRO BEMBO (1470–1547), der die italienische *„Questione della lingua"* mit einem Rückgriff auf das Modell der großen Florentiner des 14. Jh. PETRARCA und BOCCACCIO entscheidend beeinflusst. DU BELLAY hat für sein *„Manifest"* SPERONIS *„Dialogo della lingua"* (1542) – Plagiat gab es im 16. Jh. noch nicht – einfach in Teilen ins Französische übersetzt.

Für DU BELLAY (und auch PIERRE DE RONSARD) sind Quellen für die lexikalische und syntaktische Bereicherung des Französischen u. a.):

- **Entlehnungen** aus dem Latein, dem Griechischen und dem Italienischen;
- **Archaismen, Dialektalismen, Fachwörter;**
- **Neologismen;**
- Wortbildung durch **Suffigierung** *(provignement)*;
- Wortbildung durch **Komposition** (nach lateinischen und griechischen Mustern).

In DU BELLAY kommt das Selbstbewusstsein der „Modernen" bereits zum Tragen, die ihre eigenen Fähigkeiten erkennen und einen Vergleich mit den „Alten" *(anciens)* keineswegs scheuen *(Les anciens et les modernes)*; DU BELLAY ist beflügelt vom **Fortschrittsdenken.**

MARTY-LAVEAUX (1896) konnte jedoch zeigen, dass die wortschöpferischen Leistungen der *Pléiade* in der Praxis relativ schwach und wenig wirksam waren, nur Weniges hat sich durchgesetzt an Neuprägungen, Neosemantismen und Neologismen.

4 Die Kontroverse um die Graphie des Französischen

Von einer **Orthographie** kann im 16. Jh. noch keine Rede sein. Unter den Vulgärhumanisten, Grammatikern und Lexikographen wird die Frage kontrovers diskutiert, ob die **Graphie** des Französischen weitgehend der **Phonie** entsprechen soll oder ob die Schreibung der französischen Wörter in erster Linie deren historische Herkunft, also die lateinischen **Etyma**, repräsentieren soll. Es bilden sich also zwei *Lager* in der Diskussion:

- weitgehende Durchsetzung der **phonetischen Schreibung** (Graphie = Phonie); Hauptvertreter: LOUIS MEIGRET (ca. 1510–ca. 1560). 1542 publizierte Meigret seinen Reformvorschlag in dem *„Traité touchant le commun usage de l'escriture françoise"*. PIERRE DE LA RAMÉE (= PETRUS RAMUS, 1512–1572); RAMUS legt seinen radikalen Orthographieplan vor in seiner *„Gramęre"* 1562. Beispiel: *Le tretté de la grammęre françoęze* (1550)

- weitgehende Durchsetzung des **etymologischen Prinzips**; sie schreiben *le temps* (altfrz. *tens*), *debvoir* (*deveir, devoir*), *faict, quand* (*quant*), *aultre*; und mit falscher Rückführung *poids* (< *pe(n)su*, nicht *pondus!*).

Hauptvertreter: Die (Vulgär-)Humanisten-, Drucker- und Verlegerfamilie STEPHANUS = ESTIENNE, insbesondere ROBERT ESTIENNE (1503–1559).

Beispiel: *Le Traicté de la grammaire françoise.*

Die etymologisch basierte Schreibung – sie stützt sich nach ESTIENNES eigenen Worten auf *les plus sçavans en nostre langue*, die am Hof, im *Parlement de Paris*, in der *Chancellerie* und in der *Chambre des Comptes* aus- und eingingen – setzt sich wegen der Durchschlagskraft der in Paris und Lyon wirkenden humanistisch orientierten Drucker durch. Die Chance, zwischen Phonie und Graphie einen vernünftigen Ausgleich zu schaffen, war endgültig vertan. Poesie und Prosa sowie Grammatik und Lexikographie, die im 16. Jh. einsetzen, folgen letztlich dem etymologischen Prinzip, im 17. Jh. dann auch die *Académie Française* mit ihrem *„Dictionnaire"* (1694). Die Drucker- und Verlegerfamilie der ESTIENNES hat zwischen 1502 und 1664 über 1 500 Publikationen herausgebracht und damit auch die **Normen der Graphie** bestimmt.

Reformen

In den folgenden Jahrhunderten bis in unsere Tage wird es an die zweihundert Versuche der Orthographiereform geben, um die **Diskrepanz zwischen Phonie und Graphie** zu überwinden, nur Kleinigkeiten werden geändert, das **etymologische Prinzip** ist bis heute dominant geblieben. KELLER (1991) hat recht: Die Geschichte der Orthographiereform ist – nicht nur für den Zeitraum 1886 bis 1991 – die Geschichte eines Scheiterns. Die Orthographie ist bis heute ein **Bildungsfaktor**, die bildungstragenden Schichten grenzen sich damit von den Unterschichten innerhalb der französischen Gesellschaft immer noch bewusst ab.

5 Die Entstehung der französischen Grammatikographie und Lexikographie

Standardisierung

Hand in Hand mit der Erhebung des Französischen zur offiziellen Sprache des zentralistischen Staates entwickelt sich die Erarbeitung von **Grammatiken** und **Wörterbüchern** der französischen Sprache. Damit beginnen auch Bestrebungen zur **Normierung** und **Standardisierung** (vgl. NEUMANN 1959; BUDAGOV 1961; MARZYS 1974; SCHMITT 1977; SETTEKORN 1988; STÄDTLER 1988).

1 Grammatikographie

Palsgrave

JOHN PALSGRAVE (ca. 1480–1554)
Im Jahre 1530 unternahm Palsgrave in England – er hatte in Paris den *Maistre ès arts* erworben – den Versuch einer grammatischen Beschreibung des Französischen in englischer Sprache. Nur der Titel des Werks ist französisch (in originaler Graphie): *„L'Eclarcissement de la langue françoyse, compose par maistre Jehan Palsgrave, angloys natyf de Londres et gradue de Paris"*. Eine Passage des „fyrst boke" dieser Grammatik bestätigt erneut das hohe Ansehen, das die Sprache der *Ile de France* genießt. Das Werk besteht aus vier Teilen, sie behandeln die Lautlehre, die Morphologie, den Wortschatz (engl.-frz.) und sehr knapp die Wortstellung.

Dubois

JACQUES DUBOIS (= JACOBUS SYLVIUS, 1478–1555)
Im Jahr 1531 legte Dubois seinen Versuch der Beschreibung der Grammatik der französischen Sprache vor, und zwar in lateinischer Sprache: *„In linguam gallicam Isagoge, una cum eiusdem Grammatica Latino-gallica, ex Hebraeis, Graecis et Latinis authoribus"*. DUBOIS überträgt das Raster der lateinischen grammatischen Kategorien auf die Beschreibung des Französischen; hier ist noch die Rede von Deklination, Casus usw.

Meigret

LOUIS MEIGRET (ca. 1510–ca. 1560)
Im Jahre 1550 legte der Lyoneser MEIGRET seine eigene Grammatik in der von ihm favorisierten **phonetisch orientierten Graphie** vor: *„Le Trette de la grammęre françoęze"*.

De la Ramée

Ihm folgt noch ganz eng der große Humanist und Professor am *Collège Royal*, PIERRE DE LA RAMÉE (1512–1572), der 1562 seine *„Gramere"* in der phonetisch orientierten Graphie in Paris drucken ließ. 1567 allerdings verlässt RAMÉE diese Position, er geht über ins Lager der Etymologisten. 1572 wird RAMÉE in der Bartholomäusnacht ermordet. (Zu MEIGRET vgl. HAUSMANN 1980.)

| Estienne |

ROBERT ESTIENNE (1503–1559)

Eine weitgehende Anlehnung an lateinische Modelle, auch in graphischer Hinsicht, bietet dann 1557 der Begründer der Humanisten- und Druckerdynastie: *„Le Traicte de la grammaire françoise"*. In ESTIENNES „Lager" geht 1572 auch die Neufassung der *„Grammaire"* von RAMÉE über.

2 Lexikographie

| Repräsen-tanten |

Die Durchsetzung der etymologisierenden Graphie wird vor allem durch die entstehende Lexikographie in Frankreich bewirkt. Der Familie der Humanisten STEPHANI (ESTIENNE) kommt der Ruhm zu, am Anfang der europäischen Lexikographie zu stehen *(s. o. S. 96)*.

Natürlich gab es schon vor dem 16. Jh. Ansätze zu **Glossaren**, Vokabularien zur Erklärung dunkler Textstellen. Sie reichen bis in das 12. Jh. zurück. Bekannt ist das sogen. *„Catholicon"* („allgemeines Glossar"), das 1440 Grundlage wird für das *„Dictionarium Latinogallicum von Firmin Le Ver"* mit 540 000 Wörtern, davon ein Sechstel Französisch.

Dann hat LOŸS GARBIN 1487 in Genf ein *„Vocabulaire latin françois"* publiziert (*vocabulaire* ist hier erstmals belegt!). Vgl. dazu ROQUES (1936/38) und BURIDANT (1986).

Die von den ESTIENNES verfassten Wörterbücher sind zunächst ebenfalls zweisprachig: *„Dictionnaire françois-latin contenant les motz et manieres de parler françois tournez en latin"* (1539). Das französische Wort *dictionnaire* ist hier zum ersten Mal belegt; es meint zunächst **zweisprachige Wörterbücher**.

Dagegen wurden **einsprachige Wörterbücher** und **enzyklopädische Wörterbücher** mit *thesaurus* (> *trésor*) bezeichnet, so das erste einsprachige Wörterbuch des Französischen von JEAN NICOT *„Thresor de la langue françoyse, tant ancienne que moderne"* (1606). Im 16. Jh. begegnet auch *Glosaire* (mit einem *s*); **Glossare** verzeichnen veralteten und erklärungsbedürftigen Wortschatz.

Das Wörterbuch der ESTIENNES, das für den französischen Teil den Pariser Sprachgebrauch notiert, eröffnet die lange Serie großer französischer Wörterbücher der folgenden Jahrhunderte; das **Académiewörterbuch** von 1694 fußte noch stark auf dem *„Dictionnaire"* von 1539.

6 Das Französische im fachsprachlichen Diskurs

Latein vs. Französisch

Oben wurde dargestellt *(S. 74 f.)*, dass schon in mittelfranzösischer Zeit das Französische in fachwissenschaftlichen Disziplinen genutzt worden ist. Auch im 16. Jh. konkurrenziert das Französische noch mit dem **Latein als Wissenschaftssprache**, aber die **Nutzung der Volkssprache** wird immer massiver angesichts eines an praxisverbundener Wissenschaft interessierten Publikums, dem der Zugang zur lateinisch vermittelten Wissenschaft verschlossen war. An den Universitäten wurde weiterhin – bis ins 18. Jh. – in lateinischer Sprache gelehrt, auch im Schulwesen dominierte noch diese Gelehrtensprache. Vor den Wissenschaften stand somit immer noch die sprachliche Barriere, für deren Überwindung kostbare Zeit eingesetzt werden musste. Den in Französisch veröffentlichten Arbeiten fehlte allerdings die internationale Verbreitung, die Werken sicher war, die beim Mittellatein als Fachsprache verblieben. Zu der gesamten Problematik bleibt grundlegend OLSCHKI (1919–1927). Vgl. auch MENSCHING-RÖNTGEN 1995.

1 Medizin / Chirurgie

Paré

Die **Chirurgie** war keine theoretisch-akademische Wissenschaft, sondern praxisbezogen. Ein bedeutender *chirurgien* war AMBROISE PARÉ (1510–1590), Leibarzt von vier französischen Königen und Hugenotte. Er publizierte 1572 seine *„Cinq livres de chirurgie"*. Er will sein Wissen jedermann zugänglich machen und bekennt sich daher im Vorwort dieses Werkes ausdrücklich zur **Verwendung der Muttersprache**. PARÉ wird deshalb sogar ein Prozess angedroht, weil er seiner *„art"* den nötigen Respekt verweigert habe. Als Feldchirurg erwarb er sich auf den Schlachtfeldern Europas besondere Verdienste wegen seiner neuartigen Behandlung der Wunden, die Schusswaffen verursachten, die im 14. Jh. eingeführt worden waren. Er machte Schluss mit dem Ausgießen der Schusswunden mit siedendem Öl und der Kauterisierung (mit Glüheisen) blutender Gefäße. Er arbeitete mit Salben und Verbänden. Pest- und Lepraepidemien im Lande erforderten ebenfalls den verstärkten Einsatz von medizinisch gebildeten Laien. 1545 erschien PARÉS erste Schrift: *„Méthode de traicter les playes faictes par les arquebuses et aultres bastons à feu"*; 1564: *„Dix livres de chirurgie avec le magazin des instruments necessaire à icelle."*

2 Angewandte Mathematik und Chemie

Forcadel	Mathematische Grundkenntnisse waren erforderlich für Kaufleute, Finanzbeamte und Bankiers. Dafür wurden **Rechenbücher** und **Finanztraktate** in französischer Sprache publiziert. Auch Geometern, Architekten, vielen Handwerkern musste geholfen werden. Der Mathematiker ETIENNE FORCADEL (1534–1573) publizierte sein Werk *„Arithmétique"* in französischer Sprache. Die **höhere Mathematik** blieb dagegen in ihren Schriften und in der Lehre an den Bildungseinrichtungen beim **Latein**.
Palissy	Aus der Alchimie, die ihre Wurzeln im Arabischen hatte, entstand allmählich die angewandte Chemie. Der bedeutende *potierémailleur*, der die Emaille-Glasuren erfunden hat, war BERNARD PALISSY (1510–1590; als Hugenotte in der Bastille umgebracht). Er war außerdem der bedeutendste Hersteller von Fayencen in seiner Zeit. 1580 publizierte er seinen *„Discours admirable de l'art de terre"*, also der Töpferkunst. Er tritt ein für die **Muttersprache** bei der **Vulgarisierung der Wissenschaften**. Zur Entwicklung der Landwirtschaft, z. B. der Bodendüngung, und der Wirtschaft allgemein legt PALISSY vor: *„Recepte véritable par laquelle tous les hommes de la France pourront apprendre à multiplier et à augmenter leurs thrésors"* (1563); *„Discours admirable de la nature des eaux et fontaines"* (1580).

3 Landwirtschaft (vgl. dazu MÖHREN 1986)

Estienne	Für die Entwicklung des **landwirtschaftlichen Wortschatzes** des Französischen wurde ein weiterer Spross der Familie der STEPHANI, nämlich CHARLES ESTIENNE (ca. 1504 geb.) maßgebend; zusammen mit seinem Schwiegervater JEAN LIÉBAULT (†1596) verfasste er *„L'Agriculture et Maison Rustique"* (Paris 1564).

Hier wird alles behandelt, was im adligen Landhaus und im Bauernhaus gebraucht wird: Ackerbau, Viehzucht, Herstellung von Wein, Öl; Verfahren der Destillierung, Fischfang, Jagdwesen, Falknerei. Beide Verfasser waren ausgebildete Ärzte, daher auch Hinweise auf die Behandlung von Krankheiten. Als Quelle werden lateinische landwirtschaftliche Autoren benutzt (wie COLUMELLA, PLINIUS, THEOPHRAST, VARRO). ESTIENNE hatte das Werk 1554 schon in einer lateinischen Vorfassung vorgelegt (*„Praedium rusticum"*).

De Serres	**Landwirtschaftliche Fachprobleme** behandelt auch der Hugenotte OLIVIER DE SERRES (1539–1619) in seinem *„Théatre d'agriculture et du ménage des champs"* (1600). In acht Teilen werden die wichtigsten Fachgebiete der Landwirtschaft praxisbezogen be-

handelt, wie Feldbau, Obstbau, Viehzucht; Gartenbau, Seiden-
raupenzucht (*„culture des vers à soie"*) durch Forcierung des An-
baus von Maulbeerbäumen (wozu DE SERRES sogar eine Spezial-
studie *„Cueillette de la soie pour la nourriture de ceux qui la font"*
(1599) vorgelegt hatte. Diese Handbücher für den Landadligen,
die eine Fülle **neuen landwirtschaftlichen Fachwortschatzes**
enthalten und gut lesbar sind, halfen, die französische Wirtschaft
zu entwickeln.

4 Religiös-theologischer Bereich, Bibelübersetzungen

Calvin

Im Bereich des theologischen Diskurses setzt mit der Kontroverse
zwischen **Katholizismus** und **Protestantismus (Calvinismus)**
der Übergang von der alleinigen Nutzung des Lateins zur all-
mählichen Nutzung des Französischen ein. Jeder Versuch, hier
das Französische zu gebrauchen, geriet in den Verdacht der Ketzerei. Der **Kultus** war **lateinisch.** JEAN CALVIN, 1509 in der Picardie
geboren und 1564 in Genf gestorben, schrieb seine **theologischen
Schriften** zunächst **lateinisch.** Er wandte sich auch in seiner *„In-
stitutio christianae religionis"* (1536) an die **Fachtheologen**; 1541
übersetzte er dieses Werk selbst ins Französische, um die **Rezeption durch ein größeres Publikum** zu sichern: *„Institution de la
religion chrétienne"* (Genf). Diese Übersetzung ist bedeutsam für
die Entwicklung der fachwissenschaftlichen französischen Prosa;
1560 wird das Werk nochmals überarbeitet, auch stilistisch und
terminologisch, viele Latinismen werden beseitigt zu Gunsten
volkssprachlicher Fachwörter: *cogitation* wird ersetzt durch
pensée; convertir durch *tourner.*

Der **Satzbau** wird klarer, am lateinischen Original dennoch
weiter geschult; kunstvoller Periodenbau, rhetorisch geschulte
Überzeugungskraft. Allzu große Freiheiten der Wortstellung
werden eingeschränkt. Die **Gedankenführung** ist logisch, einem
wissenschaftlichen Werk gemäß. Von CALVINS wissenschaftlicher
Prosa führt ein Weg zu DESCARTES' philosophischer Prosa.

Die **katholische Kirche** sah sich gezwungen, in der Kontroverse mit CALVIN nunmehr auf Französisch zu antworten; so verfasste DORÉ seine Schrift *„Anti-Calvin"* in französischer Sprache.

**Lefèvre
d'Etaples**

Bibelübersetzungen ins Französische gibt es seit dem 12. Jh.
Aber seit dem Wirken des Humanisten ERASMUS VON ROTTERDAM
(1469–1536), der seit 1521 in Basel lehrt, erhalten die Bibelübersetzungen in die europäischen Sprachen eine neue Qualität. Seit
1515 setzt er sich massiv für Übertragungen der Bibel ein. Noch
im Schoße des Katholizismus übersetzte JACQUES LEFÈVRE D'ETAPLES
(= JACOBUS FABER STAPULENSIS, ca. 1450–1536) zuerst das Neue Tes-

tament (1523) und 1528 die gesamte Bibel. Die Übersetzung erschien anonym 1530 in Antwerpen. Von der Papstkirche und von der Sorbonne wurde der Übersetzer scharf angegriffen. 1527 verdammte die Sorbonne im Kampf gegen die um sich greifende Reformation den Gebrauch des Französischen im Rahmen der katholischen Kirche; die Lektüre der Bibel in der Muttersprache wurde untersagt. Die **Contre-Reforme**, die bei der offiziellen lateinischen Übersetzung der Bibel (der *„Vulgata"* des Kirchenvaters Hieronymus) verharrt, spricht sich formell **gegen jede Bibelübersetzung** aus.

Olivetan

Der **französische Protestantismus/Calvinismus** unternimmt jetzt einen eigenen, gelungenen Versuch der Bibelübersetzung; ein französischsprachiger Gottesdienst war bereits geschaffen worden. Ein Cousin CALVINS, PIERRE ROBERT OLIVETAN (1500–1538) übersetzte die Bibel neu, 1535 wurde sie außerhalb Frankreichs in Genf gedruckt. OLIVETAN starb in Italien im Exil. Er übersetzte die Bibel nicht auf der Basis der *„Vulgata"*, sondern auf Grundlage der **Originalsprachen**; vgl. das Titelblatt: *„Les deux Testaments translatez en François, le Vieil de l'ébrieu et le Nouveau du Grec"*. Beide Originalsprachen beherrschte der Übersetzer sehr gut, dennoch wird seine Bibelübersetzung ab 1588 immer wieder revidiert.

Einfluss auf das Französische

Auch in Frankreich haben die Bibelübersetzungen die **Schriftlichkeit** und die **Mündlichkeit** geprägt: Zahlreiche **Bilder**, **Metaphern**, **phraseologische Wendungen** und **Sprichwörter** der Bibel sind volkstümlich geworden, ihre Herkunft ist heute weitgehend verblasst.

7 Der externe Einfluss aus dem Italienischen

Italomanie

Die 1494 beginnenden **Italienfeldzüge** brachten Frankreich in engen Kontakt mit Italien. In den italienischen Kommunen war die auf dem Florentinischen basierende **italienische Literatursprache** die Sprache eines selbstbewussten, kulturell hoch stehenden Landes geworden. Das Land wird zum **Vorbild** in militärischer, wirtschaftlicher, kultureller und sprachlicher Hinsicht. Diese Vorbildgeltung artet zeitweise aus in unreflektierte Übernahme, in Unterschätzung der eigenen nationalen Möglichkeiten. Es griff das um sich, was mit dem Schlagwort **„Italomanie"** bezeichnet worden ist.

Es kam zu dynastischen Verbindungen des französischen Königshofes mit dem ökonomisch und finanziell potenten Haus der **Medicis** in Florenz. Der Sohn von FRANÇOIS Ier, HENRI II (geb. 1519, Regierungszeit 1547–1559) heiratete 1533 CATHÉRINE DE MÉDICIS (1519–1589); ihre Söhne waren FRANÇOIS II (1559–1560), Charles

Das Frühneufranzösische – *Le français de la Renaissance* (ca. 1500–ca.1600)

IX (1560–1574) und Henri III (1574–1589). Im Zuge dieser Heirat kamen nach 1533 Scharen italienischer Höflinge und Intellektueller nach Frankreich, sie beherrschten bald den Hof, die Kultur und das Geistesleben. Die italienische Literatur genoss hohes Ansehen, viele **Übersetzungen ins Französische** wurden vorgelegt, so das Buch vom perfekten Hofmann *(„Cortigiano")* von Baldassare Castiglione (1528), das allmählich die rauen Lebensformen am Hofe glättet und die Hofadligen zu *courtisans* werden lässt.

Gegen-bewegung

1572 brachte die blutige Bartholomäusnacht, die die katholische Cathérine de Médicis inszeniert hatte und die Zehntausende von Hugenotten das Leben kostete, einen Umschwung. Es wuchs in Frankreich die **Kritik** an der Dominanz der Italiener und des Italienischen.

Patriotisch gesinnter Wortführer dieser Kritik, die den Vorrang und die Überlegenheit des Französischen einklagt und die Italianisierung der Muttersprache energisch zurückweist, ist der bereits als hervorragender Gräzist erwähnte *(s. o. S. 94)* Spross der Vulgärhumanistenfamilie der Stephani Henri Estienne (1531–1598). Zwei Hauptwerke bestimmen die antiitalienische Diskussion:

- *„Deux dialogues du nouveau langage françois italianizé"* (1578);
- *„Proiect du livre intitulé De la precellence du langage François"* (1579).

Estienne ist nicht zu Unrecht für den **Beginner des sprachlichen Purismus** in Frankreich gehalten worden. Er forderte die *pureté* des Französischen. Schuld an der sprachlichen Überfremdung sind für ihn die *Messieurs les courtisans*. Sie nennen das, was Estienne mit *putain de réputation* bezeichnen möchte, euphemistisch *courtisane*. Wie jeder Purist blickt er zurück und sieht in vergangenen Zeiten die größere sprachliche Vollkommenheit und größeres Prestige.

Italienische Lehnwörter

Trotz der puristischen Kritik im ausgehenden 16. Jh. wurden in diesem Jahrhundert etwa **1000 Italianismen** im Französischen zeitweise oder für immer eingebürgert; sie sind meist echte *„Bedürfnislehnwörter"* und weniger *„Luxuslehnwörter"* (wie sie Ernst Tappolet (1917) grundsätzlich unterschieden hat). Diese Neuwörter bezeichnen neue Sachverhalte, die aus Italien importiert und akzeptiert wurden. Ein Einfallstor für diese Italianismen war Lyon, dessen Dichterschule mit Louise Labé (1526–1566) und Maurice Scève (1510–1564) stark italienisch beeinflusst war.

Folgende **Sachbereiche**, für die Italien Vorbildwirkung ausübte, nehmen Italianismen auf:

- **Militärwesen:**
  die ital. Kommunen besaßen schon stehende Heere! *soldat* (das alte frz. *soudard* wird zum „Haudegen" pejorisiert), *bataillon, cavalerie, infanterie, escorte, sentinelle, colonel, caporal, barricade,*

canonnade, attaquer, bombe, pistolet, la vedette, bronze, arsenal, citadelle, bravoure.

■ **Hofleben:**
courtisan, courtisane, courtiser, festin, politesse, caprice, carnaval, masque, mascarade, ballet, travestie, bouffon, réussite, réussir, briller, manque, populace, canaille.

■ **Bank-/Geschäftsleben:**
banque (1498): 1544 erste Bank in Lyon; *la banqueroute, la faillite, bilan, escompte, lombard, risque.*

■ **Architektur:**
architecte, architecture, appartement, arcade, balcon, balustrade, façade, stuc, belvédère, mosaïque, faïence.

■ **Kunst/Literatur/Musik:**
arabesque, buste, cadre, esquin, estampe, figurine, postiche, relief, sonnet, tercet, stance, burlesque, grotesque, pédantesque, cantilène, madrigal, concert, contrebasse, sérénade, duo, fugue.

■ **Nahrung:**
artichaut, cervelas, marron, saucisson, semoule, vermicelle, récolte.
Wortbildungsmorpheme, die zu Lehnsuffixen werden, also auch an frz. Basis treten können: *-esque, -issime.* (Vgl. KLEMPERER 1914; SARAUW 1920; WIND 1973.)

8 Externe Einflüsse aus dem Latein und Griechischen

Übersetzungen aus dem Latein

Humanismus und Renaissance orientieren sich vor allem an der **klassischen Latinität.** Das 16. Jh. wird in Frankreich deshalb zur Hauptepoche in der **Geschichte der Übersetzungen,** die eine wesentliche Brücke für den Übergang lateinischer Wörter ins Französische bilden.

Für „**übersetzen**" begegnen seit dem 12. Jh. die Verben *translater, torner, transposer, de … en … metre/traire, faire en; traduire* tritt seit 1480 auf und setzt sich dann langsam durch (vgl. BAEHR 1981).

ETIENNE DOLET (1509–1546) schreibt einen Traktat „*La manière de bien traduire d'une langue en aultre*" (1540). DOLET war Humanist, Drucker, Verleger, dem Calvinismus nahe stehend. Als Ketzer wurde er zum Tode verurteilt und hingerichtet.

Übersetzungen aus dem Griechischen

Das Griechische war in **Byzanz** bis zur Eroberung durch die Türken (1453) kontinuierlich Amtssprache, auch der orthodoxen Ostkirche. Die Papstkirche und die Sorbonne standen dieser Sprache deswegen scharf ablehnend gegenüber. Erst ERASMUS V. ROTTERDAM (Basel), JOHANNES REUCHLIN (Heidelberg, Tübingen), PHILIPP MELANCHTHON (Wittenberg) und GUILLAUME BUDÉ sowie HENRI ESTIENNE erzielten als bedeutende Gräzisten den Durchbruch.

Im Jahr 1509 empfiehlt CLAUDE DE SEYSSEL (1450–1520), der Ratgeber von LOUIS XII und Bischof von Marseille war, die Übersetzung antiker Schriften zur Bildung des französischen Adels. Die **Antike** wird zum **Bildungsgut** der Oberschichten erhoben. SEYSSEL übersetzt selbst XENOPHON und THUKYDIDES aus dem Griechischen und SENECA aus dem Latein. In der Vorrede zur Übersetzung des griechischen Kirchenvaters JUSTINUS († 165 n. Chr.) erinnerte er 1509 den König daran, dass die Römer ihre Sprache als ein Instrument ihrer politischen Expansion gebrauchten, nachdem sie sie durch Aneignung der griechischen Kultur vervollkommnet hatten. In diesem Sinne trat DE SEYSSEL für die Pflege und **Bereicherung des Französischen** im Interesse der Monarchie ein. Durch **Übersetzungen** müsste die französische Kultur bereichert werden.

Ein weiterer hervorragender Übersetzer war JACQUES AMYOT (1513–1593). Seit 1570 war er Bischof von Auxerre und Prinzenerzieher der späteren französischen Könige CHARLES IX und HENRI III. Er wirkte als Gräzist auch in Bourges. Aus dem Griechischen übersetzte er PLUTARCHS (46–119 n. Chr.) Lebensbeschreibungen berühmter Männer, *„Les vies des hommes illustres"* (1559 und 1567)

Diese Übersetzung war ein Ereignis (vgl. BACHTIN 1990:12); sie gilt als eines der besten Denkmäler französischer Prosa des 16. Jh. und beeinflusste den Wortschatz, die Syntax und den Stil der Epoche.

Ent-
lehnungen

Auch die oben schon behandelten fachsprachlich gebundenen Autoren schöpfen lexikalisch aus den lateinischen Quellen; dies gilt auch für die bedeutenden Autoren der belletristischen Literatur wie RABELAIS, RONSARD, MONTAIGNE, die weiter unten zu behandeln sind.

Als Beispiele für **lateinische Lehnwörter** im 16. Jh. seien genannt:

patrie, patriote (noch in der Bedeutung *„homme du même pays"*), *éducation*, löst *nourriture* in der Bedeutung „Erziehung" ab, *éduquer*, löst *nourrir* in der Bedeutung „erziehen" ab, *élégir, élocution, emphase, épique, épistolaire, épithète, métonymie, anonyme, anomal, anomalie, concordat, concret, équilibre, colon, colonie, philologie* (RABELAIS), *syntaxe* (PIERRE DE LA RAMEE), synonymie;

Lehnwörter aus dem Griechischen:

phtysie, hygiène, symptôme, hystérique, apathie, hypnotique, pharynx, apocalyptique, rhumatisme, analyse, anagramme, anémone, enthousiasme, hiéroglyphe, hypothèse, phénomène, symétrie, stupide, stupidité „Lähmung", „Unempfindlichkeit" eines Körperteils, erst viel später „Dummheit", *hypogée*.

9 Externe Einflüsse aus weiteren Sprachen

Bereicherung

Die Hauptzugänge im Lehnwortbereich des Französischen kommen im 16. Jh. aus dem Latein und dem Italienischen. Daneben sind auf Grund von Kontaktsituationen auch Wörter aus anderen Sprachen ins Französische aufgenommen worden.

1 Spanische Einflüsse

Celestina

Der dialogisierte Roman oder die Sittenkomödie „*La Celestina = La comedia de Calisto y Melibea*" (zunächst anonym veröffentlicht 1499, (der Autor ist FERNANDO DE ROJAS) ist ein Wahrzeichen der spanischen Literatur an der Schwelle vom Mittelalter zur Renaissance. Celestina ist eine alte verschlagene Kupplerin, die die beiden Titelfiguren verkuppelt. Das Werk wird 1527 und 1577 ins Französische übersetzt, beide Fassungen sind lexikalisch von hohem Interesse. In diesen Texten sind 35 **Hispanismen** belegt, u. a. *la celestine* „Kupplerin", *le celestin* „Zuhälter" (vgl. BRAULT 1963).

Nach Brault sind zwischen 1500 und 1550 etwa **80 spanische Lehnwörter** im Französischen bezeugt.

Brantôme

Der Kontakt zu Spanien vollzog sich im 16. Jh. vor allem in Form kriegerischer Ereignisse nach 1580). Der Militär und Höfling BRANTÔME (1540–1614) ist der wichtigste Vermittler mit seinen beiden Werken: „*Vies des hommes illustres et des grands capitaines estrangers*" und „*Vies des dames galantes*".

Anredeformen

Aus der **Galanterie des spanischen Hoflebens** kommt die Anredeform mit *vous* „Sie" statt dem noch üblichen *Tu* nach Frankreich sowie eine Anzahl geschwollener Anredeformen: *Votre majesté* neben *Sa majesté*; *Votre hautesse* neben *Son hautesse*; *Votre seigneurie*; *Votre paternité*; *Votre merci* „euer Gnaden".

Die Formel *baiser les mains de sa seigneurie* ist die **Kalkierung (Lehnübersetzung)** einer spanischen Vorlage; über die Habsburger kommt die Grußformel auch nach Wien.

Militär

Ferner meist **militärisch** gebundene Wörter: *la camarade* „Belegschaft einer Kammer" (die frz. Entsprechung ist *chambrée*), *morion* „Sturmhaube", *casque*, *cascagnettes* neben *castagnettes*, *hâbler* „prahlen", *hâbleur* „Prahlhans", *calebasse* „Flaschenkürbis".

Über den Umweg über die spanischen Niederlande scheint auf Grund seiner Verbreitung zunächst im Norden Frankreichs die Wortfamilie *embarrasser*, *embarras*, *débarrasser* ins Französische gekommen zu sein.

 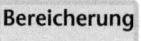

2 Transatlantischer Wortschatz

Lateinameri-kanisches

Nach 1492 mit der kolonialen Eroberung Amerikas durch Spanien kommen durch spanische (und seltener portugiesische) Vermittlung **amerindische Produkte mit ihren Wörtern** nach Europa. Frankreich übernimmt solche Wörter oder es schafft Eigenbenennungen, die sich allerdings nicht immer durchsetzen. Die gebenden Indianerstämme sind die Azteken, die Quechua, Antillenvölker u. a.

cacao < aztekisch; *mahiz, maïs* (dafür frz. Eigenbezeichnungen: *blé d'Espagne, blé de Turquie, blé d'Italie*); *tomate* (Eigenbezeichnungen: *pomme d'amour = pomme dorée*), vgl. österr. *paradeiser* „Paradiesapfel"; *ananas; chocholate, chocolate, chocolat; tabac, tobac* < antill. des Aruak (Eigenbezeichnung: *herbe de la reine* neben *nicotiane* < lat. *herba nicotiana*; benannt nach dem frz. Gesandten in Lissabon JEAN NICOT [1530–1600], der den Tabak an CATHÉRINE DE MÉDICIS sandte; vgl. „Nikotin"); *petun* „Tabak" < tupi Brasiliens; *canoa, canoë, canot* < antill.; *le hamacque, hamac* „Hängematte"; *le huracan, haurachan, uracan, houragan*, schließlich *ouragan* „Orkan"; *le caoutchouc* < Indianersprache Perus: „Baum, der weint" (das Wort geriet in Kollision mit dem Typ *gomme* „Gummi" aus dem Arabischen).

Und folgende **Tierbezeichnungen** aus den Anden (Quechua Perus): *le condor, le puma, le lama, la vigogne* „Gebirgslama", *l'alpaga* „Kamelziege". (Vgl. KÖNIG 1939; ARVEILLER 1963.)

10 Die Sprachsituation in der Occitania: Sprachsubstitution in der Literatursprache

Mundarten

In der Mündlichkeit Südfrankreichs dominieren weiterhin die **okzitanischen Mundarten**. Im Bereich der Urkunden- und Verwaltungssprache tritt bald nach 1539 (Villers-Cottérêts!) *(s. o. S. 91 f.)* ein grundlegender Wandel ein: Latein und Okzitanisch treten zurück, das **Französische** der Zentralmacht setzt sich weitgehend durch.

Okzitanische literarische „Renaissance"

Im Bereich der Literatur gibt es ab 1565 eine schüchterne *première re tentation de Renaissance* einer **okzitanischen Literatursprache** bei BELLAUD DE LA BELLAUDIÈRE (1532–1588) und PEY DE GARROS in der Gascogne und bei MIQUEU TRON (= MICHEL TRONC) in der Provence (vgl. CAMPROUX 1953:83 ff.).

Von diesen Versuchen abgesehen erfolgte in Südfrankreich im 16. Jh. eine weitgehende **Sprachsubstitution**: Ersatz einer Literatursprache (Okzitanisch) durch eine andere, das Französische. Zur Erreichung eines großen Publikums schreiben jetzt bedeutende Autoren, die aus den okzitanischen Provinzen stammen, Französisch, wobei bei ihnen lexikalische Reminiszenzen an die eigene Muttersprache noch vorkommen, so bei BRANTÔME, MAROT, DU BARTAS, MONLUC, MONTAIGNE.

Mündliche Sprach-situation

Der Einbruch der französischen **Mündlichkeit** im Süden verläuft hingegen langsam: Für Bordeaux bestätigt CLAUDE FAUCHET (1530–1602) in seinem Werk *„Recueil de l'origine de la langue et de la poésie françoise"* (1581), dass nur wenige Adlige und Rechtsgelehrte Französisch zu sprechen vermögen, nicht aber die Kaufleute.

Noch im 17. Jh. gibt es derartige Zeugnisse:
LA FONTAINE bestätigt für die Gegend von Poitiers, dass man nicht Französisch spreche; RACINE hatte große Schwierigkeiten, sich in Uzès und Valence verständlich zu machen; MLLE DE SCUDÉRY trifft 1644 unter den Damen der Marseiller Gesellschaft keine Französischkenntnisse an; MME D'AULNOY bestätigt dies noch 1679 für Bayonne.

⑪ Die Literatursprache des 16. Jh.

Autoritäten

Eine Reihe bedeutender Autoren bestimmt die Entwicklung der Literatursprache des 16. Jh.

1 François Rabelais

Vita

RABELAIS (ca. 1494–1553) ist die markanteste Gestalt der ersten Hälfte des 16. Jh. in Frankreich. Er kann als der große **Sprachschöpfer des Jahrhunderts** gelten. Geboren wurde er in der Touraine; er war zunächst Mönch bei den Franziskanern, wo er das Griechische studierte, dann 1529–1530 bei den Benediktinern. Er studierte voller Wissensdurst Medizin, Theologie und Jura in Paris, Montpellier und Lyon. Ab 1532 wirkte er als Arzt in Lyon, dann in Montpellier. Er unternahm ab 1535 Reisen nach Italien als Leibarzt des Kardinals JEAN DU BELLAY. Seine **Veröffentlichungen** beschäftigten sich mit medizinischen, juristischen, militärtechnischen, archäologischen und astrologischen Problemen. Seine medizinischen Studien bestanden vor allem darin, die auf Griechisch verfassten Abhandlungen von HIPPOKRATES und GALENOS zu studieren, was nicht ungefährlich war, hatte doch die Sorbonne als eine Reaktion auf ERASMUS' Veröffentlichungen verboten, griechische Quellen zu benutzen.

Pantagruel

1532 und 1534 erschienen in Lyon die ersten beiden Teile seines gigantischen Romans

„Les horribles et espouvantables faictz et prouesses du tres renome Pantagruel, Roy des Dipsodes, fils du grand geât Gargantua", „Grandes et inestimables chroniques du grand et enorme géant Gargantua". Die Sorbonne verbot beide Teile 1543. Darauf folgten zwei (drei) weitere Teile: *„Le Tiers Livre"* 1544 (sofort Verbot durch die Sorbonne), *„Le Quart Livre"* 1548 (ebenfalls sofort verboten), *„Le Cinquiesme Livre"* 1564 (postum; heute verstärkt Zweifel an RABELAIS' Verfasserschaft).

Ideale Rabelais'

Trotz Verfolgung durch die orthodoxe, am alten, überlebten scholastischen Weltbild festhaltende Sorbonne ist RABELAIS von grenzenlosem Optimismus, voller Lebensfreude und Wissensdurst, voll Vertrauen in die Möglichkeiten der Natur, für die unbeschränkte Entfaltung der menschlichen Persönlichkeit. RABELAIS' Ideal ist

„das des selbstverantwortlichen, geistig und körperlich harmonisch zur (individuellen und gesellschaftlichen) Freiheit ausgebildeten Menschen, wie ihn die (Elite-)Schule, das Anti-Kloster, die Abtei Thélème hervorbringt, die Pantagruels Vater durch Jean des Entammeurs erbauen, einrichten und verwalten lässt" (NERLICH 1977:146).

Die Devise der Abtei Thélème war: *„Fais ce que vouldras".* Auch im Sprachlichen hält sich RABELAIS an diesen Leitspruch, es triumphiert die

„tolle, geräuschvolle, donnernde, rauschende, murmelnde, schwatzende, lachende Sprachfreudigkeit. Er jongliert mit den Perioden, spielt Ball mit den Satzgliedern, lässt Wörter durch die Luft wirbeln, verdreht sie, verhunzt sie, lenkt sie, verkürzt sie, begnügt sich nicht mit den französischen, greift nach den Wörtern der Mundarten, greift zum Latein, zum Griechischen, zum Hebräischen, zum Arabischen, zum Deutschen, Englischen usw. usw.; begnügt sich auch nicht mit dem Vorhandenen, fabriziert und erfindet, wie ein geniales Kind, immer neue, groteske und possierliche Ungetüme und Wundergebilde von Wörtern. Sein Werk ist ein lexikalischer Karneval, wo einheimische und fremde Gäste in phantastischen Vermummungen fröhliche Sprünge machen" (VOSSLER 1929:230 f.).

Lexikalisches Kaleidoskop

Schon LEO SPITZER hatte 1910 in seiner Arbeit *„Wortbildung als stilistisches Mittel, exemplifiziert an Rabelais"* diesen lexikalischen Karneval beschrieben und die Effekte, die damit erzielt werden. SPITZER *(S. 30)* zeigt, wie RABELAIS mit der ihm verhassten Sorbonne und ihren Anhängern als Basismorphem umgeht, er bildet als **Schimpfwort** *sorbonagres* („Esel von der Sorbonne", das Suffix versteckt das griech. Wort) *sorbillaus, sorbonigenes, sorbonicoles, sorboniformes,* eine ganze Schimpfkanonade bildet er zur Verspottung der Heuchler mit *bigot.* Es macht ihm gar nichts aus, die hohe *„Faculté"* auf eine Stufe mit Gargantuas Stute zu stellen: *„Si vostre jument s'en trouve bien aussi faict nostre Faculté que* (es geht

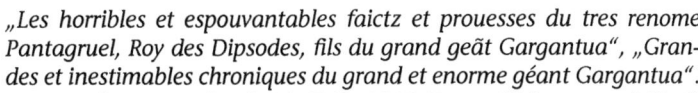

lat. weiter:) *comparata est jumentis insipientibus et similis facta est eis ...*" Die **Körperlichkeit** und das **Obszöne** feiern groteske Triumphe. Festgelegte Werteskalen werden umgeworfen, das Hohe wird erniedrigt, das Niedrige wird erhöht, das gewohnte Weltbild wird zerstört, um ein neues zu errichten. Die Glieder des **Wortfeldes des Essens und Trinkens** durchziehen den ganzen Roman. Schon die **Namen**, die nicht mehr nur eine relationale, sondern eine echte semantische Bedeutung haben wie *Gargantua* und *Grandgousier*, verweisen auf die „große Kehle". *Pantagruel* ist „Beherrscher der Durstigen", wie Rabelais selbst erklärt. Metaphorisch wird auf diese Art und Weise weniger auf den leiblichen Durst verwiesen als vielmehr auf den **Wissens- und Lebensdurst des Renaissancemenschen**. (Vgl. BACHTIN 1986:369.)

Alle Sprachvarietäten und Stilarten von der derbsten Vulgärsprache bis hin zur erhabensten Kanzelrede *ciceronianischer Eloquenz* werden erprobt. RABELAIS nutzt vielfältig die „Figur der **Worthäufung**", die der **Ausdrucksverstärkung** dient. Die *copia verborum* ist also ein bewährtes Stilmittel; es steht im Dienste des *enrichissement de la langue*. Das Prinzip der stilistischen *Variatio* führt auch zur bewussten Ballung von Synonymen. Das 17. Jh. wird die Synonymenhäufung dann kritisieren; dazu ist zu vergleichen eine lange „*Remarque*" von VAUGELAS zu den „*Synonimes*".

Sichtweisen auf Rabelais

Für BRUNEAU (1955,I:134) ist RABELAIS' Sprache eher noch ein typisches Beispiel für die zu Anfang des 16. Jh. herrschende sprachliche Anarchie. BRUNEAU sieht in RABELAIS eher das letzte Meisterwerk des Mittelalters als das erste große Werk der modernen Prosa.

Für VOSSLER ist der Antipode der Prosa von RABELAIS die logisch gegliederte wissenschaftliche Prosa JEAN CALVINS. CALVINS Sprachform bereitet den Weg vor für DESCARTES' Discours de la méthode.

Zu weiteren Problemen der Sprache RABELAIS' vgl. BALDINGER (1991). Sprache und Stil RABELAIS spielen auch in BACHTINS grundlegenden Arbeiten zu RABELAIS (1990 und 1986) eine beachtliche Rolle.

2 Die Pléiade

Marot

Noch vor der *Pléiade*, die 1549 mit DU BELLAYS Manifest an die Öffentlichkeit getreten war, hatte CLÉMENT MAROT (1495–1544) die französische **Dichtungssprache** bereichert. Er schuf die nach ihm benannte Sprach- und Stilform *style marotique*, und er gilt als Meister des eleganten *badinage*, der sprachlichen Tändelei, wie BOILEAU seine Dichtung bezeichnete:

„*Mêler les registres de la langue et de donner ainsi le plaisir de la surprise est une figure d'ironie délicate que maîtrisait, au XVIe siècle, le poète Marot"* (ZUBER 1993:56).

Ronsard

Der Schöpfer der frühneufranzösischen Dichtungssprache ist PIERRE DE RONSARD (1524–1585), Haupt der *Pléiade*. Diese Schule hatte ein klares **poetologisches Programm** (im zweiten Teil der *„Deffence"*), sie dichtete für einen elitären Kreis von Höflingen und humanistisch gebildeten Absolventen des *Collège de Cocqueret* und *des Collège de Boncourt*.

RONSARD entwickelte ein subtiles Gefühl für die **Stiltrennung**; der *haut style* wird vom *beau style bas*, einer mittleren Stillage also, geschieden. RONSARD selbst pflegt beide Stilarten. Geschult an antiken und italienischen Musterautoren, verwendet er gelehrtes Vokabular, er hebt sich ab von der sprachlichen Alltäglichkeit. Die Pléiadedichter halten Kontakt zur Touraine, der sie teilweise entstammen; die Ufer der Loire gelten noch heute als *„centre du beau langage"*.

Das Prinzip der Stiltrennung wird im 17. Jh. vollendet durchgesetzt.

Gattungen

Die bevorzugten Gattungsformen sind die der **Antike** und der **Italiener** (PETRARCA): **Ode, Ekloge, Hymne, Sonett**. Die mittelalterlichen Gattungen der *Rhétoriqueurs (s. o. S. 79)* werden verworfen. Die strenge Hierarchisierung der literarischen Gattungen entspricht den neuen Anforderungen an die Literatur. Die *Pléiade* förderte die höfisch-zentralistische Nationalkultur.

RONSARD hatte 1572 versucht, der französischen Nation das noch ausstehende Epos in der *„Franciade"* darzubringen. Das unvollendete Werk gilt als misslungen.

Jodelle

Das Mitglied der Pléiade ETIENNE JODELLE (1532–1573) schuf die nach klassischem Vorbild gebaute französische Tragödie *„La Cléopâtre captive"* (1553) in Alexandrinern und Zehnsilbern und die Komödie *„Eugène ou la Rencontre"* (1553).

3 Die Prosa der Novellistik

Vertreter

Wie die Memoirenliteratur war für die weitere Entwicklung der literarischen Prosa auch die Novellistik von Bedeutung. Neben die Memoiren des fanatischen Protestanten AGRIPPA D'AUBIGNÉ (1552–1637) sind die Novellensammlung *„L'Heptaméron"* (1559) von *Marguerite de Navarre* (1492–1549), der Schwester von FRANÇOIS I, und die *„Nouvelles récréations et joyeux devis"* (1558) von BONAVENTURE DES PÉRIERS (1510–1543) zu stellen. Sie setzen die eigene Novellentradition der *„Cent Nouvelles Nouvelles"* und die von BOCCACCIOS *„Decamerone"* etablierte Traditionslinie fort. BONAVEN-

TURE übersetzte auch Plato und Horaz, er verfasste das allegorisch verschlüsselte, gegen die in Widerstreit liegenden Konfessionen gerichtete Pamphlet „Cymbalum Mundi" (1537).

4 Michel de Montaigne

Vita und Essais

Montaigne (1533–1592) stammt aus dem Südwesten Frankreichs. Er ist Spross einer geadelten Kaufmannsfamilie und von Beruf Jurist, Philosoph und Übersetzer. Für seinen Vater übersetzte er die *Theologia naturalis* des Katalanen Raimundus Sebundus aus dem Lateinischen.

Seine *„Essais"* – er prägte diesen Terminus – wollte er zunächst in lateinischer Sprache abfassen. Sie gehen aus von einer Fülle lateinischer Zitate der großen Autoren der Antike, geordnet nach bestimmten Themengruppen, versehen mit persönlichen Kommentaren des Rezipienten. Diese persönlichen Erfahrungen, Urteile und Meinungen weiten sich dann immer mehr aus. Die *Essais* unterliegen also einem mehrfachen Schichtenbau. Es gibt zwischen 1580 und 1595 (postum besorgt von seiner *„fille d'alliance"* Mlle de Gournay) mehrere Editionen, die viele Ergänzungen und auch neue *Essais* enthalten bis zur endgültigen Zahl von 107 „Versuchen".

Montaignes *„Essais"* stehen am Anfang der sogen. **Moralisten**, die die französische Literatur bis ins 18. Jh. prägen und die Bestimmung des Wesens des Menschen zu ihrem Thema erheben. Montaigne bevorzugt nicht den streng logisch **deduzierenden Traktat**, sondern den **induktiven Diskurs**, der das Abwägen konträrer Meinungen erlaubt. Ziel seiner Bemühungen ist die Selbsterkenntnis und die Erkenntnis der Natur des Menschen in der Vielfalt seiner Erscheinungweisen.

Gascognismen und Honnêteté

An der sprachlichen Präsentierung seiner *Essais* hat Montaigne immer wieder gefeilt. Es bleiben dennoch regionale Elemente aus dem Sprachraum Bordeaux erhalten, also *Gascognismen*. Die *„Essais"* besitzen hohe Bedeutung für die Geschichte der französischen Prosa, auch wenn sich das 17. Jh. schwer tun wird mit der Rezeption dieser Texte. Ihre Sprachform entspricht kaum den neuen Anforderungen, die *La Cour et la Ville* an die Hoch- und Literatursprache stellen; sie gilt als veraltet, als das Produkt einer Umbruchperiode.

Montaigne hat in seinen *„Essais"* einen wesentlichen Beitrag zur Herausarbeitung der *honnêteté*, des **Gesellschaftsideals** des *honnête homme*, der *honnêtes gens* geleistet, das das 17. Jh. wesentlich formen wird.

12 Weitere sprachinterne Entwicklungen und Veränderungen im 16. Jh.

Charakteristika

Das Französische des 16. Jh. unterscheidet sich sowohl in der Mündlichkeit als auch in der Schriftlichkeit noch wesentlich vom modernen Französisch. Teils setzt das 16. Jh. Tendenzen der mittelfranzösischen Periode fort, teils entwickelt es neue Charakteristika in den verschiedenen Sprachebenen.

Lautliches

Die **Phonie** des 16. Jh. weist Besonderheiten auf, über die wir durch explizite Grammatikerzeugnisse (MEIGRET, RAMÉE, ESTIENNE) relativ gut Bescheid wissen. Von besonderer Bedeutung ist auch der *„Dictionnaire des rimes françoises"* (1596) von ODET DE LANOUE; er gibt ziemlich genau die Aussprache der Pariser bildungstragenden Schichten an (vgl. THUROT 1881–1883). Die unteren *niveaux de langue* zeigen phonische Eigenheiten, die sich teilweise bis heute erhalten haben:

- *e* vor *r* > *ar* (r ist noch überall gerolltes r, also Zungenspitzenvibrationslaut!):
  mon frare Piarre statt *mon frère Pierre* (bezeugt ESTIENNE); *la place Maubart* statt *la place Maubert*; *la larme* statt *lerme*, *larme* hat sich durchgesetzt (Gegenreaktion: „richtiges" *gearbe* > *gerbe*).
- In der *langue parlée courante négligée* beginnt der ∂-**instable-Ausfall** in der Phonie. Dadurch entstehen neue Konsonantenhäufungen, die im Altfranzösischen beseitigt worden waren:
  nous achetons; je le ferais encore.
  Im **poetischen Diskurs** bleibt das *-∂* dagegen fest (bis heute).
- Die Phonie des Graphems <oi>, in Wörtern wie *roi, droit, moi.*
  Es entstehen drei Varianten:
  1. [wɛ]: bildungstragende Schichten (bis 18. Jh.);
  2. [wa]: untere Volksschichten, wird erst Ende 18. Jh. zur Norm;
  3. [ɛ] in den westfranzösischen Mundarten; und in den Endungen von *Imparfait* und *Conditionnel.*
     PALSGRAVE (1530) belegt: *boas („bois"), gloare („gloire").*
- **Intervokales** *-r-* wird in den unteren Schichten von Paris zu stimmhaftem [z], dafür oft <z> geschrieben:
  mon mazi est à Pazis statt *mon mari est à Paris.*
  Davon zeugen noch in der Hochsprache:
  altfrz./mittfrz. *chaire* (aus lat. *cathedra*) zu *chaise* „Stuhl" und *chaire* „Kanzel"; mittfrz. *bericle* „Brille" > *les besicles* aus lat. *beryllum* (vgl. dazu F. J. KLEIN 1997).
- Bewegung im **System der Nasalvokale**:
  Es konsolidiert sich die „neue" Aussprache von:
  [ĩ] > [ẽ]: *la fin*;
  [ũ] > [œ̃] : *un, brun, chacun, lundi.*

Die Hochsprache verhält sich abwartend; noch Anfang des 17. Jh. verbietet MALHERBE den Reim:

vain : vin [vɛ̃] [vĩ],

aber *main:chemin* will MLLE DE GOURNAY schon reimen lassen (vgl. BRUNEAU 1955,I:219–221).

■ Die meisten (weiterhin geschriebenen) **Endkonsonanten** sind **verstummt**; nur in der *Liaison* werden sie wieder lautend. Jetzt setzt der Schwund von *-r*, vor allem in den Infinitivendungen ein:

aimer, travailler, parler usw.; auch: *finir, mourir, sortir* usw.; aber auch: *menteur, mouchoir.*

Einige französische Mundarten zeigen diesen *-r*-Schwund bis heute konsequent (so das Normannische). Die Hochlautung hat das *-r* wieder lautend gemacht. Nur in der Hauptklasse der Verben – der Verben auf *-er* – ist es nicht gelungen!

Morpho-syntaktisches

Auch hier existieren noch breite Spielräume, es zeigen sich nur erste Tendenzen zur Fixierung in Richtung auf Normierung.

■ **Wortstellung**

Der im Mittfrz. schon dominante Typ S–P–O setzt sich nur noch zögernd weiter durch: Der Einfluss der lat. Syntax lässt wieder Stellungsfreiheiten zu (z. B. Endstellung des Prädikats!). RONSARD warnt vor exzentrischen Satzgliedfolgen, etwa bei dem Lyoneser Dichter MAURICE SCÈVE: *A Orléans de Paris le roy coucher alla.*

RONSARD fordert dafür: *Le roy alla coucher de Paris à Orléans.*

■ **Subjektpronomina beim Verb**

Als Prädeterminanten des Verbs waren sie im Mittfrz. schon weit durchgesetzt; wegen des lat. und ital. Einflusses oft wieder Rückfall in pronomenlose Verbformen:

voudras statt tu *voudras* (vgl. Inschrift der Abtei Thélème); *savons* statt *nous savons; diriez* statt *vous diriez.*

■ Stellung der **Objektpronomina** beim Verb

Im 16. Jh. sind die altfrz./mittfrz. Stellungsverhältnisse noch weit verbreitet: Das *pronom personnel complément d'objet direct* steht vor dem indirekten Objektpronomen:

Et le vous conseille statt *je vous le conseille; Et suis content de la vous enseigner* statt *je suis content de vous l'enseigner.*

■ **Artikel** als Prädeterminant des Substantivs

Im 16. Jh. fehlt die Artikelform (wieder) häufiger, vor allem bei Abstrakta, Ländernamen:

dans France; car foi seulement peut monstrer.

■ Die Serien von *pronoms possessifs/adjectifs possessifs* sind noch nicht vollständig getrennt; massenhaft Belege in der Literatursprache und in den Fachsprachen:

le mien père statt *mon père; la sienne intention* statt *son intention.*

- Gleiches gilt für **pronom démonstratif/adjectif démonstratif**: *cil livre* statt *ce livre*; *celui temps* statt *ce temps*; *d'icelle pierre* statt *de cette pierre*; *celle fin* statt *cette fin*; *celui bonhomme* statt *ce bonhomme*.
- Das 16. Jh. beschert der Gegenwartssprache die unlogische Regelung der Veränderlichkeit des mit avoir verbundenen **participe passé**. CLÉMENT MAROT hatte 1532 mehr im Scherz nach italienischem Vorbild eine Regel der Veränderlichkeit vorgeschlagen, die seine Nachfolger dann bitterernst zur Norm erhoben haben (vgl. GOUGENHEIM 1951:226 f.). Der heutige Normtyp: *la fenêtre que j'ai ouverte*.
- Das **Genus** zahlreicher Substantive schwankt im 16. Jh. noch erheblich, bestimmte Fixierungen erfolgen erst in der Folgezeit: *amour, carosse, eage (âge), arbre; comté, duché, évêché* (vgl. La Franche-Comté), *ardeur, erreur, honneur, odeur; image, orage; ombre, reproche, populace, préface, comète, limite, épitaphe, épithète, doute, mensonge, exemple, rencontre*.

Vgl. dazu die *Préface* im ersten Band (p. LIX) und die Lemmata in EDMOND HUGUET, *Dictionnaire de la langue française du seizième siècle* (1925–1967).

Das Neufranzösische –
Le français moderne (ab ca. 1600)

1 Das 17. Jahrhundert

1 Historische und gesellschaftliche Voraussetzungen

Eckdatum

Das Neufranzösische beginnt in der traditionellen Periodisierung zu Recht mit dem 17. Jh. Als äußeres Eckdatum für den Beginn dieser Epoche gilt das Jahr **1605**: François de Malherbe (1555–1628) wird von Henri IV, dem ersten Bourbonen (Regierungszeit 1589–1610) aus Caen an den Pariser Hof gerufen, um die Literatursprache den Anforderungen der neuen Zeit dienstbar zu machen. Boileau hat die Zäsur dieses Ereignisses in vollem Maße erfasst. Im ersten Gesang des *„Art poétique"* (Vers 131) heißt es in einem Halbvers: *Enfin Malherbe vint.*

Absolute Monarchie

Die im 16. Jh. begonnenen, aber noch unsystematischen Beschäftigungen mit der Nationalsprache nehmen nunmehr systematischen Charakter an. Die sprachlichen und die kulturellen Prozesse werden allmählich dem immer noch weithin herrschenden Selbstlauf entrissen und auf die gesellschaftlichen Bedingungen der sich aus der zentralistischen Monarchie herausbildenden absoluten Monarchie verpflichtet. Die Literatursprache und dann auch die Hochsprache werden nunmehr unter Zugrundelegung klarer Selektionsprinzipien und Normkriterien geordnet, damit sie den neuen Ansprüchen der gesellschaftlichen Elite, die Boileau mit **La Cour et la Ville** benannt hat *(s. u. S. 122)*, genügen können. Es beginnt damit aber auch eine bewusste Absonderung von den umgangssprachlichen Formen der großen Mehrheit der unteren Volksschichten, die von diesen Regulierungs- und Normierungsvorgängen kaum berührt werden.

Henri IV

Die Unterwerfung der sprachlichen Prozesse unter die Kontrolle der sich entwickelnden absolutistischen Monarchie beginnt mit Henri IV, der 1610 einem Mord zum Opfer fiel, hinter dem offenbar die Jesuiten standen mit Unterstützung der katholischen Marie de Médicis (1573–1642), seit 1600 die Gattin des Monarchen. Der Thronfolger war erst neun Jahre alt. Der Pariser Gerichtshof *(Parlement dc Paris)* übertrug die Regentschaft seiner Mutter, Marie de Médicis, die sich stark von dem Florentiner Concini beeinflussen ließ, der *Maréchal de France* geworden war und 1617 ebenfalls ermordet wurde. Zunehmend wurden Rebellionen des noch immer um Gleichberechtigung kämpfenden partikularistischen Feudaladels angezettelt.

Richelieu	LOUIS XIII (1601 geb., Regierungszeit 1610–1643), ergriff selbst das Ruder des Staates, seinerseits beherrscht von dem mächtigen Kardinal RICHELIEU (1585 geb., an der Macht 1624–1642), seinem großen Minister. Die **absolute Monarchie** wurde endgültig gefestigt, ein Schritt dahin war auch die Vernichtung der politischen Unabhängigkeit der Hugenotten (1628 Angriff auf die Festung La Rochelle) zugunsten der Stabilität der Zentralgewalt. Auch Bauernaufstände im Lande wurden niedergeschlagen, so in der Normandie die *„Nu – pieds"* (1639). Wie RICHELIEU das Volk einschätzte, geht aus seinem Politischen Testament hervor, das erstaunlicherweise erst 1926, und zwar in Berlin, veröffentlicht worden ist: *„Es [das Volk] ist Mauleseln vergleichbar, die, an Last gewöhnt, sich durch lange Ruhe mehr als durch Arbeit schaden"* (Berlin 1926:117). 1634 wurde die ***Académie Française*** durch RICHELIEU gegründet.

LOUIS XIII (1601 geb., Regierungszeit 1610–1643), ergriff selbst das Ruder des Staates, seinerseits beherrscht von dem mächtigen Kardinal RICHELIEU (1585 geb., an der Macht 1624–1642), seinem großen Minister. Die **absolute Monarchie** wurde endgültig gefestigt, ein Schritt dahin war auch die Vernichtung der politischen Unabhängigkeit der Hugenotten (1628 Angriff auf die Festung La Rochelle) zugunsten der Stabilität der Zentralgewalt. Auch Bauernaufstände im Lande wurden niedergeschlagen, so in der Normandie die *„Nu – pieds"* (1639). Wie RICHELIEU das Volk einschätzte, geht aus seinem Politischen Testament hervor, das erstaunlicherweise erst 1926, und zwar in Berlin, veröffentlicht worden ist:

„Es [das Volk] ist Mauleseln vergleichbar, die, an Last gewöhnt, sich durch lange Ruhe mehr als durch Arbeit schaden" (Berlin 1926:117). 1634 wurde die ***Académie Française*** durch RICHELIEU gegründet.

Mazarin

1643 starb LOUIS XIII; der Thronfolger (LOUIS XIV) war erst fünf Jahre alt; seine Mutter, ANNE D'AUTRICHE, übernahm bis 1651 die Regentschaft, die politische Macht aber lag in den Händen des (aus Italien stammenden) Kardinals MAZARIN (1602–1661), der nach dem Tode RICHELIEUS (1642) regierte. Blutig schlug er die letzte Rebellion des Feudaladels nieder (**Fronde: 1648–1653**).

Louis XIV

1661 übernahm LOUIS XIV die Macht; damit erreichte die absolutistische Monarchie ihren Höhepunkt. Ab 1662 (bis 1677) wurde **Versailles** als prunkvolle *Cité royale* erbaut. Die Salons wurden allmählich überflüssig. Finanz- und Wirtschaftsminister war zunächst NICOLAS FOUQUET (1615–1680), der 1661 gestürzt wurde.

Colbert

JEAN-BAPTISTE COLBERT übernahm die Ressorts: Unter ihm erfolgte der massive Ausbau von Manufakturen, Handel, Verkehrswegen (Straßen und Kanäle), Gründung von Exportgesellschaften, Entwicklung der Naturwissenschaften und Technologien; Gründung der ***Académie des Sciences*** (1666). Frankreich führte mehrere Eroberungskriege, so gegen die spanischen Niederlande, gegen Österreich, gegen die Pfalz. VAUBAN (1633–1707) organisierte den Ausbau bedeutender Festungen. Die Eroberungen Frankreichs in Amerika (Kanada, Mündungsgebiet des Mississippi „Louisiana") und in Westindien wurden fortgeführt.

Hugenotten-vertreibung

1685 mit der *Révocation* des 1598 erlassenen **Edikts von Nantes** wurden große Teile der Hugenotten aus Frankreich vertrieben. Sie fanden Aufnahme in England, Holland und Preußen *(Réfugiés)*. Mit den Hugenotten ging Frankreich ein bedeutender Wirtschaftsfaktor verloren, der jetzt anderen Ländern zugute kam. Der Glanz des *Roi Soleil* verblasste, 1715 ging mit seinem Tod eine Ära zu Ende.

2 Malherbes Bemühungen um die französische Literatursprache und seine Kontrahenten

Normen	Schon in den ersten Jahrzehnten des 17. Jh. erhielt die **National-sprache** ein neues Gewicht: Es ging jetzt nicht mehr um den weiteren quantitativen Ausbau, sondern um die Erhöhung ihrer Qualität. Es ging um Schaffung von Regelung, um die Schaffung von Ordnung, um die Durchsetzung von Normen. Sprachlicher Individualismus und Partikularismus sind nicht mehr auf der Höhe der Anforderungen. Dieser Aufgabe der **Disziplinierung** vor allem **der Literatursprache** unterzog sich MALHERBE am Hofe HENRI IV und seiner Nachfolger. Der Sprachpfleger MALHERBE ging ganz konkret vor anhand von Texten der unmittelbar vorausgehenden literatursprachlichen Wirklichkeit. MALHERBE nimmt sich das Werk eines der letzten Vertreter der Pléiaden-Dichtung vor: PHILIPPE DESPORTES' (1546–1626), des Hofdichters von HENRI II, Zeile für Zeile, Wort für Wort werden überprüft und mit kommentierenden Anmerkungen versehen. Viel später wurde diese Fülle kritischer Bemerkungen unter dem Namen *„Commentaires sur Desportes"* zusammengefasst (vgl. BRUNOT 1891).
Kritik an der Dichtungs-sprache	MALHERBE verurteilte im Grunde alles, was die Pléiade zur Bereicherung der Literatursprache – speziell auch der Dichtung – empfohlen hatte *(s. o. S. 95)*: *archaismes, mots d'emprunt, dialectalismes, néologismes, termes techniques.* Auch vor dem Gebrauch volkstümlicher Wendungen wurde gewarnt. Mit MALHERBE beginnt vor allem das sogen. **Neologienverbot** der klassischen Sprachauffassung, das erst nach 1660 vorsichtig gelockert wird und dann zur Kontroverse über die Neuwörter führen wird.
Clarté	MALHERBE will eine **klare Literatursprache**; diese *Clarté* garantiert, dass sie ohne Schwierigkeiten verstanden wird, sie soll so durchsichtig sein, dass sie sogar die Lastträger, die Trimmer *(crocheteurs du Port-au-Foin)* verstehen können, wie Malherbes Schüler RACAN (1589–1678) es uns überliefert hat. Dieses Wort von MALHERBE ist jedoch falsch interpretiert, wenn angenommen wird, er wolle so schreiben, wie die *crocheteurs* sprechen.
Selektion	MALHERBE verlangt eine bewusste Selektion aus dem bisherigen Angebot **sprachlicher** Mittel. Er arbeitet bereits mit den *mots-clé,* die die Sprachdiskussion des 17. Jh. bestimmen werden: **pureté, clarté, précision, élégance.** Er tritt weiter für die bewusste **Bearbeitung** und **Normierung** des Selektierten ein. Er beschränkt die Sprach- und Stilmittel, weniger ist für ihn mehr!
Mots nobles	Gefragt sind die *mots nobles*; die *mots bas* und die *mots sales* werden aus dem dichterischen Diskurs verbannt. Alles was den neuen Anforderungen nicht mehr entsprach, wurde als *gascon* oder

gascognismes verschrieen, womit nicht nur Regionales aus der Gascogne gemeint war – HENRI IV und sein Gefolge stammten aus dieser Provinz! –, sondern alle sprachlichen Abweichungen von den sich etablierenden Normen des **gepflegten Sprachgebrauchs**.

Kritiker

MALHERBES Doktrinen stießen nicht auf ungeteilte Zustimmung; seine Kritiker versuchten, die Sprachleistungen des 16. Jh. in das nächste Jahrhundert hinüberzuretten.

MLLE DE GOURNAY (1565–1645): sie war die *fille d'alliance* von MONTAIGNE, dessen Werk sie 1595 edierte. Für sie ist MALHERBE nichts weiter als ein *„poète grammairien"*.

MATHURIN RÉGNIER (1573–1613): er war ein Neffe von DESPORTES. In Satiren wandte er sich gegen MALHERBE, er forderte die Erhaltung der dichterischen Freiheit ohne Einschränkung.

3 Die Literatursprache vor Vaugelas' *„Remarques"* (1647)

Repräsentanten

MALHERBES Doktrinen betrafen die Dichtungssprache. Für die Entwicklung der klassischen französischen Prosa wurden für die erste Hälfte des 17. Jh. bedeutsam:

JEAN LOUIS GUEZ DE BALZAC (1597–1654): er verfasste *„Lettres"* in schon weitgehend geordneter Prosa. Komplizierte Gedanken kleidete er in relativ einfache Sprachformen. GUEZ DE BALZAC ist für die Erörterung philosophischer Probleme ein wichtiger Meilenstein auf dem Entwicklungsweg der französischen Sprache.

VINCENT VOITURE (1597–1648): seit 1625 frequentierte er den Salon der MARQUISE DE RAMBOUILLET. Dieser Salon hat für die Ausformung der klassischen Sprachauffassung große Bedeutung. Zwischen 1620 und 1648 ist dieser Salon der mondäne Mittelpunkt der **Frühklassik** und der **préciosité**. VOITURES *„Lettres"* sind die Leistungen eines Weltmanns, der den Lebens- und Sprachformen des Salons entspricht. Seine Briefe zeichnen sich aus durch klare, überschaubare Satzperioden, weitgehend frei von Pedanterie.

Corneille

PIERRE CORNEILLE (1606–1684): er lebte und wirkte in Rouen, weit ab vom Hof. Erst 1662 kam er nach Paris. Seine Werke liegen schon in den Erstfassungen vor. CORNEILLE akzeptierte für seine *comédies, tragédies* und *tragicomédies* von Anfang an die Prinzipien MALHERBES, so die strikte **Stiltrennung**: für die **Tragödie**: *style noble*; für die Komödie: *style naif = naturel = aisé*. In den *„Examens"* zu seinen Werken äußert sich CORNEILLE zu poetologischen und sprachlichen Fragen.

Mit der *tragicomédie „Le Cid"* (1636) erreichte CORNEILLES Sprache eine neue Qualität. Das Werk wurde triumphal gefeiert, aber wenig später Gegenstand der sogen. **Querelle du Cid** in der gerade gegründeten *Académie Française*. Hinter dem Gezänk um den literarischen, ästhetischen und sprachlichen Wert des *„Cid"* verbergen sich letztlich innenpolitische Auseinandersetzungen zur Zeit des erstarkenden franz. Absolutismus. Auf Geheiß *Richelieus* hatte CHAPELAIN im Namen der *Académie* die *„Sentiments sur le Cid"* verfasst. CHAPELAIN zog sich mit Charakter aus dieser Affäre.

Noch vor VAUGELAS' *„Remarques"* (1647) waren CORNEILLES große Tragödien *„Cinna"* (1640), *„Horace"* (1640) und *„Polyeucte"* (1643) entstanden. Nur für ein Jahrzehnt beherrschte CORNEILLE die Bühne, die folgenden Werke entsprachen nicht mehr dem Zeitgeschmack. RACINE hatte die Nachfolge angetreten. Die zentralen Schlüsselbegriffe der großen Tragödien Corneilles sind: **gloire, vertu, honneur**.

Im Jahr 1660 hat CORNEILLE sein Werk grundlegend auch sprachlich für die Definitivausgabe umgearbeitet. VAUGELAS fand die notwendige Beachtung.

4 Die Académie Française und Vaugelas

Conrart

Nach 1628, dem Todesjahr Malherbes, wurden die Bemühungen um die Präzisierung und Klarifizierung der französischen Sprache fortgesetzt. Nunmehr nicht mehr allein in Bezug auf die Litератursprache, auch die Mündlichkeit von *La Cour et la Ville* bedurfte der bewussten Bearbeitung. Seit 1629 traf sich unter dem Vorsitz von VALENTIN CONRART (1603–1675) regelmäßig ein Kreis von **Sprachkundigen** und von **Sprachpflegern** in den Salons der Hauptstadt, die – bis sich der Italianismus schon gegen 1650 in Frankreich einzubürgern beginnt (vgl. TLF sub voce *salon*) – noch *ruelles* oder *chambres bleues* hießen.

Académie Française

Bald wurde RICHELIEU auf diesen Kreis aufmerksam: Dieses Gremium um CONRART wurde die Keimzelle der *Académie Française*. Diese tagte seit 1634, erhielt 1635 die *Lettres patentes* – von LOUIS XIII unterzeichnet – und war nach 1637 durch ihre Registrierung im Pariser Gerichtshof *(Parlement de Paris)* rechtlich voll etabliert. Im Jahr 1635 gab sich die *Académie* ihre **Statuts et Règlements**, dort werden auch ihre Aufgaben umrissen:
24. La principale fonction de l'Académie sera de travailler avec tout le soin et toute la diligence possibles, à donner des règles certaines à nostre langue, et à la rendre pure, éloquente, et capable de traitter les Arts et les Sciences.
25. Les meilleurs autheurs de la langue françoise seront distribuëz aux Académiciens pour observer tant les dictions que les phrases qui peuvent servir de règles générales et en faire rapport à la Compagnie, qui jugera de leur travail et s'en servira aux occasions.

26. Il sera composé un Dictionnaire, une Grammaire, une Rhétorique, et une Poétique sur les observations de l'Académie. (BAUM 1989:11.)

In Bezug auf das Wörterbuch haben die *académiciens* ihre Aufgabe nach sechzigjähriger Arbeit 1694 erfüllt: der *„Dictionnaire de l'Académie"*, noch nach Wortfamilien und nicht streng alphabetisch geordnet, enthielt etwa 20 000 Einträge. Die *„Grammaire"* erschien erst 1932, fast dreihundert Jahre nach der Erteilung des Auftrags, als kleinformatiges Bändchen von 252 Seiten. Sie wurde von der sprachwissenschaftlichen Kritik, so von BRUNOT (1932), verrissen. Die *„Rhétorique"* und die *„Poétique"* sind bis heute nicht erschienen.

Die 40 Mitglieder der Akademie (bis 1980 sind es nur Männer) nannten sich zunächst *„académistes"*. Da jedoch SAINT-EVREMOND 1638 die Arbeit der Akademie in seiner *„Comédie des Académistes pour la réformation de la langue française"* glossierte und damit MOLIÈRES *„Femmes Savantes"* (1672) inspirierte, benannten sie sich um.

Die drei oben abgedruckten Paragraphen wie auch das ganze Statut umschreiben nur ungenügend die wirkliche Hauptaufgabe der Akademie: Sie hatte die Funktion, das geistige, kulturelle, literarische und sprachliche Leben Frankreichs auf die **Erfordernisse der absolutistischen Monarchie** zu verpflichten, kontrollierend einzugreifen in diese Prozesse.

Vaugelas

Innerhalb der *Académie* spielte gleich nach ihrer Gründung als eines ihrer ersten Mitglieder CLAUDE FAVRE, SIEUR DE VAUGELAS (1585–1650) eine herausragende Rolle. VAUGELAS war führend an der Ausarbeitung des restriktiv konzipierten „Dictionnaire" beteiligt.

1647 erschienen seine berühmten *„Remarques sur la langue françoise"*. Dieses Werk, das ein neues Genre eröffnete, ist die Sammlung zahlreicher, meist kurzer, unsystematisch dargebotener Bemerkungen zu offenen Fragen aller sprachlichen Ebenen von der Lautung und Graphie über den Wortschatz bis hin zur Grammatik und zum Stil. Es werden Probleme behandelt, die vor allem in den Pariser Salons von den *honnêtes gens* – die sowohl die *honnêtes hommes* als auch die *honnêtes femmes* umfassten – diskutiert wurden. Die *„Remarques"* sind somit eine Art Protokoll von Diskussionen, die die gesellschaftliche Elite, die am Hof und in den Salons beschäftigungslos einherging, zum galanten Zeitvertreib führten.

Von grundsätzlicher Bedeutung ist die *Préface*, die VAUGELAS dem Werk vorausschickt (vgl. L. WOLF 1972). Hier resümiert VAUGELAS seine Sprachauffassung, sein sprachkulturelles und sprachpflegerisches Konzept.

Die zentrale Position nimmt die nicht rationalistisch, sondern empiristisch gefasste Kategorie des *Usage*, des **Sprachgebrauchs** ein. Dabei ist zu betonen, dass die Usage-Kategorie – wie WEINRICH (1960 [1988]) erwiesen hat – dem französischen Rechtswesen entstammt, und zwar dem zunächst mündlich überlieferten Gewohnheitsrecht (den *us et coutumes*). Dieses Recht stand dem *ius Romanum*, dem römischen Recht *(droit écrit)* gegenüber, das lange Jahrhunderte in der okzitanophonen Südgalloromania gegolten hatte, während der Norden das den Franken entstammende Gewohnheitsrecht praktizierte.

VAUGELAS hat nun die zentrale *Usage*-Kategorie, die schon im 16. Jahrhundert bei Ramée eine wichtige Rolle spielt – Ramée rekurrierte noch auf den Sprachgebrauch *du peuple, du Parlement et de la Cour*, nicht aber auf den der Gelehrten –, soziolinguistisch weiter differenziert in den **Bon Usage** und in den **Mauvais Usage**.

Trägerin des **Bon Usage** ist die gesellschaftliche Elite von *La Cour et la Ville*, die AUERBACH (1951) mustergültig beschrieben hat. Es handelt sich um

La Cour: also um die *noblesse d'épée*, die vom partikularistischen, mit politischer Macht ausgestatteten **Feudaladel** zum machtlosen **Hofadel** domestiziert worden ist. Dazu kommt

La Ville: der Beamtenadel, also die *noblesse de robe*. Dies sind in die *noblesse* aufgestiegene **bürgerliche Emporkömmlinge**, auf die sich die absolutistische Monarchie vor allem stützen konnte bei der politischen Entmachtung und Zähmung des Feudaladels. Ein Teil dieses Adels hatte im Aufstand der Fronde zwischen 1648 und 1653 (den MAZARIN niederschlug) letztmals seine politischen Rechte eingefordert. Zu *Ville* gehörten auch reiche Bürger der Stadt Paris.

Trägerin des **Mauvais Usage** ist dagegen die von Vaugelas als *lie du peuple* verschriene übergroße Mehrheit des französischen Volkes. Das Volk war somit von der sprachlichen Mitbestimmung genauso ausgeschlossen wie von der politischen und kulturellen. Diese „*scission*" zwischen der Sprache der Elite und der großen Masse des Volkes hat weitreichende Folgen für das weitere Schicksal der französischen Sprache. Die bis heute bestehenden Diskrepanzen zwischen Mündlichkeit und deren verschiedenen *niveaux de langue* haben offensichtlich hier ihre Wurzeln. Die *langue du peuple* wird kaum betroffen von den reglementierenden und normierenden Eingriffen in die Hoch- und Literatursprache.

Für die **Klärung von Streitfällen** bei der Regulierung der Hochsprache baut Vaugelas ein Instanzensystem auf, das wegen der juristischen Herkunft des *Usage*-Begriffs verständlich ist:

■ **erste Instanz:** der **Hof**, wobei der Sprachgebrauch der *honnêtes femmes* gegenüber dem der *honnêtes hommes* Vorrang besitzt.

■ **zweite Instanz:** die „*bons autheurs du temps*".

■ **dritte Instanz:** erst hier kommen die mit dem Ballast pedantischen Fachwissens beladenen Grammatiker zu Wort, die *„Gens sçavans en la langue"* .

Für VAUGELAS bleibt die empirische *Usage*-Kategorie dominant: Wenn es Diskrepanzen zwischen *usage* und *raison* gibt, entscheidet der „gute Sprachgebrauch" (Text nach L. WOLF 1972:24): *„Ainsi l'Vsage est celuy auquel il se faut entierement sousmettre en nostre langue, mais pourtant il n'en exclut pas la raison ny le raisonnement, quoy qu'ils n'ayent nulle authorité." „En un mot l'Vsage fait beaucoup de choses par raison, beaucoup sans raison & beaucoup contre raison."*

Die Hauptlinien dieser **empirischen Sprachauffassung** setzen Schüler und Anhänger VAUGELAS' fort mit einer ganzen Phalanx von weiteren *„Remarques / Observations / Réflexions / Doutes sur la langue française"*. Dazu gehören:

■ der Jesuitenpater DOMINIQUE BOUHOURS (1628–1702), der mit RACINE und BOILEAU eng befreundet war und sie in Sprachfragen beriet. Er verfolgte sein **puristisches Sprachkonzept** in den *„Doutes"* (1674), *„Remarques nouvelles"* (1675) und der *„Suite des Remarques"* (1692).

■ GILLES MÉNAGE (1613–1692); er frequentierte die Salons, unterstützte die **Preziosität**; er verfasste schon 1650 das erste französische etymologische Wörterbuch (*„Les Origines de la langue françoise"*), in dem er trotz etymologischer Fehlgriffe auch Lösungen anbot, die bis heute Bestand in der Wortherkunftsforschung haben. 1672 folgten seine *„Observations"*.

Die *Académie* nimmt 1704 mit ihren *„Observations de l'Académie française sur les „Remarques" de Vaugelas"* Stellung zu diesem Werk, das über fünfzig Jahre zurückliegt. Die *Académie* betont den **präskriptiven Sinn** der *„Remarques"*, sie stellt aber fest, dass sich der *Usage* seit 1647 dennoch öfter gewandelt hat.

5 Vaugelas' Gegner; die Grammatik von Port-Royal

Gegner

Das Sprachkonzept VAUGELAS' wurde längere Zeit weitgehend akzeptiert. Es fand aber auch erbitterte Gegner:

FRANÇOIS DE LA MOTHE LE VAYER (1588–1674): er gilt als *libertin* (Freigeist), seit 1636 ist er Mitglied der *Académie*, seit ca. 1650 fungiert er als Erzieher des jungen LOUIS XIV. Mit seinen *„Considérations sur l'éloquence françoise"* (1637) widersetzt er sich der Sprachreform MALHERBES und dem Sprachpurismus der Salons und VAUGELAS', dessen *Remarques* schon als Manuskript in den Salons kursierten. (Vgl. THIELEMANN 1997.)

Le SIEUR SCIPION DUPLEIX (1569–1661): 1651 bezog er Position gegen VAUGELAS in seinem Buch „La liberté de la langue françoise dans sa pureté".

Port-Royal Die *Jansenisten* von *Port-Royal* – sie sind Anhänger einer katholischen Kirchenreformbewegung, deren Hauptkontrahenten die Jesuiten waren – traten massiv auf gegen das Konzept des *Bon Usage*. Für RICKEN (1984:16) handelt es sich hierbei um eine bewusste Absage „an die normsetzende Rolle der höfischen Elite", an die Normbestimmung der Sprache durch die noblesse. Port-Royal will in seiner Grammatik eher „den Anteil der raison ... ermitteln, soweit möglich eine innere Logik der Sprache aufdecken, statt den Sprachgebrauch lediglich als gegeben zu betrachten" (ebenda).

Ausgehend von dem von RENÉ DESCARTES (= RENATUS CARTESIUS) im *„Discours de la méthode"* (1637) entwickelten Rationalismus gewannen ab 1660 **rationalistische Prinzipien** Einfluss auf die Sprachdiskussion und die Grammatikschreibung.

Die Jansenisten ANTOINE ARNAULD (1612–1694) und CLAUDE LANCELOT (1615–1695), die eine Verbindung von **Jansenismus** und **cartesianischem Rationalismus** anstrebten, erarbeiteten und publizierten anonym 1660 die *„Grammaire générale et raisonnée contenant les fondements de l'art de parler expliqués d'une manière claire et naturelle. Les raisons de ce qui est commun à toutes les langues et des principales différences qui s'y rencontrent; et plusieurs remarques nouvelles sur la langue françoise"*. 1662 folgte, von PIERRE NICOLE (1625–1695) und ARNAULD verfasst, *„La logique ou l'art de penser"*. Der lange Titel der Grammatik, der zugleich Inhaltsangabe ist, kennzeichnet bereits den rationalistischen Standpunkt dieses nur 138 Seiten umfassenden Werkes. Auf der Grundlage der formalen Logik und des Rationalismus wird eine theoretische Begründung der Sprache allgemein und der französischen im besonderen angestrebt.

Während sich bei VAUGELAS der *usage* noch über die *raison* erhebt, ist hier die **menschliche Vernunft** – die als eine *raison innée* noch unhistorisch gefasst wird – als grundlegende Voraussetzung für die Grammatik theoretisch postuliert. Alle Sprachen sind für die Jansenisten nur verschiedene Kopien desselben Originals, des Denkens. Die Sprache wird an der **Logik** gemessen, wobei naturgemäß viele Diskrepanzen zwischen Sprache und Logik offenbar werden. Diese Diskrepanzen sind durch Veränderung der Sprache zu beseitigen, damit sich **ordre, précision, clarté** und **netteté** durchsetzen können.

Dieses **rationalistische Konzept** wird die Sprachdiskussion bis Ende des 18.Jh. bestimmen, jedoch in kontroverser Auseinandersetzung mit dem **sensualistischen Konzept**, das Grundpositionen des Rationalismus und der rationalistischen Sprachauffassung in Frage stellen wird.

6 Die Preziosität

Les Salons

Bei der Ausformung der klassischen französischen Hoch- und Literatursprache hat das **Preziösentum** eine wichtige Rolle gespielt. Die *Ruelles*, die seit ca. 1650 dann *Salons* genannt werden, sind daran in entscheidendem Maße beteiligt. Anfangs ging es darum, die rauen Sitten und Gebräuche, die noch am Hofe HENRI IV herrschten, zu verfeinern, nicht zuletzt im Hinblick auf die Art und Weise, wie mit Frauen umgegangen wurde, aber auch in den Bezirken der Sprache.

Eine besondere Bedeutung bei der Verbreitung der neuen Umgangsformen hatte der Salon der MARQUISE DE RAMBOUILLET (1588–1665). Ihr Salon wurde bestimmend zwischen 1620 und 1645.

Auch die berühmten *Samedis* – es war ihr *jour fixe!* – der MLLE DE SCUDÉRY (1607–1701) sind ab 1653 führend in dieser Bewegung der *préciosité*. In der Provinz wird ebenfalls die *préciosité* nachgeahmt, „nachgeäfft". Molière hat in den *„Précieuses ridicules"* von 1659 solche preziös einhergehenden *pecques provinciales* aufs Korn genommen.

Um-formungen

Gefragt sind jetzt **galanterie, élégance, raffinement** und **esprit**. Die preziöse Bewegung hatte ca. 1640 begonnen, und zwar in vier **Ausformungen**: (1) *la préciosité des manières* (der „Manieren" also), (2) *la préciosité du langage*, (3) *la préciosité de l'esprit*, (4) *la préciosité des sentiments* (führt oft zur *„pruderie"*).

Alle diese Ausformungen, die gleichseitig wirksam sind, zielen auf **Verfeinerung der gesellschaftlichen Beziehungen**.

Für die Sprachsituation und die Sprachentwicklung des 17. Jh. ist die *préciosité du langage* wesentlich geworden. Es geht um Verfeinerung der Sprache, um Vermeidung von *bassesse*; gefragt sind die *mots nobles*. Für banale Dinge des Alltags, die durch *mots bas* benannt werden, werden gestelzte Umschreibungen, *locutions nobles*, lanciert, die somit übertrieben wirken und zu einer Sondersprache – einem *jargon* – vor allem im Gebrauch bestimmter Salondamen führen:

chaises: les commodités de la conversation; dent: l'ameublement de la bouche; joues: les trônes de la pudeur; miroir: le conseiller des grâces; chandelle: le supplément du soleil; perruque: la jeunesse des vieillards; larmes: les perles d'Iris; balai: l'instrument de la propreté; se peigner: se délabyrinter les cheveux.

Der große Verteidiger der Preziösen gegen eine Front von Gegnern war: ANTOINE BAUDEAU, SIEUR DE SOMAIZE. 1660 publizierte er den *„Grand dictionnaire des Précieuses ou la Clef du langage des ruelles"*. Ein großer Teil des auch von SOMAIZE erfassten Wortschatzes ging unter. Aber Reste preziösen Sprachgebrauchs bestehen in der *langue parlée soutenue (châtiée)* bis heute:

rire: perdre son sérieux; être triste: avoir l'âme sombre; être apprécié: faire figure dans le monde; laisser mourir la conversation; une épouse vertueuse: cette femme est une vraie Pénélope.

Die preziöse Sprache charakterisieren bis heute exaltierte adverbiale Superlative wie: *ces fleurs sentent terriblement bon*; ferner: *furieusement, effroyablement, horriblement.*

Mots nobles

Die **Literatursprache der französischen Klassik** ist in nicht geringem Maße preziös. Die Erfordernisse von *goût* und *bienséance* führen zum Gebrauch eines **abgehobenen Wortschatzes** zur Benennung von Fakten, die die antiken Stoffe, die z. B. RACINE in seinen Tragödien behandelt, betreffen. Die *genres littéraires nobles*, also *tragédie, épopée* und *poésie lyrique*, verlangen gemäß der strikten Stiltrennnung ein poetisches Vokabular, das sich von dem der Umgangssprache abgrenzt:

colère dafür *courroux; épée ~ fer; mariage ~ hymen; hommes ~ mortels; mort* dafür *trépas; mourir ~ trépasser; poitrine ~ gorge, estomac; amour ~ feu, flamme, le tendre;* (vgl. die allegorisierte Liebestopographie der berühmten *Carte de Tendre* im Roman *„Clélie"* (1654) der MLLE DE SCUDERY); *affection* dafür *amitié ; église* dafür *temple.*

Barock

Das französische Preziösentum kann als Spielart eines in Europa verbreiteten Phänomens angesehen werden: der Schwülstigkeit des Barock, die sich in Italien als *Marinismus*, in Spanien als *Góngorismus*; in England als *Euphuismus* und in Deutschland in der *Zweiten Schlesischen Schule* äußert.

7 Die Burleske

Parodie

Eine **Reaktionserscheinung** gegen die *„noblesse"* der preziösen Sprache mit ihren *mots nobles* ist die Burleske. Der Erstbeleg für den Italianismus *burlesque* (< it. *burlesco* zu *burla „plaisanterie"*) begegnet 1611. Die übermäßige Idealisierung und Abstraktheit der Darstellung innerhalb der preziös beeinflussten Literatur-(sprache) führte 1640 und 1650 zur **burlesken Parodie**: Sie will sich nicht durch *raffinement* und *élégance* der Sprache profilieren, sondern durch *grossièreté* von der Normalität abheben. Vulgär ist die Burleske allerdings nicht. Der überhöhend verklärt dargestellten Idealität aristokratischer Lebensweise wird die Lebensweise der bürgerlich-trivialen Wirklichkeit gegenübergestellt. Immer mehr der Wirklichkeit entrückte Genres werden burlesk parodiert, so der höfisch-galante Hirtenroman, der Abenteuerroman und das Epos.

Vertreter

Meister des burlesken Stils ist PAUL SCARRON (1610–1660): Sein burleskes Epos *„Le Virgile travesti"* (1648) stattet Götter und das Personal des Olymp sowie die Heroen mit allzu menschlichen Eigenschaften aus. Auch sein Komödiantenroman *„Le Roman comique"* (1651) gebraucht bewusst nicht die literatursprachlichen Normen, die *La Cour et la Ville* nunmehr befolgen.

Auch CHARLES SOREL (1599–1674), der Vertreter des **roman réaliste**, der eine Antihaltung gegenüber der *Bukolik*, den Hirten- und Schäferromanen einnimmt (das Adjektiv *réaliste* benennt hier das **Gegenkonzept zum idealistischen Roman**, der weit entfernt ist vom wirklichen Leben), hat mit seinen Romanen Kontakt zur Burleske. So im Roman *Francion* (1622), der zudem stark vom spanischen Schelmenroman beeinflusst ist. Für SOREL bedeutet die Burleske: *„faire raillerie de tout."*

8 Die wissenschaftliche Prosa

Descartes

Noch vor VAUGELAS' Eintreten hat die wissenschaftliche französische Prosa große Fortschritte gemacht: Sie bricht den Sektor der **Philosophie** aus der lateinischen Wissenschaftstradition heraus. Einen Markstein dieser Entwicklung stellt René Descartes (1590–1650) dar mit seinem *„Discours de la méthode"* (1637). Seit 1629 befindet er sich im Exil – seine Lehre war in Frankreich verboten – im freigeistigen Holland; 1649 beruft ihn die wissenschaftsbeflissene Königin CHRISTINE VON SCHWEDEN nach Stockholm, dort erliegt er dem rauen Klima des Nordens. Descartes verfasst den *„Discours"*: *„pour bien conduire sa raison et pour chercher la Vérité dans les sciences"*. Am Ende seines *„Discours"* äußert sich Descartes *expressis verbis* zur Sprachenfrage, zum Verhältnis von **Latein** und **Französisch als Wissenschaftssprache**:

„Und wenngleich ich in französischer Sprache, der meines Landes, lieber als in der lateinischen, der meiner Lehrer, geschrieben habe, so habe ich das deshalb getan, weil ich hoffe, dass diejenigen, welche sich nur ihrer natürlichen, ganz reinen Vernunft bedienen, besser über meine Ansichten urteilen werden als die, welche bloß an die alten Bücher glauben. Was aber die betrifft, welche gesunden Menschenverstand mit Studium verbinden – und sie allein wünsche ich mir als meine Richter – so werden sie, wie ich sicher bin, nicht so parteiisch für das Latein eingenommen sein, dass sie sich deshalb weigern sollten, meine Gründe anzuhören, weil ich sie in der Volkssprache auseinandersetze." (Dt. Übers. Leipzig: 1948:63 f.).

DESCARTES' französische philosophische Prosa besitzt für die weitere Zukunft **Modellcharakter**. Der Weg ist frei für das Französische anstelle des Lateins im Bereich der Philosophie. Dennoch verbleibt ein großer Teil der Wissenschaft im 17. Jh. noch bei der tradierten Wissenschaftssprache. Der Fraktionszwang der Wissenschaften erfordert noch Beibehaltung dieser Tradition. Ausbrüche aus der lateinischen *res publica litterarum* werden noch unnachsichtig geahndet.

Pascal

Trotz alledem führte Blaise PASCAL (1627–1662) den **mathematischen, theologischen** und **philosophischen Diskurs in französischer Sprache** weiter. Seit 1646 stand er in Verbindung mit den Jansenisten, gegen die Jesuiten. In seinen 18 Briefen an Provinziale, Vorsteher einer Ordensprovinz (*„Lettres provinciales"* 1656/57), gebraucht er das Französische ebenso wie in der *„Apologie de la religion chrétienne"*, die unvollendet blieb und unter dem Titel *„Pensées sur la religion chrétienne"* (1670) fragmentarisch publiziert wurde.

9 Die klassische französische Prosa

Repräsentanten

Für die weitere Entwicklung der französischen literarischen Prosa werden bestimmend:

JACQUES BÉNIGNE BOSSUET (1627–1704): Er ist der Meister der **Kanzelrede**, der oratorisch aufgebauten Prosa. Seine *Oraisons funèbres* (1662–1687) sind Grabreden auf hohe Persönlichkeiten; diese Reden gelten als perfekte Modelle der Rhetorik, der auf Wirkung bedachten Rede, voller Pathos und rationaler Klarheit. 1669 äußerte sich Bossuet in den *„Réflexions sur le style"* zur Stilproblematik; trotz allen Raffinements plädiert er für Schlichtheit.

MME DE SÉVIGNÉ (1626–1696): Der **Brief** ist eine typische literarische Kunstform des 17. Jh. Die Briefe sind bedeutsame kulturhistorische und sprachliche Dokumente der Epoche. Mme de SÉVIGNÉ verfasste über 1500 Briefe, Adressatin war ihre Tochter. Diese *Lettres* gelten als Meisterwerke der klassischen französischen Prosa; sie haben halboffiziellen Charakter, denn sie waren zur Veröffentlichung bestimmt; ihre Sprachform ist beeinflusst von der zeitgenössischen *langue parlée soutenue*.

MME DE LA FAYETTE (1634–1693): Für das 17. Jh. hat man die Romanproduktion auf 1200 Werke geschätzt. Eines der großen Meisterwerke der **Romanprosa**, die jetzt weitgehend frei ist von barocken, manieristischen Elementen der reichen Romanliteratur der ersten Hälfte des Jahrhunderts ist der Roman *„La Princesse de Clèves"* (1678). Hier dominieren die *mots nobles*, der kurze, knappe Stil. Indirekte Rededarstellungen überwiegen, Dialoge werden nur sparsam verwendet. Dieser Roman gilt als Modell des *roman classique*, er adelt ein Genre, das sonst im 17. Jh. keine offizielle Beachtung fand.

10 Der Höhepunkt der poetischen Literatursprache: Racine, Boileau

Racine

JEAN RACINE (1633–1699) befolgte strikt die poetologischen und stilistischen Regularitäten für die Tragödie; die **Normen** der *bienséance* und der *vraisemblance* werden gewahrt, die *langue noble* führte RACINE zur höchsten Vollendung. Auf dieser einmaligen Höhe ist sie dennoch einfach, unkompliziert, durchgefeilt. Der **Wortschatz** ist auf Grund der strengen Befolgung der Auswahlkriterien relativ arm und abstrakter Natur. Die Zahl der Wortschatzelemente, die Racine in seinem Gesamtwerk verwendet, übersteigt nicht die Zahl von 5000.

Die sprachliche und grammatische Korrektheit steht außer Zweifel, zudem hat Racine den Beistand des PÈRE BOUHOURS eingeholt, um *„Phèdre"* (1677) auch sprachlich vollendet zu präsentieren. Dass RACINE durchaus von der Preziosität beeinflusst ist, wurde oben bereits angedeutet. Zur **sprachlichen Meisterschaft Racines**, mit dessen Tragödien der Höhepunkt des klassischen französischen Theaters erreicht war, vgl. auch VOSSLER (1926).

Boileau

Von sprachlicher Meisterschaft zeugt auch NICOLAS BOILEAUS (1636 –1711) poetologisches Hauptwerk *„L'Art Poétique"* (1674), das erst entstand, nachdem die Hauptwerke des *classicisme français* bereits erschienen waren. Das Werk ist somit weniger eine Anleitung zum Schreiben, als eine Stellungnahme zu der einsetzenden Diskussion um den Vorrang der antiken oder der zeitgenössischen Dichtung (*Querelle des anciens et des modernes*), wobei BOILEAU die Unübertrefflichkeit der antiken Autoren betont. BOILEAUS Sprachform befolgte nicht vollständig die Normen der klassischen Sprachdoktrin. In der **Satzgliedfolge** gibt es Inversionen, also Abweichungen von dem *ordre direct (naturel)*. Auch der **Wortschatz** des *„Art Poétique"* weist Elemente auf, auf die die klassische Literatursprache sonst verzichtet. So findet sich *rhume* „Schnupfen", *se morfondre* „sich erkälten", *règle* „Lineal", *équierre* „Winkelmaß". Auch die Wendung *remettre l'ouvrage sur le métier (Chant I, vers 172)*[1] entstammt der Fachsprache der Handwerker. BOILEAU konsultiert zu Sprachfragen den in dieser Problematik kompetenten Sprachmeister OLIVIER PATRU (1604–1681), der seit 1640 Mitglied der *Académie Française* war und an deren Wörterbuch aktiv mitarbeitete.

---

1 Zitiert nach der von Schober (1968) edierten zweisprachigen Ausgabe der *„Art Poetique/Die Dichtkunst Boileaus"*.

Molière

MOLIÈRE (1622–1673) kannte alle Sprachformen und somit die Vielfalt des zeitgenössischen Französisch. Bis 1658 hatten ihn lange Jahre der Wanderschaft mit seiner Theatertruppe durch große Teile des Landes geführt. Er ist zudem fest verwurzelt in der Tradition des **französischen Volkstheaters**, der **Farcen** usw. 1658 kehrte er nach Paris zurück, und gewann die Gunst des Hofes und des Königs. Seinen ersten großen Erfolg errang er mit der einaktigen Prosakomödie *„Les Précieuses ridicules"*. Er liebt auch hier den Spaß, das Lachen, die **Satire**, die **Situationskomik**. Seine Sprache und sein Stil wurden von Zeitgenossen kritisiert.

Unter Bruch mit der Tradition schrieb MOLIÈRE **Komödien in Prosa**, so *„Avare"* (1668), *„Don Juan"* (1665), *„Le Malade Imaginaire"* (1673). In seinen 30 Komödien in Vers oder Prosa nutzte er einen **reichen Wortschatz**: 20.000 Elemente sind gezählt worden gegenüber den ca. 5000 Wörtern im Gesamtwerk von RACINE oder von CORNEILLE.

MOLIÈRE lässt seine Personen die **Sprache ihres sozialen Milieus**, ihres Alters sprechen. Dies gilt für die Sprachform der Dienstmädchen genauso wie für die der auftretenden Bauern. Auch die Ärzte, Apotheker, „Philosophen" sprechen die Sprache, die ihrem Metier entspricht. Sie sind meist *Pedanten*, sie produzieren oft ein Mischmasch aus Französisch und Latein. MOLIÈRE stellte sogar den **Dialekt** auf die Bühne; so etwa, wenn sich *la Picarde* und *la Languedocienne* jede in ihrem Dialekt mit M. de Pourceaugnac (Herrn aus „Schweinichen") streiten: *„M. de Pourceaugnac"* (1669). Dieses Stück ist eine **Farce**, wie *„Georges Dandin"* (1668) oder *„Le Médecin malgré lui"* (1666). Markant ist auch die Szene 1 des 2. Aktes von *„Don Juan"*, wo die Bauern Piarrot, Charlotte und Mathurin auftreten; ebenso in der *„Ecole des Femmes"* (Alain und Georgette). Eine Komödie des *genre noble* ist nur *„Don Garcie de Navarre ou le Prince Jaloux"* (1661).

MOLIÈRE verspottet in seinen Komödien bestimmte Fraktionen des Adels und des Bürgertums, und zwar die reaktionären Fraktionen beider sozialer Klassen.

La Fontaine

LA FONTAINE (1621–1695) nutzte eine ähnlich **breite Sprachskala** wie MOLIÈRE: sie reicht vom *style noble* bis hinunter zu saloppen Bezirken. Das literarische Genre, das er vor allem bevorzugt – *les Fables* – eröffnet neue Möglichkeiten. Die zwischen 1668 und 1694 publizierten zwölf Bücher mit Fabeln zeigen vollendete **Sprachbeherrschung**: Er kennt die glatte, raffinierte Sprache der Salons genauso gut wie die ungeschminkte Sprache des Volkes. LA FONTAINES Sprache ist – trotz MALHERBE – noch der Sprache des 16. Jh. und der ersten Hälfte des 17. Jh. verpflichtet. Bei ihm finden sich sprachliche Züge in Syntax und Lexik, die sonst nach 1660 nicht mehr begegnen.

Sein **Wortschatz** ist **archaisch gefärbt** (z. B. *j'ai souvenance* in der Fabel *„Les animaux malades de la Peste"*), auch derbe Wörter kommen vor. LA FONTAINE gebraucht archaischen Wortschatz und macht ihn wieder lebendig in seinen Fabeln, es erfolgt eine *résurgence* solcher Wörter – etwa *alléché* „angezogen" in der bekannten Fabel *„Le corbeau et le renard"* (vgl. STEFENELLI 1987).

Auch seine *„Contes"* – das sind erzählende Kurzformen in Vers (oder Prosa) – erinnern an die Sprachtradition RABELAIS' und MAROTS. Vor allem die Fabeln – BOILEAU kennt im *„Art Poétique"* (1674) das Genre „Fabel" nicht! – sind Musterbeispiele der Sprachkunst LA FONTAINES.

LA FONTAINE setzt in den Fabeln bereits meisterhaft alle möglichen Formen der **Rede- oder Gedankendarstellungen** ein: *discours direct, discours indirect, discours indirect libre*.

In den Fabeln verwendet er den sogen. *vers mêlé* (oft auch *vers libre* genannt): d. h. es werden alle Verslängen in der Strophe eingesetzt – vom Dreisilber bis zum Zwölfsilber (Alexandriner).

12 Vom *honnête homme* zum *commerçant-honnête homme*

Honnêteté

Bis ca. 1665 dominierte das **Gesellschaftsideal** der *honnêteté*, dem die *noblesse* und die zu ihr Aufgestiegenen aus dem Bürgertum zu entsprechen suchten. Dieses höfisch-aristokratische Courtisan-Ideal, dessen Wurzeln bei dem Italiener CASTIGLIONE (1478–1529) in dessen *„Cortigiano"* (1528) – NICOLAS FARET (1596–1646) hatte mit seinem Handbuch *„L'honnête homme ou l'art de plaire à la cour"* (1630) diesen Einfluss vermittelt – und in den *„Essais"* von MONTAIGNE liegen, impliziert: **Inaktivität, Berufslosigkeit, gesellschaftliche Funktionslosigkeit**; es führt zu *repos, oisiveté, fainéantise, paresse*. Dieses **Ideal der Inaktivität** wird nach dem spektakulären Sturz des Finanzministers NICOLAS FOUQUET (1615–1680) und dessen Ersetzung durch COLBERT (1629–1683) im Jahr 1665 obsolet. Die Monarchie LOUIS XIV bedurfte dringend der wirtschaftlichen Stärkung, der Verbesserung der Produktionstechniken durch Manufakturen und Handel. Daran hatte sich nunmehr auch die noblesse zu beteiligen. Gefragt sind jetzt **activité, utilité, travail**, also der *commerçant-honnête homme*, dessen neues **Aktivitätsideal** der Großkaufmann und Ökonomist JACQUES SAVARY (1622–1690) in der COLBERT gewidmeten Schrift *„Le parfait négociant"* (1675) beschrieben hatte.

Académie des Sciences

Colbert gründete in diesem Kontext 1666 die naturwissenschaftlich und technologisch orientierte *Académie des Sciences*. 1665 war bereits die Fachzeitschrift *„Journal des Savants"* begründet worden.

Frühauf-klärung	Beide Ereignisse befördern nachdrücklich den **wissenschaft-lichen Fortschritt**. Die *Académie des Sciences* wurde zum Hort der Frühaufklärung. An ihrer Spitze stehen bald Genies vom Range eines PIERRE BAYLE (1647–706) und FONTENELLE (1657–1757). Beide Autoren bewirken den Schulterschluss zwischen schöner Literatur und exakter Wissenschaft, somit zwischen **traditioneller klassi-scher Literatursprache** und **fachsprachlichem Diskurs**.

Es geht jetzt in der Frühaufklärung – wie es KALVERKÄMPER (1989) treffend schon im Titel einer Arbeit über FONTENELLE formuliert hat – um die „kolloquiale Vermittlung von Fachwissen". Ein Muster-beispiel dafür sind eben FONTENELLES *„Entretiens sur la pluralité des mondes"* (1686), die KALVERKÄMPER (1989) und (1996) detailliert untersucht hat.

Querelle des Anciens et des Modernes	FONTENELLE stand als Repräsentant des **modernen, naturwissen-schaftlich untermauerten Weltbildes,** von GALILEI besonders be-einflusst, in der 1687 erstmals in der *Académie Française* losbre-chenden *Querelle des Anciens et des Modernes* nicht zufällig auf der Seite der *Modernes*, gegen die Vertreter der *Anciens* wie RACINE, BOILEAU und LA BRUYÈRE, die die Epoche des römischen Kaisers AUGUSTUS noch immer höher bewerteten als den *siècle de LOUIS XIV*.

13 Die Lexikographie

Fachwort-schätze	Die Lexikographie nimmt zunächst den enormen Zuwachs an **fachsprachlichen Neuwörtern** der **Technologien** und **Natur-wissenschaften** noch kaum zur Kenntnis.

PIERRE RICHELETS zweibändiger *„Dictionnaire françois contenant les mots et les choses"* musste 1680 – wegen des königlichen Privilegs (1674) der Akademie, Wörterbücher zu publizieren – in Genf er-scheinen.

ANTOINE FURETIÈRES noch reichhaltigerer *„Dictionnaire universel contenant généralement tous les mots français tant vieux que moder-nes et les termes de toutes les sciences et des arts"* wurde 1690 in drei Bänden in Den Haag und in Rotterdam verlegt.

Nur THOMAS CORNEILLE, der seit 1684 Mitglied der Akademie war, erhielt die Genehmigung, seinen umfassenden *„Dictionnaire des Arts et des Sciences"* 1694 in Paris zu veröffentlichen. Dieses Wör-terbuch ist vor allem eine Bestandsaufnahme des technologi-schen Vokabulars und damit eine wichtige Quelle und ein Vor-läufer für DIDEROTS und D'ALEMBERTS große *„Encyclopédie"*, die Kampfmaschine der französischen Aufklärung.

Auch die mehrbändigen Wörterbücher der Jesuiten von Trévoux, die seit 1704 bis 1771 erscheinen und einen Gegenpol zur Enzyklopädie darstellen, stehen in dieser Tradition.

Der ebenfalls 1694 erscheinende „*Dictionnaire de l'Académie Française*" (Ac 1694) bleibt indessen – wie POPELAR (1976) gezeigt hat – mit seinen 20000 Einträgen, die noch nach Wortfamilien geordnet sind (wenn auch mit Einschränkung, vgl. LINDEMANN 1997) das Wörterbuch des *honnête homme* alter Provenienz. Ac 1694 gibt zu den etwa 20000 Einträgen keine Autorenzitate, sondern ad-hoc-Belege der Mündlichkeit von La Cour, dem „*modèle de la langue*". Das jeweilige Lemma bietet ein Grundlexem, dem dann die Wortfamilie zugeordnet wird; z. B. *chemin*: darin auch *cheminer, acheminer, s'acheminer, acheminement.*

Es nimmt nicht wunder, dass FÉNELON (1651–1715) 1714 in seiner berühmten „*Lettre à l'Académie*" die allzu starke Beschneidung der sprachlichen Mittel der französischen Sprache durch die Akademie bitter beklagt. Fénelon war einer der ersten, der leidenschaftlich gegen das herrschende Neologismusverbot auftrat.

14 *Le Parlé dans l'Ecrit* im 17. Jh.

Mündlichkeit

Wir haben oben dargestellt, dass es im 17. Jh. wegen der bewussten Reglementierung und Normierung der Hochsprache und der Literatursprache zu einer Scheidung, einer *scission* zwischen dieser Sprachform und den umgangssprachlichen Varietäten gekommen ist *(S. 122)*. Diese unterliegen praktisch nicht diesen Regelungen. Sie entwickeln sich weitgehend unbeeinflusst weiter und setzen damit auch die Mündlichkeit der vorausgehenden Jahrhunderte in „Stafettenkontinuität" fort. Die **Mündlichkeit des 17. Jh.** kann nun jedoch in Texten der Schriftlichkeit „durchschimmern" und damit das bestätigen, was von den zahlreichen „*Remarques*", „*Observations*" und „*Doutes*" und von den Grammatikern oder Lexikographen beiläufig zur Mündlichkeit mitgeteilt wird.

Mazarinades

Von MOLIÈRES Komödien war bereits die Rede. Auch die sogen. *Mazarinades*, die in der Zeit der *Fronde* den Minister in Form von Pamphleten, Invektiven, Burlesken oder Satiren angriffen (etwa 5000 sind überliefert) enthalten viel „Mündlichkeit". Dennoch bleibt es schwierig, genauere Aussagen über die Strukturen der gesprochenen Sprache auch für das 17. Jh. zu machen. Eine Darstellung der Geschichte des gesprochenen Französisch steht noch weitgehend aus. Einen ersten Versuch stellt Schlieben-Lange (1983) dar.

Dennoch gibt es im 17. Jh. Texte, die im *Ecrit* das *Parlé* deutlich zeigen und damit wertvolle Einblicke in die **Strukturen der Mündlichkeit** erlauben.

Aus der Umgebung von Paris sind überliefert die *„Agréables conférences de **deux paysans de Saint-Ouen** et de Montmorency sur les affaires du temps"*. Der anonym überlieferte Text stammt aus den Jahren 1647 bis 1659, also aus der Zeit der *Fronde* (vgl. die kritische Ausgabe von DELOFFRE 1961). Er verschriftet in erheblichem Maß die sprachlichen Eigenheiten der **Pariser Umgangssprache**. Die in diesem Text enthaltenen Aufschlüsse zur zeitgenössischen Aussprache hat ROSSET (1911) untersucht; NISARD (1872) hatte das Werk bereits herangezogen, um *le langage populaire ou patois de Paris et de sa banlieue* darzustellen.

Aufschlüsse über die Mündlichkeit zu Beginn des 17. Jh. vermittelten die **Tagebücher** von JEAN HÉROARD (1561–1628), der Leibarzt des Dauphins und späteren LOUIS XIII war. HÉROARD gibt in dieser *„Histoire particulière de Louis XIII"* einen Einblick in die sprachliche Entwicklung des Dauphin vom fünften bis neunten Lebensjahr. Beschrieben wird also ein **Idiolekt**, das sprachliche Verhalten einer einzelnen Person. Dort spiegelt sich zwar die Umgebung, dennoch muss Vorsicht walten bei der Auswertung dieses wichtigen Dokuments (vgl. dazu ERNST 1985 und FOISIL 1989).

Einblicke in die französische Mündlichkeit, speziell der Aussprache, gegen Ende des 17. Jh. vermittelt auch das Werk von GILE VAUDELIN. Dieser war ein reformierter Augustinermönch in Paris, der das Sprachleben intensiv beobachtet hat. 1692 übersandte er der Académie Française ein Exposé seines Vorschlags zur **Orthographie-Reform**. 1694 wurde er von der *Académie* belobigt. 1712 wurde das Werk (mit z. T. neuartigen Buchstaben) unter dem Titel *„Nouvelle manière d'écrire comme on parle en France"* publiziert (vgl. COHEN 1946; 1954).

15 Neuer Lehnwortschatz im 17. Jh.

Das grundsätzliche **Neologienverbot** beschränkte im 17. Jh. den weiteren massenhaften Einbruch von Lehnwörtern in die **Allgemeinsprache** (nicht aber in die Fachsprachen, die weiter aus dem Latein schöpfen: z. B. *observation, télescope, microscope, molécule, déisme, quiétisme*).

Der italienische Einfluss war am Hof noch immer spürbar: Ende des 15. Jh. hatte in Florenz die Geschichte der **Oper** begonnen, Claudio Monteverdi (1567–1641) setzte sie fort, Venedig erhielt das erste ständige Opernhaus. Dies wirkte sich auf Frankreich aus: MAZARIN führte die italienische Oper in Frankreich ein, damit auch den Neologismus *opéra* (1646). Neueste Forschungen haben ergeben, dass im 17. Jh. mindestens **133 Italianismen** im Französischen Fuß gefasst haben, von denen sogar 49 in *Ac 1694* registriert sind, so *salon, bravoure, attitude, bandit, coupole, élève, miniature, réussite, tartuffe* (vgl. BRAY 1997).

Türkisch

Direkt aus dem Türkischen (nicht über das Italienische) wird 1651 der Name eines neuen Produkts übernommen: **le café** (in verschiedenen Graphien zunächst *cauueh, cafeh, caphé, caffé*). (Dazu ARVEILLER 1963). Im Jahre 1671 erschien von P. DUFOUR ein Traktat *„De l'usage du caphé, du thé et du chocolate"*. 1686 wurde das erste Pariser Kaffeehaus von dem Sizilianer FRANCESCO PROCOPIO DEI COLTELLI eröffnet: das berühmte, bis heute existierende *Procope* in der *Rue de l'Ancienne Comédie No 13*. Das *Café de la Régence* wurde 1681 an der *Place Royale* gegründet. Im 18. Jh. wird auch dieses Café zum Treffpunkt der Aufklärung (vgl. Diderots *„Neveu de Rameau"*). Von *café* erfolgen die ersten Ableitungen: *cafetier* (1696) „Kaffeehausbesitzer"; *cafetière* (1690) „Kaffeekanne".

Malayisch

Das Neuwort **le thé** (1652) übernahm das Französische aus dem Malayischen, das dieses Wort seinerseits aus Südchina (*té*, in Nordchina *tcha*) entlehnt hatte. Von Asienreisenden wurde auch *la caste* (1615) vermittelt, das das indische Kastensystem bezeichnet.

16 Weiteres zur innersprachlichen Entwicklung im 17. Jh.

Phonisches

Bis ins 17. Jh. ist das **r roulé** orthoepische Norm in Frankreich; im Verlauf des 17. Jh. wird es jedoch durch das **r grasseyé** , den *usage de la Cour*, ersetzt.

Morpho-syntax

Im 17. Jh. wird schwankender Sprachgebrauch, der oft noch Nuancierungen erlaubte, zugunsten klarer Verhältnisse in der Hoch- und Literatursprache geordnet. VAUGELAS, MÉNAGE und andere greifen ein in die sprachlichen Gegebenheiten. Im 17. Jh. erschienen neben der **Grammatik von Port-Royal** (1660) *(s. S. 124)* mehrere andere **Grammatiken**:
- 1607, ²1618: CHARLES MAUPAS, *„Grammaire et syntaxe françoise, contenant reigles bien exactes & certaines de la prononciation, orthographe, construction & usage de nostre langue, en faveur des estrangiers qui en sont desirieux"*.
- 1632: ANTOINE OUDIN, *„Grammaire françoise rapportée au langage du temps"*.
- 1659: LAURENT CHIFFLET, *„Essay d'une parfaite grammaire de la langue françoise"*.

Eingriffe erfolgten hauptsächlich in folgenden Bereichen:
- **Wortstellung**: klare Entscheidung für die Topologie **S-P-O**, also für den inversionslosen Typ.
- **Modus im Konzessivsatz**: nach den konzessiven Konjunktionen *quoique, bien que, encore que* usw. waren bislang *indicatif* und *subjonctif* möglich. Das Spiel der Modi wird beseitigt.

MÉNAGE entscheidet sich 1672 obligatorisch für den *subjonctif* (vgl. KLARE 1958).

- **Modus nach den Verben des Affekts:** der üblichere *indicatif* wird durch den *subjonctif* nach 1650 weitgehend verdrängt.
- **Modus nach den Verben des Sagens, Glaubens und Denkens:** bis 1650 sind beide Modi vorhanden, Spiel der Modi möglich im Hinblick auf den Gültigkeitswert des Ausgesagten. Nunmehr die Fixierung: *il croit qu'il est venu; il ne croit pas qu'il soit venu*.
- **Participe présent:** 1679 trifft die *Académie* mit 10 gegen 6 Stimmen folgende Regelung: une femme *aimante* aber: *une femme aimant ses enfants*.
- **Verbparadigmen:**
  - In der Graphie wird *-s* als Kennzeichen der 1. Ps. sg. der Klasseverben der 2. – 4. Konjugation weitgehend durchgesetzt: *je voi > je vois; je sai > je sais; je dor > je dors; je chantoi > je chantois* [ɛ].
    Die Graphie *-ois* wird beibehalten bis 1835: *Ac 1835* (6. Auflage) entscheidet sich dann für die Graphie *-ais*.
  - VAUGELAS 1647 empfiehlt für das Verbum *aller* im *présent* die Konjugation *je vas* und nicht (heutiges normatives) *je vais, tu vas, il va*. Die *langue parlée négligée* bewahrt bis heute *j'vas*. In der Bauernszene in MOLIÈRES *„Don Juan"* (II/1) finden sich die saloppen Formen nicht nur für *aller*, sondern auch für *avoir*: *j'vas, j'allons ; j'avons, ils avont*.

2 Das 18. Jahrhundert

Eckdaten

Die Periodisierung mit der Jahrhundertzahl ist auch hier nicht unproblematisch. Wichtige Eckdaten, die diese Periode außersprachlich bestimmen, sind das Ende der Ära des Roi Soleil, der Tod LOUIS XIV **(1715)** und die revolutionären Ereignisse von 1789, die mit der Restauration der Herrschaft der Bourbonen 1815 endeten.

1 Historische und gesellschaftliche Voraussetzungen des *Siècle des Lumières*

Aufklärungsdiskurs

Im 18. Jh. erreichte die Aufklärungsbewegung, die als Frühaufklärung schon im letzten Drittel des 17. Jh. begonnen hatte, ihren Höhepunkt in Frankreich. Der Diskurs um Sprachkultur, Sprachpflege, sprachliche Normen, um das Verhältnis von Sprache und Denken, um die vielbeschworene *clarté* der französischen Sprache erhielt eine neue Qualität, nicht zuletzt wegen des außerordentlichen Prestiges, das die französische Sprache in ganz Europa, in Preußen ebenso wie in Russland, genoss.

Ruinierung der Staatsfinanzen

Schon vor 1715 stand Frankreich vor dem wirtschaftlichen Ruin. LOUIS XIV Nachfolger, sein fünfjähriger Urenkel, wurde durch die Regentschaft des DUC D'ORLÉANS vertreten (*Régence* 1715–1723). Die 1716 begonnenen Geldmanipulationen des Schotten JOHN LAW endeten 1720 mit dem Bankrott seiner *Banque générale*.

1723 übernahm LOUIS XV selbst die Macht, die er bis 1774 ausübte. Es folgten Kriege um die polnische und österreichische Erbfolge. Die Belastung der Bauern und Handwerker, der Manufakturen wurde immer unerträglicher; Steuern wie die *taille*, die *gabelle*, der *impôt de capitation* („Kopfsteuer"), *le vingtième* (der „Zwanzigste") bedrückten das Land. Der Hof schwelgte indessen im Prunk, LOUIS XV wurde beherrscht von seiner Maîtresse MME DE POMPADOUR (1721–1764) und deren Günstling CHOISEUL, der bis 1770 die Außenpolitik bestimmte. Mit den Engländern wurden von 1755 bis 1763 Kolonialkriege in Nordamerika geführt; 1763 verlor Frankreich seine Territorien auf dem amerikanischen Festland. Das Französische der *Nouvelle France* in Kanada verlor den direkten Kontakt, auch den sprachlichen, zum Mutterland. 1776 ruinierte Frankreich seine Staatsfinanzen weiter durch die Beteiligung am nordamerikanischen Unabhängigkeitskrieg.

Publikationsverbot

1757 erneuerte ein Edikt die Todesstrafe gegen alle Autoren von Büchern, die ohne Genehmigung veröffentlicht wurden. Die Bücher selbst wurden verbrannt, so die Werke von HOLBACH und HELVÉTIUS, die Naturgeschichte von BUFFON und die Bände der ENCYCLOPÉDIE. Dennoch kursierten sie weiter, illegale Druckereien sorgten für Nachschub, ebenso milde Zensoren und die Protektion durch MME DE POMPADOUR.

Louis XVI

1774 nach dem Tode LOUIS XV, übernahm sein Enkel als LOUIS XVI die Macht (1774–1793). Neue Minister sollten die Misere der Wirtschaft des Landes beseitigen: TURGOT und ab 1777 der Schweizer Bankier JACQUES NECKER, der Privilegien und Geldverschwendung durch den Hof anprangerte, unterstützt vom TIERS ÉTAT. NECKER wurde von der Hofkamarilla 1781 gestürzt; 1788 kam er jedoch wieder ins Amt des Finanzministers, um den **Bankrott des Feudalsystems** abzuwenden, was ihm nicht gelang.

Gründung der *Assemblée Nationale*

1788 erfolgte die Einberufung der *Etats généraux*, die seit 1614 nicht mehr zusammengetreten waren: Adel und Geistlichkeit traten 1789 an mit je dreihundert Deputierten, der *Tiers Etat* mit 600 (statt wie üblich 300!). Am 17. Juni 1789 erklärte sich der Dritte Stand zum Vertreter der gesamten Nation, zur *Assemblée Nationale*: 96 % der Gesamtnation gehörten zum *Tiers Etat*.

Sturm auf die Bastille	1789: Mit dem Sturm auf die Bastille begann die **Grande Révolution** mit ihrer wechselvollen Geschichte. Das *Ancien Régime* bricht zusammen. In der Restauration wird es später dann teilweise reetabliert.
Aufklärung	Unter dem Begriff der Aufklärung werden verschiedene **philosophische** und **weltanschauliche Strömungen des Bürgertums** zusammengefasst. Das Bürgertum konstituierte sich aus verschiedenen Gruppierungen von der *Großbourgeoisie* bis zu *plebejischen Schichten*, die eine Vielfalt von kontroversen Ideen hervorbringen. Gemeinsam ist diesen Strömungen eine **anti-absolutistische Haltung**. In der Aufklärung wurde erkannt, dass **gesellschaftlich-soziale Prozesse** nicht nach den gleichen Regularitäten verlaufen wie die Prozesse in der Natur. An die Stelle der bislang zyklischen Geschichtstheorie trat die Idee vom ununterbrochenen Fortschritt. Die *idée du progrès* wurde vor allem durch die **Querelle des Anciens et des Modernes** befördert, deren Anfänge bis in das 16. Jh. ragen, massiv aber ab 1687 und ab 1711 einwirken.

Die **„Modernes"**, unter ihnen das Haupt der Frühaufklärung FONTENELLE (1657–1757) und CHARLES PERRAULT (1628–1703) vertraten die Auffassung: Mit jeder neuen Generation gibt es einen Zuwachs an Erkenntnis und Fortschritt.

Die **„Anciens"** dagegen stellten fest: Die Antike stellt den absoluten Höhepunkt menschlicher Kultur dar (*Anciens* sind u. a. RACINE, LA FONTAINE, LA BRUYÈRE, BOSSUET, FÉNELON).

In dem Werk *„Esquisse d'un tableau des progrès de l'esprit humain"* (1793) von CONDORCET (1743–1794) – es ist sein geistiges Testament, CONDORCET wird 1794 verhaftet und wahrscheinlich im Gefängnis umgebracht – erreichte die Fortschrittstheorie der Aufklärung ihren Höhepunkt. CONDORCET war Mathematiker, Mitglied der *Académie des Sciences*, der ACADÉMIE FRANÇAISE, der Berliner Akademie. Er war Anhänger der Republik. |
| **Französische Gesellschaft** | Frankreich hatte 1715 etwa 19 Millionen Einwohner; 1789 waren es bereits 25–26 Millionen, davon bildeten ca. 300 000 die *noblesse* und ca. 130 000 die *clergé*. Der überwältigende Rest wurde von der *classe des roturiers (la roture)* gebildet, die in sich stark differenziert war vom *grand et opulent bourgeois* bis hin zu den *petits artisans* und den *paysans*. |

2 „L'Encyclopédie" Diderots und D'Alemberts

Mentalitäts-geschichte	Das herausragende Werk der französischen Aufklärung ist ein *Dictionnaire de choses* oder eine *Encyclopédie* (RABELAIS hatte 1532 diesen Neologismus im Französischen eingeführt), es setzt Maßstäbe für die moderne Lexikographie. Der Titel des Werkes ist be-

zeichnend: *„Dictionnaire raisonné des sciences, des arts et des métiers"*.

Die rasante Entwicklung der Produktivkräfte, der Wissenschaften und der Technologien erforderte eine **Systematisierung** und eine **Fixierung**. Dieser Aufgabe unterzog sich unter Leitung von DIDEROT und D'ALEMBERT ein Kollektiv von über 180 namentlich bekannten Autoren verschiedener weltanschaulicher Ausrichtung. Die meisten Autoren sind begüterte Gelehrte, auch Adlige *(gens titrés)* sind darunter, sogar Geistliche, so der ABBE YVON (1714–1791), der wegen seiner Artikel *âme, athées* und *Dieu* des Landes verwiesen wurde; der ABBÉ DE PRADES (1720–1782) wurde wegen seiner theologischen Artikel exkommuniziert. Im Artikel *encyclopédie*, den DIDEROT selbst verfasst hat, benennt er die Autorenschaft; dies ist *„une societé de gens de lettres et d'artistes; des hommes liés par l'intérêt général du genre humain et par un sentiment de bienveillance réciproque"*.

| Zielsetzung | Als Ziele werden angestrebt |

Als Ziele werden angestrebt
- Darstellung des gesamten Wissensstandes der Zeit, Vorlage einer Bilanz für folgende Generationen, Weiterreichung des Wissensthesaurus;
- Praxisbezogene Darstellung, auch zur Verbreitung aufklärerischen Denkens;
- Beförderung des Fortschritts; Adressat des Werkes ist *un public éclairé*.

Quellen

Als Quelle wird eine reiche **Fachliteratur** herangezogen, darunter bedeutende lexikographische Vorgänger.

Wirkung

Die *„Enzyklopädie"* begann 1751 zu erscheinen, Band 1 u. a. mit dem *Discours préliminaire* von D'ALEMBERT. Bis 1780 wurden 35 Bände veröffentlicht (17 *volumes de textes*, 11 *volumes de planches*, 5 *volumes de supplément*, 2 *volumes de registre*). Das Werk wurde sofort Zielscheibe der **klerikalen Kritik** wegen Bedrohung des theologischen Weltbildes und seines insgesamt subversiven Charakters. Der *Dictionnaire raisonné* erhielt **politische** und **nationale Dimension**. 1759 verdammte Papst CLEMENS XIII. das Werk. Das Werk wurde zensiert, immer wieder verboten, der Druckgenehmigung beraubt und sogar des Plagiats bezichtigt.

Meinungsverschiedenheiten

Es gibt auch Streit unter den bedeutenden Mitarbeitern, D'ALEMBERT zieht sich 1758 zurück, auch VOLTAIRE; es kommt zu Kontroversen über den Inhalt bestimmter Artikel, so über den Artikel *Genève* mit ROUSSEAU. Es herrscht Meinungsvielfalt, auch in ökonomischen Grundfragen: DIDEROT unterstützt den *mercantilisme*, TURGOT und QUESNAY dagegen Grundsätze der Doktrin der *physiocrates*. ROUSSEAU stimmt in seinem Artikel *économie politique* gegen die *monarchie absolue* für einen *gouvernement populaire*, während

DIDEROT Anhänger der Monarchie bleibt. DIDEROT greift nie in den Wortlaut der ihm übergebenen Manuskripte ein, nur der Verleger LE BRETON hat manches Manuskript vor allem der letzten zehn Bände entschärft.

Dimensionen

DIDEROT organisiert das ganze Unternehmen zusammen mit dem Verleger LE BRETON wie ein **ökonomisches Großprojekt**; es wird finanziert durch mehr als 4000 Subskribenten; neben den ca. 180 wissenschaftlichen Mitarbeitern waren mehr als **1000 Handwerker** beschäftigt (Drucker, Buchbinder, Kupferstecher für die Tafelbände).

Ein vollständiges **Exemplar** der *„Enzyklopädie"* kostete ca. 900 Livres (bis 1796 war dies die Einheit des französischen Münzsystems, ein Livre zerfiel in 20 Sous; ein Louisdor = Pistole hatte den Wert von 15 bis 20 Livres). Die **gesamten Herstellungskosten** des Werkes beliefen sich auf die gigantische Summe von **1.160.000 Livres**. DIDEROT war stets in Geldnot, er verkaufte sogar seine Bibliothek an KATHARINA II.; vertragsgemäß gingen die Bibliothek und die Manuskripte nach DIDEROTS Tod (1784) nach Sankt Petersburg.

Alle **Wissensgebiete** werden erfasst.

Aufbau

Die Lemmata sind **alphabetisch** geordnet. Die durch die alphabetische Anordnung der Stichwörter gestörten Zusammenhänge werden durch zahlreiche Querverweise *(renvois)* überwunden.

Der *style encyclopédique* nutzt dieses System: die berühmten antiklerikalen Ideen stehen nicht unter den Lemmata wie *âme, athée, déiste,* dieu, sondern mit polemischer Schärfe an versteckten Stellen wie *aigle, influence, prostituer, prostitution, scandaleux.*

Wie im *„Dictionnaire"* von PIERRE BAYLE (1696) werden in verschiedenen Artikeln bewusst sich widersprechende Meinungen gegenübergestellt, die sich damit sogar gegeneinander aufheben.

Die meisten Artikel sind vom Verfasser unterschrieben; aber es gibt auch Artikel, die wegen der Zensur und wegen der Gefahren für den Autor anonym publiziert worden sind (so der Artikel *tolérance*).

Fachwortschatz

Die *„Encyclopédie"* ist aber nicht nur ein **Sachwörterbuch**, sie ist auch ein *Dictionnaire de langue*. Die gigantischen Wortschätze der Naturwissenschaften, des Handwerks und der Technologien, der Geistes- und Sozialwissenschaften des 18. Jh. sind hier lexikographisch erfasst. DIDEROT schrieb selbst über 1000 Artikel zu den *arts mécaniques,* zu *la morale, l'esthétique;* ROUSSEAU schrieb musikwissenschaftliche Artikel, MONTESQUIEU nur einen einzigen: *goût;* Voltaire liefert bis 1758 43 Artikel zur *critique littéraire.* DIDEROT schrieb den Artikel *bas:* er studierte genau die ersten Wirkmaschinen zur Herstellung von Seidenstrümpfen, er konsultierte Facharbeiter.

An revolutionären Umsturz, an Gewalt gegen das herrschende Regime dachten die Autoren der *„Encyclopédie"* nicht; sie treten ein für Reformen. Politische Freiheiten für das Volk werden kaum eingefordert. Der Verlauf der historischen Ereignisse am Ende des 18. Jh. hat die politische Position der *„Encyclopédie"* schnell überholt. Bis 1789 wurde die *„Encyclopédie"* in 15 000 bis 20 000 Exemplaren über ganz Europa verbreitet.

Trotz aller Divergenzen in weltanschaulicher Hinsicht ist man sich einig in dem Vertrauen auf die Möglichkeiten der aus theologischen Bindungen befreiten **menschlichen Vernunft**; das Tribunal der *raison* entscheidet. Der Kampf gilt den *préjugés*, der *superstition*, dem *fanatisme* und allem dem, was sich dem *progrès* in den Weg stellt.

Die *„Encyclopédie"* enthält verschiedene sprachtheoretische Artikel, sie stammen vor allem von DU MARSAIS (1676–1756) und NICOLAS BEAUZÉE (1717–1789), die dem rationalistischen und nicht dem sensualistischen Standpunkt verpflichtet sind. So wird im Artikel *alphabet* (von DU MARSAIS) u. a. die Problematik der Orthographiereform aufgeworfen. Ein langer Artikel zur *étymologie* wurde von TURGOT verfasst. VOLTAIRE schrieb den Artikel *français* (über die französische Sprache); über *néologique* handeln BEAUZÉE und DOUCHET; *grammaire* stammt von DU MARSAIS.

Nach der Revolution und in der Restauration wurde sogar eine philosophisch, religiös und politisch entschärfte Fassung der *„Enzyklopädie"* publiziert, also Rücknahme der Positionen der Aufklärung: *„Encyclopédie méthodique"* in 192 Bänden Paris/Liège 1782–1832. Der Verleger PANCKOUCKE gibt die alphabetische Anlage auf und ordnet nach Sachgruppen, die alphabetisch aufgelistet werden. Vgl. MONRÉAL-WICKERT (1977), PROUST (1962; 1965), SWIGGERS (1983).

3 Die Lexikographie neben der „Encyclopédie"

Vertreter

Die Lexikographie des 18. Jh. wird von der *„Enzyklopädie"* beherrscht. Neben und nach ihr entstanden jedoch weitere Wörterbücher der französischen Sprache, die ein eigenes Profil aufweisen.

„Dictionnaire universel françois et latin" 3 Bände, 1704 in erster Auflage von den Jesuiten von Trévoux. Es wurde erarbeitet auf der Basis des *„Dictionnaire universel"* (1690) von FURETIÈRE. Die Patres haben das Wörterbuch bis 1771 wiederholt überarbeitet und wesentlich erweitert; sie hielten es auf dem Laufenden, sie nahmen zahlreiche neue Wörter und Bedeutungen auf. Weltanschaulich ist es der Gegenpol zur *„Enzyklopädie"*. Die 8. Auflage von 1771 umfasst 8 Bände.

„La Justesse de la langue françoise ou les différentes significations des mots qui passent pour synonymes" 1718 von Abbé GABRIEL GIRARD (1671–1747). Die 2. Auflage erschien mit verändertem Titel 1736: *„Synonymes françois. Leurs différentes significations et le choix qu'il en faut faire pour parler avec justesse"*. Dieses Wörterbuch begründet die distinktive Synonymie, d. h. die Wörter einer synonymen Reihe werden nicht kumulativ nebeneinander gestellt, sondern es werden detailliert die sie unterscheidenden Momente bestimmt. Für GIRARD sind die Synonyme verbunden durch eine gemeinsame *idée principale*, sie unterscheiden sich jedoch durch die jeweiligen *idées accessoires*, die jedem Wort seine eigene *valeur* hinsichtlich des kontextuellen Gebrauchs verleihen. Für GIRARD gibt es keine Bedeutungsidentität, also keine *synonymie totale*, sondern nur eine *synonymie partielle*. Mit GIRARD wird die wissenschaftliche Synonymieforschung begründet; NICOLAS BEAUZÉE setzt sie 1769 fort.

„Dictionnaire comique, satyrique, critique, burlesque, libre et proverbial" (1718) von PHILIBERT-JOSEPH LEROUX. Dieses in Lyon erschienene Wörterbuch, das erweitert bis 1786 immer wieder aufgelegt wird, enthält den Wortschatz umgangssprachlicher Varietäten, die in den modernen Wörterbüchern nicht erscheinen. Es gilt als eines der ersten Argotwörterbücher.

„Dictionnaire néologique à l'usage des beaux esprits du siècle" (1726, [2]1750) von DESFONTAINES (1685–1745). Für DESFONTAINES als Ancien bleiben die Klassiker des 17. Jh. das sprachliche Modell; deshalb attackiert er satirisch die „modernen" Neuwörter, die in der Gesellschaft und Wissenschaft zirkulieren. DESFONTAINES nimmt einen wichtigen Platz im Neologienstreit ein.

„Dictionnaire philosophique portatif" (1764) von VOLTAIRE. VOLTAIRES Interesse galt vor allem philosophischen und theologischen Problemen; ausgehend von seiner rationalistischen Konzeption der Aufklärung bekennt er sich zu Toleranz, Gedankenfreiheit, Deismus gegen Atheismus und politische Tyrannei.

„Dictionaire critique de la langue françoise" (1787) von JEAN-FRANÇOIS FÉRAUD (1725–1807). Es erschien in 3 Bänden in Marseille. Dieses Wörterbuch ist neben der *„Enzyklopädie"* das wichtigste lexikographische Werk der 2. Hälfte des 18. Jh., insbesondere wegen der Herausarbeitung des soziolinguistischen Differentials, also der soziolektalen Schichtung des französischen Wortschatzes. Dem Wörterbuch ist eine *Préface* von 15 Seiten beigegeben, in der FÉRAUD seine **Zielstellung** erläutert:

■ Differenzierte Beschreibung des zeitgenössischen französischen Sprachgebrauchs für Leute aus der Provinz, für *jeunes gens* und für *étrangers*.

■ Geboten wird nicht nur der *Bon Usage*, sondern auch die anderen *niveaux de langue* werden berücksichtigt, ebenso Stilebenen bis zum *style burlesque, marotique, le bâs comique, barbare, familier*. Markant ist somit das soziolektale Herangehen, die Beachtung der Sprachvarietäten.

■ Das Wörterbuch ist *critique*, d. h. die benutzten Quellen werden kritisch bewertet, auch die Serie des Akademiewörterbuchs. In der Mikrostruktur vieler Wörterbuch-Artikel FÉRAUDS findet sich oft in Bezug auf die *Académie: „j'ose ne pas approuver l'illustre Compagnie"; „Elle oublie que", „Elle ne le mentionne pas"; „Elle aurait dû ajouter"*.

■ FÉRAUD benutzt eine eigene Orthographie, die die schweren Inkongruenzen zwischen Phonie und Graphie mildern will. So werden viele Konsonantendopplungen beseitigt (*dictionaire, ocasion, conaître, gramaire, enemi, doner, aler, raport, dificile, diferent, persone, suplément*; nur aus phonischen Gründen blieben sie erhalten in Fällen wie *intéressant , elle, les voyelles nazales*.

■ Seine Belege sind zu 30 % aus Autorenwerken, aus TRÉVOUX, RICHELET, zu 60 % gibt er – wie das *Académie*-Wörterbuch – ad hoc-Belege.

■ FÉRAUD ist neologienfreundlich, dennoch nicht unkritisch, den *fureur du néologisme* lehnt er ab; er notiert auch *archaismes* und *dialectalismes*. Er verweist ausdrücklich auf das Werk von DESGROUAIS: *„Les gascognismes corrigés"* (1766), das für Leute aus der Provinz gedacht war, die dem *Usage* von Paris folgen wollten.

■ Als guter Kenner des Englischen ist er relativ liberal Anglizismen gegenüber; die Anglomanie lehnt er aber ab und damit die *„vrais barbarismes dans notre Langue"* (*Préface*, S. XII).

■ In der Mikrostruktur der Artikel strebt er exakte Definitionen an, die einzelnen Sememe eines Lemmas werden nummeriert; er profitiert für seine Definitionen von GIRARD, BEAUZÉE, ROUBAUD.

■ Es erfolgen konsequent Angaben zur Aussprache in *„crochets"*, also eckigen Klammern, er nutzt dabei ein eigenes phonetisches Notierungssystem, z. B. steht hinter *croire* [croâ-re].

Vgl. Facsimile-Ausgabe des *„Dictionaire critique"* (1994); Stefanini (1969); von Gemmingen (1988). 1963 wurde bei einem bouquiniste ein von Féraud stammendes 800 Manuskriptseiten umfassendes *„Suplément"* entdeckt. Dieses Supplementwörterbuch wurde 1964 publiziert, vgl. Larthomas (1964; 1965; 1986; 1987).
„Dictionnaire de l'Académie Française": Das Akademiewörterbuch (Ac) wurde im 18. Jh. von den *Académiciens* weitergeführt, sie hielten grundsätzlich fest an ihrem restriktiven Konzept, Neologismen und Neosemantismen werden nur schleppend akzeptiert. (^{2}1718, ^{3}1740, ^{4}1762, ^{5}1798).

4 Sprachtheoretische Kontroversen im 18. Jh.

Spektrum

In der Aufklärung erhielt der Diskurs um **Sprachkultur**, um Sprachpflege, sprachliche Normen, um das Verhältnis Sprache und Denken, um die vielbeschworenen Kategorien der *clarté* und des *ordre* eine neue Qualität. Eine Reihe bedeutender Kontroversen bestimmte die Diskussion, darunter wird auch die Frage des **Sprachursprungs** diskutiert; daran beteiligen sich Rousseau, Maupertuis, Diderot und Condillac. (Vgl. Ricken 1984: 163–181.) Wir behandeln vier dieser Kontroversen: die Inversionen-, Neologien-, Synonymien- und Wortmissbrauchs-Kontroverse:

Inversionen-Kontroverse

Mit dem Einbruch des **Sensualismus**, der vor allem in England von John Locke entwickelt worden war, in dessen *„Essay on human understanding"* 1690 ausgeführt und von Condillac in seinem *„Essai sur l'origine des connaissances humaines"* 1746 weiterentwickelt wurde, erwuchs dem cartesianischen Rationalismus und damit der rationalistischen Sprachauffassung eine starke Konkurrenz. Das Denken, die *raison*, wird jetzt nicht mehr als für alle Zeiten und Menschen gleich bleibend angesehen, sondern als Ergebnis eines historischen Prozesses erfasst. Das Konzept der eingeborenen Ideen wurde verworfen zugunsten der Auffassung, dass alle **Erkenntnis aus der Erfahrung** erwächst. Nichts ist im Intellekt, was nicht vorher in den Sinnen war.

Sprachtheoretisch und sprachpflegerisch führte dies zu der Auffassung, dass **Inversionen**, also von Empfindungen, Emotionen und Affekten bedingte Abweichungen von der direkten Satzgliedfolge, durchaus zu akzeptieren sind, dass der eingeforderte *ordre direct* somit dringend der kritischen Durchleuchtung bedarf. Dennoch bleibt neben der neuen sensualistischen Sprachauffassung die rationalistische weiterhin dominant. Auf Rivarols *„Discours sur l'universalité de la langue françoise"* von 1784 wurde bereits hingewiesen. Auch die meisten auf Sprachfragen bezogenen Artikel der zwischen 1751 und 1780 erscheinenden *„Encyclopédie"* sind von DU MARSAIS und von BEAUZÉE rationalistisch konzipiert. SWIGGERS (1984) ist den Sprachauffassungen der Enzyklopädisten umfassend nachgegangen.

Neologien-Kontroverse

Die zweite das 18. Jh. durchziehende Kontroverse ist der sogen. Neologienstreit, der Anfang des Jahrhunderts beginnt und 1742 sogar in der *Académie Française* ausgetragen wurde. Hierbei ging es um die Entscheidung, ob die von den neuen gesellschaftlichen Gegebenheiten der Politik, der Ökonomie, der Technologien und Naturwissenschaften beförderten **Neuwörter** akzeptiert werden konnten oder nicht. Dabei erfolgte eine subtile Scheidung zwischen *néologies*, die Chancen hatten, angenommen zu werden, gegenüber den *néologismes*, die als überflüssig und unnütz ohne langes Prozedere verworfen wurden.

NICOLAS BEAUZÉE schlug sich auf die Seite der prinzipiellen Gegner der Neuwörter, die die **pureté**, die Reinheit der französischen Sprache in Gefahr sehen. Auch VOLTAIRE als rationalistischer Purist und Vertreter der „klassizistischen" Aufklärung wandte sich gegen die Aufnahme von Neuwörtern vor allem in belletristische Werke, während er in seinen wissenschaftlich orientierten Schriften mildere Positionen einnahm.

Wie andere, dem *classicisme* des 17. Jh. weniger verpflichtete Autoren traten dagegen DIDEROT und ROUSSEAU für die Neuwörter ein, ebenso der antipuristisch eingestellte MONCRIF (1687–1770) in seiner berühmten Akademierede. Diese stand ganz im Gegensatz zu ABBÉ DESFONTAINES (1685–1745), der in seinem „*Dictionnaire néologique*" die Bemühungen der Sprachneuerer puristisch kritisierte und verspottete. Dagegen betrachtete auch der 1770 publizierte „*Dictionnaire des richesses de la langue françoise et du néologisme qui s'y est introduit*" die Neuwörter aus antipuristischer Perspektive als notwendig und hielt sie für einen **Fortschritt**. Dies gilt auch für die Neologienwörterbücher, die während der Revolution erschienen sind (vgl. KLARE 1993).

Ein ausgewogenes Verhältnis zu den Neuwörtern zeigte dann 1801 auch LOUIS-SEBASTIEN MERCIER (1740–1814) in seinem Neologienwörterbuch „*Néologies ou vocabulaire des mots nouveaux à renouveler ou pris dans des acceptions nouvelles*", das somit auch die **Neosemantismen** mit erfasst.

Synonymien-Kontroverse

Der dritte Streit sind die Kontroversen um die Synonymie. Das 17. Jh. hatte den Wortreichtum arg beschnitten, oft dort, wo eine **semantische Differenzierung** zwischen den Gliedern einer synonymen Reihe nicht möglich erschien. Im 18. Jh. nun wurde erkannt, dass Synonyme keinesfalls sprachlichen Luxus darstellen, die die notwendige Klarheit und die Ökonomie der Sprache beeinträchtigen. Synonyme sind kommunikativ wichtig, da es total synonymische Wörter in einer kultivierten Sprache eigentlich gar nicht gibt. Es galt gerade, die subtilen Bedeutungsnuancen herauszuarbeiten. Der Abbé Gabriel Girard (1671–1747) hatte 1718 mit seinem bedeutenden Werk *„La justesse de la langue françoise ou les différentes significations des mots qui passent pour synonymes"*, das 1736 in 2. Auflage erschien, die distinktive Synonymie gegenüber der rein kumulativen begründet. Auf diesem Fundament baut auf der Abbé Roubaud mit seinem vierbändigen *„Nouveaux synonymes françois"* (^{1}1785, ^{2}1796) (vgl. dazu Gauger 1973).

Wortmissbrauchskontroverse

Die vierte Kontroverse betrifft den *abus des mots*, den Wortmissbrauch zu – wie wir heute sagen würden – manipulatorischen Zwecken. Ricken (1982:12 ff.) hat gezeigt, dass sich dieses Schlagwort vom Wortmissbrauch im 18. Jh. verbindet mit „dem Kampf gegen überkommene Missstände und Vorurteile", gegen die berühmten *préjugés* also, gegen die die Aufklärung immer wieder Front machte. Autoren des 18. Jh. betonen ferner, „dass der Wortmissbrauch politischer Irreführung dienen kann und für die Aufrechterhaltung der *préjugés* und sozialer Missstände eingesetzt wird".

Eine führende Rolle in diesen Auseinandersetzungen spielte Helvétius (1715–1771), der dem *abus des mots* spezielle Kapitel in seinen Werken *„De l'esprit"* (1758) und *„De l'homme"* (1773, postum erschienen) gewidmet hat. Die Kritik am Wortmissbrauch entwickelte sich bei Helvétius zu einer wichtigen **Methode der Gesellschaftskritik**. Helvétius ging es immer um die *„vraie signification des mots"*, deren Wahrheit gemessen wird an der Übereinstimmung mit den Referenten, also den Objekten und Erscheinungen der Wirklichkeit. Schon Diderot hatte 1755 in der *„Lettre sur les sourds et les muets"* die Forderung nach einem Wörterbuch erhoben, das „durch die gebührende Berücksichtigung der sinnesgebundenen [also sensualistisch gefassten, J. K.] Erkenntnistätigkeit von verfälschten Wortbedeutungen befreit wird" (Ricken 1990, Kap. III). Diderot hat diese Forderung in verschiedenen Artikeln der bis 1780 erscheinenden *„Encyclopédie"* praktisch umgesetzt.

5 Die fachsprachliche Literatur und ihr Wortschatz

Fachliche Gattungen

In der exzellenten Bibliographie von Alexandre Cioranescu (1965–1969) sind für den Zeitraum 1650 bis 1750 eine Fülle von Gattungen verzeichnet, die beispielsweise in Boileaus *„Art Poétique"* (1674) nicht erscheinen. Es sind *„genres mineurs"*, die in ihrem Titel bereits offenkundigen Bezug auf fachliche, berufliche, arbeitsspezialisierende, wissenschaftliche, technisch-praktische, handwerkliche Themen und Inhalte nehmen (vgl. KALVERKÄMPER 1996). KALVERKÄMPER ermittelt 24 solcher „genres mineurs", darunter solche, die die „kolloquiale Vermittlung von Fachwissen" unter *mondains* und *mondaines* übernehmen, wie *Entretiens, Discours, Dialogues* neben einigen diskursiven Genres, die in hohem Aufkommen zwischen 1650 und 1750 erscheinen: *Lettre, Traité, Réponse, Réflexion, Dissertation, Mémoire, Remarque, Explication, Abrégé, Défense, Description, Essai, Examen, Observation, Apologie, Méthode, Art, Réfutation, Eclaircissement.* Für das Genre *Entretiens* hat KALVERKÄMPER (1989, 1996) dies mustergültig zeigen können anhand von FONTENELLES „*Entretiens sur la pluralité des mondes*" (1686).

**Fachwort-
schätze**

Die Geistes-, Sozial- und Naturwissenschaften bauen im 18. Jh. ihre **Wissenschaften zu Systemen** aus und damit massiv ihren Fachwortschatz. An die Stelle traditioneller, provinziell organisierter Wortschatzelemente treten jetzt allgemeinverbindliche, nationale. So etwa in der **Chemie:** LAVOISIER (1743–1794) veranlasst eine grundlegende Reform der chemischen Nomenklatur; so erhalten alle Namen der Elemente maskulines Genus (Ausnahmen bleiben *la platine, la manganèse*). Chemische Verbindungen erhalten spezialisierte Suffixe, die z. B. den Grad der Oxydierung bezeichnen. LAVOISIERS Leistung gilt als erster Beitrag zur Entwicklung einer allgemeinen und speziellen Terminologielehre, wie sie im 20. Jh. von EUGEN WÜSTER (1898–1977) entwickelt worden ist. (Vgl. BAUM 1992.)

Die **Nationalökonomie** konstituiert sich fest in französischer Sprache. Einer der Wortführer war FRANÇOIS QUESNAY (1694–1774), der als *physiocrate* der Erneuerung der Landwirtschaft hohe Bedeutung zuweist: „*Tableau économique. La Physiocratie*" (1758).

Die **Landwirtschaft** – und nicht der Handel (Merkantilismus!) – ist für Quesnay derjenige Produktionszweig, der Mehrwert schafft.

Die Terminologie der materialistischen **Philosophie** bildet sich heraus im Kontrast zum philosophischen Idealismus. Die Termini *matérialisme* und *idéalisme* werden Anfang des 18. Jh. geschaffen und mit den großen materialistischen Systemen von LA METTRIE, BOUREAU-DESLANDES, HELVÉTIUS und HOLBACH stabilisiert. Die Termini *naturalisme, naturaliste* weichen vor *matérialisme* und *matérialiste* zurück (vgl. KRAUSS 1963).

Religion und **Metaphysik** werden vom rationalistischen Standpunkt aus überprüft. Schlüsselwort des Jahrhunderts wird **philosophie** und **philosophe**. Für DIDEROT ist ein *philosophe* ein „*honnête homme qui agit en tout selon la Raison*".

Die Wörter *jésuite* und *jésuitisme* – 1762 war der Jesuitenorden in Frankreich verboten worden – werden zu Injurien. Voltaire bezog *infame* auf die Kirche *("Ecrasons l' infame")*. Es entwickelt sich das Sektenwesen, das Freidenkertum und die Freimaurerei: *librepenseur* (1659), kalkiert nach engl. *free-thinker)*, *franc-maçon* (1735, kalkiert nach *free mason*), *franc-maçonnerie* (1747); *secte* (1630). VOLTAIRES Schrift *"Sur la tolérance"* (1764) propagiert die Toleranzbewegung.

Nach 1780 konstituiert sich der Wortschatz der **Ballonschifffahrt**, die die Brüder MONTGOLFIER entwickelt haben: *la montgolfière* (1782).

Diderot baut durch seine ästhetischen Schriften einen weiteren wesentlichen Teil des Fachwortschatzes der **Literatur- und Kunstkritik** auf.

Der Wortschatz des bürgerlichen **Parlamentarismus** wird, teilweise durch englische Einwirkung, geschaffen: *parlement* erhält von dem engl. „Rückwanderwort" *parliament* die Neubedeutung „Volksvertretung"; *scrutin de ballotage* „Stichwahl".

Der **psychologische** Wortschatz entwickelt sich stärker nach 1750. Dabei sind viele semantische Verschiebungen zu beachten: *sensation „amour passager"; sentiment „affection profonde et durable"; sensibilité, sensible* (im Sinne von „vernunftgeregelter Gefühlsgenuss"). Vgl. KLEMPERER (1954/1966:185); SCKOMMODAU (1933).

6 *Le Parlé* in der Schriftlichkeit der Literatursprache: *Genre poissard* versus *genre précieux*

Mündlichkeit Außerhalb des Lagers der „Traditionalisten" gibt es eigentlich keine *mots bas* mehr. ROUSSEAU will diese umfassend nutzen, er befreit sich von *pruderie* und damit von den Fesseln der klassischen *bienséance*, so in seinen *„Confessions"*. Den gleichen Weg beschreitet DIDEROT: der im *Café de la Régence* spielende Dialog *„Le Neveu de Rameau"* wimmelt von volkssprachlicher Lexik, trivialen Ausdrücken und phraseologischen Wendungen:
être comme un coq en pâte; c'est un autre paire de manches; râcler le boyau „jouer du violon".

Genre poissard Umfassend wird die mündliche Nähesprache genutzt im **Théâtre de la Foire**. Die im Jahrmarktstheater gepflegten Gattungen sind die *Farce*, die *Parodie*, die *Parade* (= kurze burleske Stegreifszenen), das *Chanson*. Meister dieser Genres ist der Pikarde JEAN-JOSEPH VADÉ (1715–1757). In der Revolutionszeit erschien sein Gesamtwerk, das auch *Vaudevilles*, Komödien und Schäferspiele umfasst, in sechs Bänden. VADÉ schuf den *genre poissard* in Nachahmung der Sprachform der Fischweiber in den Markthallen. Das Publikum für diese Stücke bildete die reiche, blasierte Oberschicht, die sich köstlich amüsierte.

Die gleiche Stilart wie VADÉ pflegten auch der COMTE DE CAYLUS (1692–1765) und D'ESCLUSE (= LESCLUSE). In deren Texten finden sich große Mengen salopper Lexik und salopper Verbformen wie *j'avons, je sommes*.

Genre précieux

Die literarischen Gattungen des *genre poissard* und deren Sprache sind oft gezielte Parodien auf die preziösen Schreibweisen, die auch im 18. Jh. noch vorhanden sind. Es entwickelte sich sogar in den Salons eine neue Welle der Preziosität, die sich vor allem auf den Salon der MARQUISE DE LAMBERT (1647–1733) konzentrierte. Diese neue preziöse Bewegung wurde *le lambertinage* genannt. Den Wortschatz dieser neuen Preziösen präsentiert der *„Dictionnaire néologique à l'usage des Beaux-Esprits du Siècle"* (1726) von PANTALON-PHÉBUS. Mit der *Régence* (nach 1723) ging diese neue Preziosität weitgehend zu Ende.

7 Grammatik und Grammatikographie im 18. Jh.

Sprachkultur, Journalismus

Der Wortschatz hat im 18. Jh. eine wesentliche Umgestaltung erfahren; alle Gebiete des gesellschaftlichen Lebens wurden lexikalisch ausgebaut. Weitgehende Stabilität herrschte dagegen auf grammatischem Gebiet, soweit Hoch- und Literatursprache betroffen sind. Die volkssprachliche Grammatik behält ihre Eigenheiten bei, die Normierung hat hier wenig verändern können.

Ein wichtiges Mittel zur Verbreitung der Schriftlichkeit wurde der sich herausbildende Journalismus. Im Jahre 1777 erschien die **erste Tageszeitung** *(„Journal de Paris")*, eine Abendzeitung, die über öffentliche, gesellschaftliche, literarische, künstlerische und wissenschaftliche Ereignisse berichtete. In der Revolution erschienen dann politisch orientierte Tageszeitungen.

Grammatische Veränderungen

Wichtige Veränderungen auf grammatischem Gebiet: Der **Satzbau** vieler großer Autoren befreit sich von den Einflüssen des lateinischen Periodenbaus und vom oratorischen Stil. Kürzere, übersichtliche Sätze sind gefragt; Koordinationen werden bevorzugt. Musterbeispiele einer solchen modernen Prosa sind die Kleinen Romane (Contes) von VOLTAIRE wie *„Candide"* (1759), *„Micromégas"* (1752) und *„L'Ingénu"* (1767). VOLTAIRE macht demnach nur einen sehr sparsamen Gebrauch von Konjunktionen. Ähnliches gilt schon für MONTESQUIEUS *„Lettres persanes"* (1721). Es erfolgen bereits Kondensierungen der Sätze im *style substantif*, in der Verwendung von Nominalsätzen. Es begegnen auch sehr viele segmentierte Sätze, vor allem bei DIDEROT; auch der *style coupé* wird gepflegt; viele Fragesätze ohne Inversionen, die *est-ce que*-Fragen gewinnen Raum. Dennoch ist die Kunst des Periodenbaus bei verschiedenen Autoren noch gegenwärtig, beispielsweise bei

ROUSSEAU in den Romanen (*„Emile"*, *„Nouvelle Héloise"*) und im *„Contrat social"*. In der **Mündlichkeit** treten *passé simple* und *subjonctif de l'imparfait* weiter zurück.

Grammatikographie

Insbesondere **rationalistische Prinzipien** bestimmen die Grammatikschreibung in der Nachfolge der Grammatik von *Port-Royal*. Sensualistisch orientierte praktische Grammatiken (sie haben fast immer das Adjektiv *analogique* im Titel) sind sehr selten, im Gegensatz zu den in der Grammatiktheorie lebhaft ausgetragenen Kontroversen um Rationalismus oder Sensualismus in der Grammatikschreibung. Folgende Grammatiken sind bedeutend:

- 1706: *„Traité de la grammaire françoise"* von ABBÉ RÉGNIER-DESMARAIS (1632–1713) (von der *Académie* protegiert).
- 1730: *„Principes généraux et raisonnés de la grammaire françoise"* von RESTAUT (bis 1817 immer neue Auflagen); *„Principes généraux et particuliers de la langue françoise"* von DE WAILLY (bis 1819 immer wieder aufgelegt).
- 1747: *„Les vrais principes de la langue françoise"* von ABBÉ GABRIEL GIRARD (vgl. KLARE 1986a; WERNER 1997).
- 1755: *„Grammaire générale"* von DUCLOS (er war *secrétaire perpétuel de l'Académie Française*).
- 1767: *„Grammaire générale ou Exposition raisonnée des éléments du langage pour servir de fondement à l'étude de toutes les langues"* von NICOLAS BEAUZÉE.
- 1769: *„Principes de Grammaire"* von DU MARSAIS.
- 1778: *„Grammaire françoise simplifiée, ou traité d'orthographe, avec des notes sur la prononciation et la syntaxe, des observations critiques et un nouvel essai de prosodie"* von FRANÇOIS URBAIN DOMERGUE (1745–1810). Er ist der offizielle Grammatiker der Revolutionszeit und des Empire bis 1810.
- 1780: *„Eléments de la grammaire françoise"* von ABBÉ CHARLES-FRANÇOIS LHOMOND (1727–1794); von der Revolution und von VICTOR HUGO geschätzter Grammatiker; 1794 erschien die 9. Auflage der *„Eléments"*.

8 Externe Bereicherung des französischen Wortschatzes im 18. Jh.

Soziokulturelle Umstände

Der Ausbau des Wortschatzes der Allgemeinsprache und der Fachsprachen erfolgt nicht allein auf internem Wege (durch Wortbildung, Derivation, Komposition usw. oder Bedeutungswandel), sondern auch auf externem Wege durch Lehnwörter.

England erfüllte für das zur Macht drängende französische Bürgertum eine bedeutende Vorbildfunktion wegen der bürgerlichen Revolution von 1649, der parlamentarischen Regierungsform, der philosophischen Ideen des Sensualismus (JOHN LOCKE)

sowie der Freimaurerei, freigeistigen Strömungen und des Sekten-
wesens.

Vermittelnd zwischen England und Frankreich wirkten VOL-
TAIRES *„Lettres anglaises"* (1726–1730). Die Themen dieser Briefe
sind die Quäker, die anglikanische Konfession, die Sekten, die
englische Verfassung, der Sensualismus LOCKES, der Vergleich
DESCARTES' mit NEWTON, die englische Tragödie und Komödie. VOL-
TAIRE bekennt sich zum Empirismus und Deismus. Dem englischen Bild wird satirisch Frankreich gegenübergestellt, ohne England unkritisch zu idealisieren. Dennoch: 1734 werden VOLTAIRES
Briefe auf Veranlassung des *Parlement de Paris* öffentlich verbrannt, weil sie die staatliche und religiöse Ordnung in Frage gestellt hätten.

Lehnwort-schatz	Folgende Lehnwörter sind echte ***emprunts de nécessité***, teilweise sind es „Rückwanderwörter", da diese aus dem Altfranzösischen ins Englische kamen und sich dort meist semantisch verschoben haben (vgl. GECKELER 1997):

- **Politik:** *vote, voter, budget, club, comité, congrès, session, meeting* (1733), *franc-maçon* (Erstbeleg bei VOLTAIRE), *franc-maçonnerie, corporation;* auch die politische Bedeutung von *opposition* und *parlement* „Volksvertretung" kommt aus England.
- **Sport:** Im Sportbereich setzen sich durch: *le jockey* (< altfrz. *jacques* „Bauer"), *la boxe* (1792), *boxer* (1779).
- **Nahrung:** Englische Nationalgerichte: *le pudding, le punch, le grog, le rosbif, le sandwich* (< Spielfanatiker JOHN MONTAGU, COMTE DE SANDWICH [1718–1792], der am Spieltisch solche belegten Brote aß), *le bifteck.*
(Vgl. KLARE 1965; HÖFLER 1982; REY-DEBOVE/GAGNON 1982.)

Lateinisch-griechische Elemente	Das Latein bleibt Hauptreservoir für den weiteren Ausbau von **Fachterminologien.** Fachwortschatz, der schon im 16. und 17. Jh. entlehnt wurde, erhält jetzt im 18. Jh. hohen Kurswert. Viele Lehnwörter bauen schon im 18. Jh. ein ganzes Wortfeld auf. Genannt seien:

*conglomérer, connecter, conscription, constater, converger, coordina-
tion, copule, diagramme, inoculer, irréfutable, oxyde, oxyder, oxydable,
oxydation, oxygène, oxygéner, désoxygéner.*

Deutsche Elemente	Die deutsche Wissenschaft und Technologie waren führend in den **Bergbauwissenschaften** und in der Mineralogie. Deutscher Fachwortschatz geht daher in die entsprechenden französischen Fachgebiete über:

le quartz (> *quartzeur*), *le gneiss, le feldspath, le cobalt, le bocard* <
Pochwerk > *bocarder* „Erze zerkleinern", *la gangue* (< Erzgang).

Schwyzerdütsch	Aus dem **Adstrateinfluss** des Schwyzerdütsch werden entlehnt (Schweizer Söldner vermitteln): *le bivac, bivouac* < „Beiwache" (schw. dt. „biwacht"), *la cible* (alem. „Schiebe", dt. „Scheibe"), *le képi* < „Käppi", *le loustic* < „lustig", „Spaßmacher".
Alemannisch	Aus der **Kontaktsituation** mit dem Alemannischen des Elsass: *sorcrot* 1739 (< alem. *sûrkrût*, dt. mit Diphthong „Sauerkraut", dann ist das Wort volksetymologisch mit *chou* „Kraut" in Verbindung gebracht worden: *choucroute*.
Italienische Elemente	Der Kontakt zu Italien bleibt weiter bestehen; vor allem der Bereich der **Musik** entlehnt viele Termini, wobei ROUSSEAU als Musikwissenschaftler und Musiker (er komponierte u. a. das Singspiel *„Le devin du village"*) vermittelnd wirkte: *piano, ariette, arpège, cantate, cantatrice, contralto, aquarelle, pittoresque, cicerone, campanile.*

9 Die sprachpolitischen und sprachlichen Auswirkungen der Französischen Revolution von 1789

Historischer Kontext	Am Ende des 18. Jh. beseitigte die **Große Französische Revolution** den *Ancien Régime*. Die französische Aufklärung hatte ihren Anteil an der Entwicklung und am Ausbau der revolutionären Gesinnung. Die zentrale Frage – der COMTE ALEXIS DE TOCQUEVILLE (1805–1859) hatte sie in seinem Werk *„L'ancien régime et la révolution"* (1856) erstmals gestellt – ist nun, ob Umbruch, Diskontinuität, Scission oder Kontinuität die Ereignisse bestimmt haben. Wenn es um die Auswirkungen der Revolution auf die sprachlichen und kommunikativen Verhältnisse in der Galloromania, auf das Schicksal der französischen Sprache und der anderen sieben ethnischen Sprachen auf dem Territorium Frankreichs geht, scheinen beide Tendenzen, nämlich *continuité* und *scission*, wirksam gewesen zu sein. Die Forschung – insbesondere die Arbeiten von SCHLIEBEN-LANGE, TRABANT, RICKEN, BOCHMANN, von PROSCHWITZ, BALIBAR, LAPORTE und DE CERTEAU – hat grundlegende Veränderungen in den kommunikativen Bedingungen festgestellt. Sie äußern sich (vgl. KLARE 1993:196) in der Einbeziehung der gesamten Nation in die Diskussion nationaler Problematiken, in die Einbeziehung neuer Klassen und Schichten in diese Auseinandersetzungen. Von 1789 an sind somit in Frankreich die kommunikativen Bedingungen und Strategien grundlegend verändert. Es werden neue Typen von Texten und Textsorten produziert und rezipiert, vielfältige Formen neuer Rhetorik werden entwickelt.

Sprachpolitik	Auch die Normproblematik ist von der Revolution direkt berührt worden. Die Revolution bildet zudem die Basis für den Siegeszug des **Französischen als Nationalsprache** im ganzen Land. Dies hat andererseits schwere Folgen für die anderen in Frankreich gesprochenen und teilweise noch geschriebenen Minderheitensprachen in Südfrankreich, in der Bretagne, im Baskenland usw., aber auch für die Dialekte und *Patois* des Französischen selbst.
Diversité versus uniformité	Gerade die Sprachpolitik der Revolution, die sich im Laufe der *Ereignisse* als durchaus widersprüchlich erweist – weil in ihren *verschiedenen* Etappen unterschiedliche Kräfte ihr jeweiliges Profil bestimmen –, steht letztlich im Dienste der Vereinheitlichungspolitik der bürgerlichen Klasse, die für die Entfaltung ihrer Produktionsverhältnisse eines nationalen Marktes bedurfte, der von ökonomischen, administrativen und auch sprachlichen Hemmnissen und Zwängen weitgehend befreit war.
	Nach einer ersten Phase der *diversité*, in der sogar eine umfassende Übersetzungspolitik im Hinblick auf die noch starken *alloglotten* Bevölkerungsteile des Landes angestrebt wird, ist die Sprachpolitik letztlich auf *uniformité* eingestellt. Die Sprachpolitik der Revolution ist somit wiederum zentralistisch, ergänzt allerdings für einen kürzeren Zeitraum um egalitäre Züge.
Konzept der Nationalsprache	Auch der Verwaltungszentralismus wurde verstärkt trotz der Beseitigung der an den *Ancien Regime* erinnernden Provinzen zugunsten der neuen Gliederung in etwa gleichgroße *Départements*. Die ethnischen Sprachen und Dialekte, die als *Patois* abqualifiziert und damit äußerst negativ konnotiert wurden, galten in Frankreich als gefährliche Relikte des *Ancien Régime*. Sie galten sogar als Reservoir der Konterrevolution. Sie standen im Widerspruch zu der „einen und unteilbaren" Französischen Republik, wie es schon 1792 hieß. Die französische Nationalsprache wurde zur Trägerin der revolutionären Propaganda, die jeden Franzosen in Paris und in der *France profonde* in Form von Kampfschriften und Presseorganen erreichen sollte.
Bildungssystem, Revolution	Die Programmierung eines einheitlichen und laizistischen Bildungssystems durch die Revolution sollte jedem Franzosen den Zugang zur Nationalsprache eröffnen. Wie Erhebungen des Konvents 1790 ergaben, beherrschte bislang nur etwa die Hälfte der 25 Mill. Franzosen das Französische, und das oft nur rudimentär. Die **Vereinheitlichung** betraf alle Ebenen der Sprache, also Graphie, Grammatik und Lexikon. Sogar eine Vereinheitlichung der Aussprache wurde angestrebt.
Lexikographie	Der für die Sprachpolitik der Revolution bedeutende ABBÉ GRÉGOIRE (1750–1831) forderte 1791/92 in der breit geführten Diskussion um die Bedeutung von Wörterbüchern einen *Diction-*

naire, der angesichts des zu beklagenden *abus des mots* vor 1789 nunmehr die *justesse des mots* sicherte. Neue Wörterbücher und auch neue Grammatiken erhielten somit eine tragende Funktion bei der Vereinheitlichung und Universalisierung der französischen Nationalsprache. Diese Forderungen wurden im Hinblick auf die Wörterbücher nur ungenügend eingelöst.

Grammatiko-graphie

Die Grammatikographie der Nationalsprache wurde hingegen von FRANÇOIS URBAIN DOMERGUE (1745–1810) ein wesentliches Stück vorangebracht. DOMERGUE gilt bis heute als der große *grammairien patriote* der Revolutionszeit (vgl. BUSSE/DOUGNAC 1992). Im Jahre 1799 erschien DOMERGUES *„Grammaire générale et analytique"*. Diese Grammatik ist, das Adjektiv *analytique* weist das schon aus, sensualistisch konzipiert. Sie beginnt bezeichnenderweise mit den Worten: „Der Mensch fühlt und denkt" (vgl. RICKEN 1984:162).

Institutionen

Die *Académie Française* war im August 1793 als Institution des *Ancien Régime* aufgelöst worden. Sie galt überdies als Zufluchtstätte der Aristokratie. An ihre Stelle trat 1795 ein neues **Institut National des Sciences et des Arts**, das 1798 die 5. Auflage des von der alten Akademie noch erarbeiteten Wörterbuchs publizierte. Ganze 336 Neuwörter und Neosemantismen der Revolution wurden in einen Supplement von 15 Seiten verbannt. Schon 1801 erhoben sich Proteste gegen diese bescheidene Öffnung des Akademiewörterbuchs. Im Jahre 1814 setzte die triumphierende Restauration auch die *Académie Française* wieder in ihre alten Rechte ein. Das Supplement wurde in der 6. Auflage des *„Dictionnaire de l'Académie Française"* von 1835 ersatzlos gestrichen.

Garat

Im Zusammenhang mit der Edition der 5. Auflage des **Akademiewörterbuchs** von 1798 spielte DOMINIQUE JOSEPH GARAT (1749–1833) eine bedeutsame Rolle. In den Jahren 1792/93 war er zunächst Justizminister und dann Innenminister. Dann unterrichtete er an der von der Revolution geschaffenen *Ecole Normale*, einer Lehrerbildungsanstalt, in Paris. 1795 war er eines der ersten Mitglieder der Nachfolgeinstitution der 1793 aufgelösten Akademie. Dort kam er mit dem Wörterbuchmanuskript der Akademie in Berührung. Zum Akademiewörterbuch von 1798 verfasste er einen wichtigen *„Discours préliminaire"*. Hier kam GARAT zu dem bemerkenswerten Schluss, dass sich im Wörterbuch ein und derselben Sprache die Grenzen der monarchistischen und der republikanischen Sprachformen offenbaren, die Sprachträger seien somit gegenüber der Sprache keineswegs indifferent. Schon GRACCHUS BABEUF (1760–1797) wusste von diesem Umstand, für BABEUF differierte der Sprachgebrauch in den *palais* wesentlich von dem in den *chaumières*. Für GARAT, der als Vertreter der sogen.

Ideologen von der sensualistischen Sprachtheorie CONDILLACS stark beeinflusst war, ist es weiterhin unmöglich, eine Sprache in ihrer Entwicklung aufzuhalten, sie in einem einmal erreichten Stand für ewig zu fixieren. Bei GARAT scheinen somit keimhaft Ideen auf, die VICTOR HUGO 1827 im Manifest der französischen Romantik systematisch weiterentwickelt hat.

Wegen neuer Sachverhalte werden in der Revolutionszeit ganze Wortfelder neu geschaffen. Häufig handelt es sich um Schlüsselwörter, daneben existieren aber auch Archaisierungen zentraler Wortschatzbereiche des *Ancien Régime*.

■ Neuwörter der Revolutionszeit durch **affixale Derivation:**
-isme: vor allem weltanschauliche und politische Strömungen: *dantonisme, robespierrisme, babouvisme; nationalisme, terrorisme, vandalisme, propagandisme, modérantisme;* **-iste:** *Anhänger solcher Bewegungen: anarchiste, terroriste, propagandiste, alarmiste, clubiste, babouviste, brissotiste, hébertiste, girondiste;* **-iser:** *nationaliser, vendéiser, terroriser, aristocratiser;* **-in:** *les Brissotins;* **-ien:** *les thermidoriens;* **-ation:** *fraternisation, démocratisation, réorganisation;* **-ionner:** *révolutionner;* **-éen:** *vendéen (< Vendée);* **-aire:** *révolutionnaire;* **-ique:** *bureaucratique;* **-icide:** *républicide, peuplicide, liberticide;* **-cratie:** *clubocratie, calotinocratie* „Herrschaft der Pfaffen" = *calotins;* **-ade:** *les noyades (de Nantes);* **anti-:** *antidémocratique, antirévolutionnaire, antirépublicain;* **contre-:** *contrerévolution, contrerévolutionnaire;* **ultra-:** *ultraroyaliste (> les ultras); ultrarévolutionnaire.*
■ **Komposition** durch Wortkomposition (noch selten):
les sans-culottes, (crime) de lèse-nation (nach Modell: *lèse-majesté), (crime) de lèse-révolution, arbre de la liberté, les droits de l'homme;*
■ **Konversion** durch Rekategorisierung: *les Enragés, les Jacobins (> jacobinisme);*
■ **Wortkürzung** durch *troncations: les aristos <aristocrates, les ultras;*
■ **Eigennamen zu Gattungsnamen:** *Jean Chouan > les Chouans; chouannerie „insurretion des Chouans"; Joseph Ignace Guillotin > la guillotine;*
■ **Neosemantismen** durch semantische Verschiebung: Neubedeutungen *(Neosemantismen)* zahlreicher bereits vorhandener Wörter in neuen Kotexten und Kontexten:
égalité, fraternité, liberté, révolution (schon bei Voltaire „politischer Umsturz"), *tolérance, constitution, décret, Comité (de Salut public), patrie, patriotisme, patriotique, instituteur, l'ancien régime, la Grande Nation, le bonnet phrygien, département* (als neue Verwaltungseinheit 1791: 83 *départements), préfet, maire, loi, vertu, peuple, les Egaux, les Indulgents, les Lois Maximum, parlement, la Constituante, la Convention nationale, la Terreur, le Directoire, émigrer, les émigrants, émigration, la gauche / la droite, la Montagne,*

les Feuillants, les Cahiers de doléances (des Etats généraux de 1789), le mètre (als neue Maßeinheit), *kilomètre, le système métrique, les assignats, le franc* (neue Münzeinheit, löst 1796 la livre = 20 *sous* zu 12 *deniers* ab), *la cocarde tricolore, le drapeau tricolore, la levée en masse, l'Etre Suprême.*

■ **Entlehnungen aus dem Latein bzw. Griechischen:**
idéologie „Wissenschaft von den Ideen" (Erstbeleg bei DESTUTT DE TRACY (1754–1836), dem Haupt der „Ideologen" d. h. der Anhänger von CONDILLACS Sensualismus), *idéologique, idéologiste, idéologue; Ecole polytechnique* (1794 gegründet).

Naturwissenschaften	In der Revolutionszeit weitere beschleunigte Entwicklung der Naturwissenschaften und ihrer Fachwortschätze:

    – LAVOISIER (1743–1794, Chemiker, hingerichtet): *„Traité de chimie"* (1789);

    – LAPLACE (1749–1827, Astronom, Physiker, Mathematiker): *„Exposition du système du monde"* (1796);

    – MONGE (1746–1818): *„Traité de géometrie descriptive"* (1796); GASPARD MONGE ist einer der Gründer der *Ecole polytechnique* (1794 gegründet);

    – CUVIER (1769–1832): *„Leçons d'anatomie comparée";*

    – LAMARCK (1744–1829): neue Hypothesen über die Entwicklung der Arten (Biologe, Zoologe);

Revolutionskalender

Auch der neu geschaffene Revolutionskalender (er gilt von 1793 bis 1.1.1806) ist voller Neologismen lat./griech. Herkunft; vgl. die Monatsnamen: Herbst: *vendémiaire, brumaire, frimaire;* Winter: *nivôse, pluviôse, ventôse;* Frühling: *germinal, floréal, prairial;* Sommer: *messidor, thermidor, fructidor.* Jeder Monat hat drei *décades* (sie ersetzen *semaines*) mit jeweils 10 Tagen: *primidi, duodi, tridi, quartidi, quintidi, sextidi, septidi, octidi, nonidi, décadi* (ersetzt *dimanche);* Schöpfer dieser Namen war das Mitglied des Konvents FABRE D'EGLANTINE (1755–1794, hingerichtet).

Archaisierung

Die Archaisierungen des politisch-sozialen Wortschatzes des *Ancien Régime* werden z. T. in der Restaurationszeit wieder belebt.

■ Die Terminologie zahlreicher **feudaler Rechte**, Privilegien, Steuern und Abgaben: *gabelle* „Salzsteuer"; *le fermier* „Steuerpächter"; *capitation* „Kopfsteuer"; *le traitant* „Steuerpächter"; *taille* „Kopfsteuer"; *avenage* „Hafersteuer"; *octroi* „Maut"; *péage* „Wegzoll"; *dîme* „Zehnter"; *vingtième* „Zwanzigste"; *impôt* wird zeitweise durch *contribution* verdrängt.

■ Terminologie feudaler **Institutionen:** *parlement* „Gerichtshof" (dafür jetzt *tribunal*), *la corvée* „Fronarbeit"; *le bailli* „Beamter der feudalen Autorität".

■ Vielfältige alte **Maßeinheiten**, die von Gegend zu Gegend verschieden waren (Ersatz durch das neue metrische System seit

1793), so die alten Getreidemaße, Maße für Wein, Speck: *émine, bichet, sétier, barral, quintal, ânée* (Weinmaß), *quarton, quartier* (Speck), *muid, métier, le ras, quarteyron, livrou* (vgl. ZUPKO 1978).

- **Militär:** die alten Benennnungen der feudalen Waffen- und Kriegstechnik: *la flasque* „Pulverhorn"; *le fourniment* „Behältnis für Schießpulver"; *enfant donné* „Kriegsinvalide".
- **Anrede:** In der *Assemblée Nationale* (1789–1791) und in der *Convention nationale* (1792–1795) wurde der Vorschlag gemacht, als Anredeform nur noch *(con)citoyen, (con)citoyenne* zu gebrauchen und *Monsieur, Madame, Mademoiselle* zu archaisieren. Auch die feudalen Titel wie *comte, prince, duc* wurden zeitweise verboten.
- Statt der biblisch-christlichen **Vornamen** wie *Joseph* wurden neue Vornamen wie *Egalité* vorgeschlagen. Der Revolutionär FRANÇOIS-NOËL BABEUF (1760–1797) übernahm aus der römischen republikanischen Antike *Gracchus* als neuen Vornamen. Die allgemeine Anrede *vous* wird zeitweise durch *tu* verdrängt.

Lautlehre

Mit den revolutionären Ereignissen, die die Sprachformen der unteren Volksschichten stärker hervortreten lassen, werden einige dort übliche Aussprachevarianten nunmehr zur **orthoepischen Norm** erhoben zu ungunsten von Ausspracheeigenheiten der bisherigen Oberschicht:

<*oi*>: die jetzt anerkannte Aussprache ist nicht mehr [wɛ], sondern [wa], die sich in den unteren Volksschichten von Paris schon seit dem 16. Jh. nachweisen lässt: *le roi* [rwa]; *moi* [mwa]; *la loi* [lwa].

Auch der **Ausfall des ə-*instable*** geht in der Mündlichkeit weiter voran.

3 Das 19. Jahrhundert

Eckdaten

Die Jahrhundertangabe ist auch hier nur eine vage Orientierungsmarke. Die Jahre **1815** und **1914** sind als Eckdaten brauchbar.

1 Historische und gesellschaftliche Voraussetzungen

Erste Jahrhunderthälfte

Innerhalb der wechselvollen Ereignisse der Großen Revolution wurde das Konsulat durch das **Empire** NAPOLÉON Ier (von 1804 bis 1814; 1815) abgelöst. Dem Sturz Napoleons folgt die **Restaurationsperiode**, die zwischen 1815 und 1830 ehemals entmachtete Kräfte wieder an die Regierung brachte und teilweise für durch die

Revolution erlittene Verluste entschädigte, vor allem unter CHAR-
LES X (1824–1830).

Im Juli 1830 brachte eine **neue Revolution** die Bourbonen zu
Fall. Das Bürgertum nutzte die Chance und brachte den Herzog
LOUIS PHILIPPE VON ORLÉANS aus einer Nebenlinie der Bourbonen an
die Macht. Der *Roi-Citoyen* LOUIS-PHILIPPE herrschte bis 1848.
1830 hatte die **koloniale Eroberung Nordafrikas** begonnen, die
erst 1881 abgeschlossen wurde.

Gesell-schaftliche Umbrüche	Frankreich bestimmen jetzt (1) eine sich rasant vollziehende **In-dustrialisierung** *(révolution industrielle)*; (2) die damit verbundene Herausbildung der **Arbeiterklasse** und der Arbeiterbewegung und verschiedener Strömungen des Sozialismus; (3) Verschärfung der Lage der Bauern und der Arbeiter, **Armut** der Fabrikarbeiter, **Aufstände** der Seidenweber *(canuts)* in Lyon (1831, 1834), die Arbeiter fordern die **Republik**, Ruf nach **Reformen** im ganzen Lande, 1839 die Verschwörung von Blanqui in Paris; (4) die wachsende **Landflucht** der Bevölkerung in die sich zu urbanen Zentren entwickelnden Industriestädte *(migration interne)*; **Bevölkerungswachstum** von 28 Mill. (1800) auf mehr als 40 Mill. (1900); Entstehung der *ceintures urbaines, der bidonvilles.* Dabei bilden sich verschiedene *parlers urbains* und **Stadtmundarten** (= *urbalectes*) heraus; (5) sprunghafte Weiterentwicklung der *Wissenschaften*, der *Techniken*; (6) systematischer Ausbau des **Verkehrswesens**, insbesondere der Eisenbahn seit 1827, auch hier Vorbildgeltung Englands; (7) die seit der Revolution von 1789 bestehende allgemeine **Wehrpflicht**; (8) stürmische Entwicklung des Journalismus und der **Massenpresse**.
Februar-revolution und Second Empire	Die Februarrevolution von **1848**, die vor allem von Fabrikarbeitern, Handwerkern und Studenten getragen wird, beseitigt das Bürgerkönigtum und ruft die Republik aus, die von 1848 bis 1852 besteht. Weitere Unruhen werden blutig niedergeschlagen. Der Neffe NAPOLEONS, LOUIS NAPOLÉON, wird zum Präsidenten der Republik gewählt. Durch den Staatsstreich vom 2. Dez. 1852 ruft er sich, gestützt vom Großbürgertum und den Bankiers, zum Kaiser von Frankreich aus als NAPOLEON III. Das **Second Empire** besteht bis 1870, der *„Bonapartismus"* hat begonnen.
Kriege	Kriegerische Ereignisse mit **Österreich** und **Preußen** beeinflussten das Land. Als Siegestrophäe im Krieg mit Österreich auf italienischem Territorium erhielt Frankreich 1859 Savoyen und Nizza. Im **Deutsch-Französischen Krieg 1870** wurde Frankreich vor Metz und Sedan besiegt; NAPOLEON III musste am 1.9.1870 in Sedan kapitulieren.

Pariser Commune, Dritte Republik	In Paris kam es zu revolutionären Aufständen gegen die Regierung in Versailles. Der Aufstand ging weiter. Die Truppen der Versailler Regierung schlugen im Komplott mit dem preußischen Militär die am 18. März 1871 ausgerufene *Commune de Paris* blutig nieder (28. Mai 1871). Die Überlebenden wurden deportiert oder exekutiert (Mur des Fédérés auf dem Pariser Friedhof Père-Lachaise!).

Bestrebungen, die Monarchie wiederherzustellen, schlugen fehl. Am 4. 9. 1870 wurde die **Dritte Republik** ausgerufen, die bis 1940 bestand.

Die **koloniale Expansion** wurde fortgesetzt: **1881**: Eroberung Tunesiens; **1883**: Eroberung Indochinas; **1896**: Eroberung Madagascars und großer Teile Westafrikas.

Bildungsgesetze	Durchsetzung wichtiger Bildungsgesetze unter dem Ministerpräsidenten JULES FERRY (1832–1893) in den Jahren 1881–1883. Im *enseignement primaire* werden *obligation, gratuité* und *laïcité* durchgesetzt. Die industrielle Revolution verlangte auch in Frankreich eine besser ausgebildete Arbeiterschaft. Die Dritte Republik untersagte jedoch den Gebrauch der Minderheitensprachen in der französischen Schule, denn diese hatte der Generalisierung der Nationalsprache zu dienen: *une nation – une langue* ist die Devise.

Historische und soziale Ereignisse	**1879**: Gründung einer sozialistischen Arbeiterpartei durch JULES GUESDE (1845–1922) und PAUL LAFARGUE (1842–1911).

1880: Amnestie für die deportierten und exilierten *Communards*.
1884: Erlaubnis zur Bildung von Gewerkschaften.
1887–1893: Kolonialisierung Indochinas.
1896: Gründung der *Confédération Générale du Travail* (C.G.T.).
1905: Schaffung eines *Parti socialiste unifié* unter Vorsitz von JEAN JAURÈS (1859–1914, ermordet).
1912: Marokko wird frz. Protektorat.
1919: Syrien, Togo, Kamerun werden frz. Protektorate.
1914–1918: Erster Weltkrieg.

Auswirkungen auf die Sprache	Diese Vielzahl von geschichtlichen und sozialen Ereignissen schlug sich in den kommunikativen und sprachlichen Gegebenheiten in Frankreich nachdrücklich nieder. Die **Schulbildung** alphabetisiert große Teile der Bevölkerung in der Nationalsprache, die Minderheitensprachen werden unterdrückt. Die französischen Dialekte weichen vor der **Ausbreitung der Nationalsprache** stark zurück. Zwischen der Nationalsprache und den Dialekten kommt es zu Interferenzen, die zu verschiedenen Formen des *français régional* führen. Diese verschiedenen *français régionaux* zeigen Eigenheiten im lautlichen, intonatorischen, lexikalischen und grammatischen Bereich, die vor allem durch die „Substrat"-

wirkung der verschiedenen Dialekte bewirkt werden. Im Zuge der Entwicklung des **Regionalismus** wird im okzitanischen Gebiet die Bewegung des *Félibrige* nach 1854 wirksam, mit dem Versuch der Neukonstituierung einer **neuokzitanischen Literatursprache**.

2 Die Literatursprache

Tendenzen

Zu Beginn des 19. Jh. bot die französische Literatursprache kein einheitliches Bild. Die Normen der Literatursprache des 17. Jh. werden zunehmend in Frage gestellt. Die einzelnen literarischen Schulen entwickeln sich sprachlich unterschiedlich, es entstehen immer mehr **Individualstile**, die sich schwerer in die literarischen Schulen einpassen. Im ganzen gesehen kommt es zumindest zeitweise zu einer Demokratisierung der Literatursprache, zur Öffnung der Schriftlichkeit gegenüber der **Mündlichkeit**, zu den anderen Varietäten des Französischen. Die Distanzsprache nimmt also in großem Maße die Nähesprache in sich auf, auch wenn es sich oft um „fingierte Mündlichkeit" handeln wird.

Durch das 19. Jh. ziehen sich Versuche der **Reform der Orthographie**. Vorschläge werden von verschiedenen Gremien wie der *Académie Française* und von Einzelpersonen gemacht, auch von Linguisten. Auch diese Versuche bereichern die „Geschichte eines Scheiterns" (KELLER 1991). Die Beherrschung der Orthographie bleibt insbesondere nach 1832 ein soziales Sieb, jeder der diesen Normen nicht genügt, fällt durch.

**„Préromantisme":
Chateaubriand**

Die literarische Prosa CHATEAUBRIANDS in „*René*" (1802) und „*Atala*" (1801) erweitert die Literatursprache durch ein besonders augenfälliges Stilmerkmal, eine **neue Bildersprache**. Es finden sich viele individuelle *images* gegenüber dem bislang bestehenden Fundus. CHATEAUBRIAND (1768–1848) löst sich von der klassischen Metaphernsprache, aber die klassische Tradition der *mots nobles* wird weitergeführt. Die beiden genannten Romane zeigen hohe Metaphernfrequenz. Überdies beeinflusst die alttestamentarische Sprache CHATEAUBRIANDS Stil und Metaphorik. Verschiedene Bildfelder sind breit ausgeformt, so das Bildfeld des Todes. Korrespondenzen zwischen der Natur und dem Gefühlszustand werden hergestellt; Landschaftserfahrung und Seelenzustand greifen ineinander über; die Prosa wird lyrisiert und der Wortschatz emotionalisiert. Darin setzt CHATEAUBRIAND in gewissem Maße die Tradition von ROUSSEAU („*Julie ou la Nouvelle Héloïse*", 1761) und BERNARDIN DE SAINT-PIERRE („*Paul et Virginie*", 1788) fort.

Neue literarisch-rhetorische Mittel

Die Erweiterung der Interrelationen von Landschaft und seelischer Verfassung der Figuren führt zur **Nutzung neuer Wortschatzbereiche**, so der Exotik *(le bon sauvage)* mit amerindischen Elementen, exotischer Flora und Fauna, mit konnotativer Aufladung der Epitheta; Farbsinfonien werden geboten, ganze Arsenale rhetorischer Mittel werden eingesetzt, alle Sinnesorgane werden angesprochen, es gibt Lichteffekte, Lichtreflexe, Ausmalung von Stimmungen. Hinzu kommt eine neue schwärmerische katholische **Religiosität**. Die ästhetische Seite des Christentums ist allein für CHATEAUBRIAND von Interesse.

Ganze Reihen positiv - negativ konnotierter **Adjektive** tauchen immer wieder auf:

affreux, amer, délicieux, doux, effroyable, fatal, funeste, plaintif, superbe, tendre, terrible, voluptueux.

Serien von **Schlüsselwörtern** werden wiederholt verwendet:

mélancolie, ennui, tristesse, triste, goût de la mort; passion, sensible, sensibilité; solitude, solitaire; larme, pleurer; silence, repos, calme; désenchantement; douleur; blancheur, lueur, briller, étincelle; coeur, âme; mort, tombeau, éternité, ensevelir; ressentir, accabler; cloche funèbre, cercueil, trépas.

Auch viele **Metaphern** der Seefahrt tauchen auf wie *naviguer, fanal, vaisseau.*

Charakteristisch sind auch bestimmte Präferenzen im Gebrauch bestimmter **syntaktischer Mittel**: Ausrufesätze, Interjektionen; (rhetorische) Fragesätze; Nominalsätze; Sätze mit den Präsentativa *voilà, voici;* anaphorisch/kataphorisch organisierte Konstruktionen wie Telles *étaient mes plaintes;* viele Verbalsubstantive auf *-ment* (oft mit dem Intensitätsplural: *des bruissements d'ondes*).

„Romantisme"
Victor Hugo
(1802–1885)

HUGOS Sprachauffassungen und seine Sprachpraxis haben sich in seinem langen literarischen Leben, das verschiedene Epochen umspannt, gewandelt.

Zunächst bleibt HUGO Anhänger der klassischen Ästhetik und Literatursprache: 1824: Im Vorwort von *„Odes et Ballades"* werden BOILEAU und RACINE gelobt; 1826: *On ne doit détrôner Aristote que pour faire régner Vaugelas.*

Unmittelbar danach erfolgt die grundsätzliche Revision dieses Standpunkts (romantische Phase): 1827: *„Préface de Cromwell"* (Manifest der französischen Romantik): HUGOS Kampf gilt jetzt der leeren Rhetorik der klassischen Literatursprache, die er (1834) bezeichnet als *„parfaitement claire, dure, neutre, incolore et insipide"*; es erfolgt eine Abkehr von den preziösen Umschreibungen, von den *mots nobles.* HUGO tritt nunmehr ein für den *„mot propre, pittoresque, plastique"*, und er ist gegen *„le mot vague, abstrait, général d'autrefois"*. Ein *cochon* wird als solches benannt.

HUGO wendet sich gegen die *„fixation de la langue française"*, die die französische Klassik des 17. Jh. und teilweise noch des 18. Jh. angestrebt hat. HUGO führt Ideen weiter, die GARAT 1798 im Vorwort zum Akademie-Wörterbuch von 1798 vorgebracht hatte: Die Zeiten der ewigen Fixierung eines Sprachideals sind endgültig vorbei.

Neue Literatursprache

HUGO tritt mit seiner antiklassizistischen literatursprachlichen Konzeption für die weite **Öffnung der Literatursprache** ein, auch im Hinblick auf die Varietäten diastratischer und diatopischer Provenienz. Hugo verwendet sogar in Teilen seines Werke das marginalisierte **Argot**, so 1829 im Roman *„Le dernier jour d'un condamné"*; 1862 im Roman *„Les Misérables"* widmet er dem Argot das gesamte 7. Buch dieses Werkes. Sprachgewaltig werden hier die sozialen Implikationen des Argot analysiert. Dort heißt es z. B. *„L'argot est la langue de la misère; l'argot est une langue de combat"*; HUGO arbeitet die *„difformités et les infirmités sociales"* als Basis für die Entstehung des *Argot* heraus.

In den *„Contemplations"* (1834) benennt HUGO seinen Beitrag zur Befreiung der poetischen Sprache:

Je fis souffler un vent révolutionnaire,
Je mis un bonnet rouge au vieux dictionnaire,
Je fis une tempête au fond de l'encrier
Je nomme le cochon par son nom, pourquoi pas?

Bei HUGO ist die Macht des richtig verwendeten Wortes qualitativ eine andere als die Macht des Wortes, die MALHERBE nach dem Zeugnis von BOILEAU in der klassischen französischen Tradition einforderte: *„D'un mot mis en sa place enseigna le pouvoir"* (Art Poétique Chant I, vers 133, vgl. SCHOBER 1978:22). Der *„mot propre, ce rustre"* wird von HUGO favorisiert, rhetorische Paraphrasen werden zurückgewiesen.

HUGO propagiert das antiklassische Konzept der **Stilmischung**. Damit steht er in Opposition zum Stiltrennungsideal des 17. Jh. Diese Haltung HUGOs wird antithetisch zugespitzt in den Schlagwörtern **sublime** und **grotesque**, die die beiden Stilpole sind, wobei der erste Begriff das Erhabene und der zweite das Schreckliche und Komische umfasst. Damit will HUGO **Wirklichkeitsnähe** erzielen. SHAKESPEARE dient ihm dabei als Vorbild, bei ihm ist Erhabenes und Komisches verbunden, sogar innerhalb der tragischen Personen selbst, worauf STENDHAL in *„Racine et Shakespeare"* (1822–1825) schon hingewiesen hatte. HUGO tritt ein für das Drama. DIDEROT und BEAUMARCHAIS, sowie das Mélodrame (PIXÉRÉCOURTS vor allem) waren dafür wichtige Wegbereiter.

Die **Lyrik** wird zur zentralen Ausdrucksform der Romantiker. *Mots-clés* des romantischen Subjektivismus werden u. a. *ombre, immensité, désert, vide, indifférence, vague.*

In Bezug auf die **Syntax** verkündete HUGO 1827 in der *„Préface de Cromwell": „Paix à la syntaxe"*. Aber dieser eingeforderte Friede wurde nicht allzu lange eingehalten. In seinem erzählerischen Werk, so in dem sozialen Roman *„Les Misérables"*, sprechen die handelnden Figuren ihre jeweilige Sprache, sie bewegen sich in ihrem spezifischen Sprachniveau.

Das **Sprachkonzept** HUGOS ist beeinflusst von dem Grammatiker ABBÉ LHOMOND (1727–1794). Dieser gilt mit seinen (recht schmalen) *„Eléments de la grammaire françoise"* (1780; ^{9}1794; bis 1893 gibt es 760 bearbeitete Editionen dieses Werkes) als eine Autorität auf sprachlichem Gebiet.

Literatursprache von Schriftstellern des kritischen Realismus und des Naturalismus

Von der sprachlichen Form der erzählerischen Werke HUGOS führt ein direkter Weg zu den Romanen BALZACS, STENDHALS, FLAUBERTS, GEORGE SANDS und ZOLAS sowie zu den Novellen und Romanen MAUPASSANTS. Bei all diesen Autoren kommt es zur weitgehenden **Befreiung der Literatursprache** von allen Beschränkungen sowohl in Bezug auf **Wortschatz** als auch auf **Syntax**.

Der **Journalismus** entwickelt sich massiv; nicht nur über die Feuilletons wird die Literatursprache von breiteren Leserschichten rezipiert. Traditionalisten sehen in der Auflösung der Bindungen an die Traditionen der klassischen Literatursprache eine Gefahr, sie beschworen eine *crise du français*.

GEORGE SAND (1804–1876) stammt aus dem Berry. Sie nutzt auch den Regionalwortschatz und andere Eigenheiten dieser Landschaft. So in den Romanen *„François le Champi"* (1847) (*champi* „Findelkind" ist ein Regionalwort aus dem Berry) und *„La Petite Fadette"* (1849) (*fadette* „Kobold" ist ebenfalls ein Wort aus dem Berry, außerdem im Roman *besson* „Zwilling", *l'isart* „Pyrenäengämse").

GUSTAVE FLAUBERT (1821–1880) entwickelt die Kunst des scharfen Beobachtens und des unabgegriffenen Ausdrucks. Seine Schreibweise ist die *écriture artiste*. Geleitet von *impersonnalité, impassibilité*, auch *impartialité* schreibt er seinen Roman *„Madame Bovary"*. Immer wieder setzt sich FLAUBERT mit den *„idées reçues"*, Klischees bürgerlicher Weltsicht auseinander; ihnen widmet er sogar ein *„Dictionnaire"*, das aber erst postum erschien (1911).

In EMILE ZOLAS (1840–1902) Romanen der *Rougon-Macquart*-Serie wie *„L'Assommoir"* (1877) und *„Germinal"* (1885) begegnet kein bloßer Abklatsch der **Sprachformen der untersten Sprachregionen**. ZOLA hat – wie das Vorwort zum *„Assommoir"* ausweist – intensive Studien zur Sprache der Arbeiter vor Ort durchgeführt, um den Wortschatz und die Syntax entsprechend auf der Höhe der Anforderungen zu halten. Zwischen den auktorialen Passagen und den Dialogpassagen gibt es beträchtliche Unterschiede. Die **Figurenperspektive** bestimmt in den Dialogen und in Passagen der Erlebten Rede *(style indirect libre)* die jeweilige Sprachform. Im 20 Jh. werden diese sprachlichen Unterschiede zwischen den auktorialen Passagen und den Dialogpartien dann bei anderen Autoren aufgehoben. So bei LOUIS-FERDINAND CÉLINE (1894–1961) in dessen Roman *„Voyage au bout de la nuit"* (1932), der in einer Sprache geschrieben ist, die bislang nur den Dialogpartien vorbehalten war. Das *français populaire* ist im gesamten Roman dominant, CÉLINE provoziert mit seinem Stil noch wesentlich stärker als ZOLA.

GUY DE MAUPASSANT (1850–1893) war Schüler von FLAUBERT, er wurde von ihm in dessen Schreibweise eingeführt, dennoch bewahrt er die reale Lebendigkeit der Sprache. In seinen nahezu 300 Novellen vor allem, die meist unter normannischen Bauern und Fischern spielen, hat MAUPASSANT in der Literatursprache die Möglichkeiten des *français parlé* bis hin zu den normannischen Dialekten lexikalisch und syntaktisch genutzt. Die Mundart ist auch bei ihm wieder tauglich für die Literatursprache. Diese charakteristische Sprachverwendung zeigen beispielsweise die Novellen *„La Ficelle", „L'Aveu", „L'épave", „Boitelle", „L'ivrogne"*.

Hier finden sich im **Wortschatz** normannische Elemente wie *mucre, manant, s'en venir, cohue*, umfassend genutzte Wortfelder für Wagen- und Kutschenbezeichnungen, für Schiffstypen, für Trunkenheit, für Dummheit sowie die Verwendung von Fachwortschätzen der Seefahrt, der Meteorologie u. a.

In der **Syntax** werden – vor allem in den Dialogpassagen – verschiedene Strategien genutzt: Möglichkeiten der Gedanken- und Rededarstellung vom *discours direct* bis zum *style indirect libre*, Segmentierungen, impressionistische Syntax, bewusste Brüche in der Konstruktion (sogen. Anakoluth), alle Modelle salopper Fragekonstruktionen, einschließlich der -ti-Frage sowie die Spezifika des Tempusgebrauchs. (Volle Ausformung der Textfunktionen der Tempora; das *Passé simple* ist außerordentlich stabil, übrigens bis heute in den normannischen Mundarten.)

Die Romane der Brüder EDMOND (1822–1896) und JULES (1830–1870) GONCOURT wie *„Renée Mauperin"* (1864), *„Germinie Lacerteux"* (1864), *„Sœur Philomène"* (1861), sind sprachlich vor allem durch das Phänomen der sogen. *„impressionistischen"* Syntax charakterisiert. Der Terminus *„impressionisme"* ist zunächst gebunden an die Kunstkritik im Hinblick auf Gemälde von CLAUDE MONET (1840–1926). Die Übernahme dieses Terminus für die Syntax meint, dass die betreffenden Autoren so schreiben, wie ein fingierter Augenzeuge die Ereignisse wahrnehmen würde; Eindruck auf Eindruck folgt, bis sich das Gesamtbild ergibt.

Die GONCOURTS bevorzugen syntaktisch: **Nominalsätze** (Verdichtung des Ausdrucks durch den *style substantif*; Verdrängung des Verbums aus seiner führenden Position im Satz); **segmentier-**

te Sätze (Links- oder Rechtsherausstellung des Themas und pronominale Reprise bzw. Antizipation); **kommunikativ-pragmatische Ordnung** (Rhema – Thema) des Satzbaus, viele Inversionen sowie zerhackte und zerfaserte Sätze. (Diese Art des gezielten Einsatzes der Syntax hat JORIS-KARL HUYSMANS (1848–1907) bis zur letzten Konsequenz geführt. Vgl. folgenden Beleg aus seinem autobiographischen Roman *„En route": „Quand je cherche à m'expliquer comment, la veille, incrédule, je suis devenu, sans le savoir, en une nuit, croyant."* *Croyant* ist das Rhema, das Wichtigste der Aussage, auf das der ganze Satz hinstrebt.)

Die Gefahr der Zertrümmerung der französischen Satzstruktur ist dabei gegeben. Auch der sogen. **Futurismus** bei MARINETTI (1876–1944) setzt dieses Stilmittel ein. Im *„Manifest des Futurismus"* von 1912 heißt es ausdrücklich: *„... il faut détruire la syntaxe en disposant les substantifs au hasard de leur naissance"* (zitiert nach VOSSLER 1929:378).

3 Die Lexikographie im 19. Jh.

Wörterbuch-produktion

Die Wörterbuchproduktion und damit die Erfassung des immens angewachsenen Wortschatzes der Allgemeinsprache und der Fachwissenschaften ist im 19. Jh. wesentlich entwickelt worden, ohne allerdings die Gesamtmasse des Lexikons zu erfassen. Jedes Wörterbuch bleibt, auch wenn es exhaustiven Anspruch hat, selektiv.

- *„Dictionnaire de l'Académie"*: Ac [6]1835: ca. 35 000 Einträge; Ac [7]1878; Ac [8]1932–1935; Ac [9]1986 ff (Band 1 von A-Enz liegt vor).
- *„Dictionnaire général et grammatical des dictionnaires français"* von NAPOLÉON LANDAIS. 2 Bände, [9]1834; [11]1851; [13]1853. (Vgl. HÖFLER 1978.)
- *„Synonymes français"*, 1841 von LAFAYE ([2]1858): dieses Synonymiewörterbuch setzt die distinktive Synonymie GIRARDS konsequent fort.
- *„Dictionnaire national ou dictionnaire universel de la langue française"* von H. und L.N. BESCHERELLE, 2 Bände, [2]1849; [7]1858; [9]1861. Relativ gute Erfassung des zeitgenössischen Wortschatzes; weit über die Vorgänger und auch LITTRÉ hinausgehend (LITTRÉ hat den Wortschatz bis etwa 1830 aufgenommen).
- *„Dictionnaire de la langue française, contenant la nomenclature la plus étendue"* von EMILE LITTRÉ (1801–1881); 1863–1872: 4 Bände + 1 Supplement. Das Material entstammt hauptsächlich der Literatur der Klassik und den modernen *grands écrivains*. (Vgl. REY 1970.)
- *„Dictionnaire analogique de la langue française ou repertoire com-*

plet des mots par les idées et les idées par les mots" von P. Boissière 1862. Das onomasiologische Vorgehen konstituiert einen neuen Wörterbuchtyp.

- *„Grand Dictionnaire universel du XIXe siècle"* von Pierre Larousse (1817–1875), 15 Bände 1866–1876. Dieses Wörterbuch ist das umfassendste Inventar des frz. Wortschatzes der 2. Hälfte des 19. Jh. mit enzyklopädischem Charakter; Belege aus verschiedenen Textsorten.

- *„Dictionnaire général de la langue française du commencement du XVIIe siècle jusqu'à nos jours"* von Hatzfeld/Darmesteter/Thomas, 2 Bände, 1899–1900. Es fehlt weitgehend der fachwissenschaftliche Wortschatz, das Belegmaterial entstammt zum größten Teil dem 17./18. Jh.

4 Der Wortschatz im 19. Jh.

Tendenzen

Die Revolutionen und sozialen Umbrüche, die industrielle Revolution, die stürmische Entwicklung aller Fachgebiete und Wissenschaften, des Pressewesens, die Gründung von Parteien und Gewerkschaften führten zu einer **Explosion des Wortschatzes**, der sich in zahllosen Textsorten der Allgemein- und der Fachsprache zeigt und nur z. T. durch die Lexikographie aufgearbeitet worden ist. Der *„Trésor de la langue française"* (TLF), der in 16 Bänden zwischen 1971 und 1994 erschienen ist, erfasst den französischen Wortschatz seit 1789 und damit auch das gesamte 19. Jh. Er schließt viele Lücken, die die Lexikographie des 19. Jh. offen gelassen hatte.

Eine stattliche Anzahl linguistischer Untersuchungen hat zudem einen Teil diese Wortschätze wissenschaftlich aufgearbeitet; dennoch bleibt viel zu tun, vor allem auf dem fachsprachlichen Sektor. Die grandiose Bereicherung des Wortschatzes erfolgte auf den üblichen Wegen:

Sprachinterne Erweiterung des Wortschatzes: Ausbau von Wortfeldern durch Wortbildung, Neubedeutungen und Phrasembildung.

grève 1805 *„cessation de travail"* (auf dem Grève-Platz in Paris): *gréviste* 1821, dann folgen *grève générale, grève massive, grève d'avertissement, grève perlée, grève sur le tas, piquet de grève* etc.; **capital** (16. Jh. als Finanzterminus): *capitalisme* 1842, *capitalisation, capitaliste;* **prolétaire** 1761 (Rousseau): *prolétarien, prolétariat* (1830).

Sprachexterne Erweiterung des Wortschatzes: Entlehnungen, vor allem aus dem Latein und Griechischen, auch dem Okzitanischen, dem Englischen, Italienischen und Arabischen (der eroberten nordafrikanischen Gebiete).

Das **Englische** liefert massenhaft Wortschatz ins Französische, nicht nur in den technologischen Wissenschaften, sondern auch im Sport *(football, tennis, yachting* usw.) und im gesellschaftspolitischen Bereich usw. *(le boycott).* (Vgl. HÖFLER 1982; REY-DEBOVE/ GAGNON 1982.)

Aus dem **Okzitanischen** werden viele Lehnwörter aus den Bereichen Küche, Bauernhaus, Nahrungsmittel usw. ins Französische übernommen: *le mas; l'orri „cabane de berger"; la bouillabaisse, la ratatouille, la garbure, le confit, le cassoulet, l'airelle, le pastis* und aus der Geographie (u. ä.) *l'aven, „Senke in der Landschaft"; le bat „vallée", le gave „Sturzbach"* sowie: *la pétanque „variante provençale du jeu de boules", la pagaie (pagaille) „désordre".* Aus Südfrankreich stammende, aber wie DAUDET französisch schreibende Autoren sorgen neben dem beginnenden Tourismus mit für die Verbreitung dieser Wörter.

Aus den **arabischen Sprachen** der kolonial unterworfenen Völker Nordafrikas sind folgende Wörter zunächst von den Kolonialtruppen ins Französische übernommen worden (sie sind meistens pejorisiert): *le toubib „médecin"; maboul „fou"; le bled „terrain, pays, village éloigné"; le gourbi „cabane, hutte"; c'est kif kif „c'est égal"; la razzia; la casbah; le caïd „chef d'une bande de mauvais garçons"; le béni-oui-oui „Jasager, Mitläufer"; le harki; le mullah; le hidjab „foulard islamique"; la charria „la loi islamique".*

Die engeren Beziehungen Frankreichs zu **Russland** führen auch zu lexikalischen Importen, wobei die meisten Bezeichnungen *exotismes* bleiben, zur Benennung typischer Dinge des fernen Landes: *le mazout „Heizöl"; la troïka* (1867); *le samovar* (1865); *la vodka* (1829); *l'intelligentsia, intelligentzia* (gegen 1900) *„la classe des intellectuels dans la Russie tsariste"; le tsar, tzar* (erstmals schon 1561 als *czar).* Die Herkunft von *bistrot, bistro* (1884) aus dem Russischen ist nicht gesichert; russische Truppen, die NAPOLEON bis nach Paris verfolgt hatten, sollen dort mit dem Ausruf „Schnell!" (russ. *bistro)* die sofortige Bedienung mit Alkohol gefordert haben.

Die Lehnwörter *la polka* (1842) und *la mazourka, mazurka* (1829) entstammen dem **Polnischen.**

Auch aus dem **Deutschen** kommen im 19. Jh. Wörter ins Französische: *le lied* (pl. *les lieds* neben *les lieder); le leitmotiv* (1850), *les leitmotive; le putsch* (gegen 1900); *un ersatz* (gegen 1900).

In den **wissenschaftlichen Fachwortschätzen** wird auch im 19. Jh. ein Modell fortgesetzt, das einem terminologischen Feld, bestehend aus erbwörtlichen Elementen und Termini mit lateinischem Stamm noch Termini mit griechischem Stamm zuordnet. Solche Fälle begegnen nicht nur im modernen Fachwortschatz.

Erbwörtlich	lat. Stamm	griech. Stamm
oeil-	ocul-	ophtalm-
-lade	-aire	-ie
-lière	-ique	-ique
-let	-iste	-ologue
		-ologiste
		-ologie
		-ologique

(Vgl. WOLF 1979:161 ff.)

Der Ausbau der **Fachwortschätze** der sich im 19. Jh. konstituierenden Verkehrsmittel, wie der Eisenbahn, wird teilweise aus benachbarten Fachgebieten gewonnen, bzw. von bereits bestehenden Verkehrsmitteln (Schifffahrt) abgeleitet *(le quai; la gare)* oder durch **Terminologisierung** allgemeinsprachlicher Wörter *(aiguille „Weiche", disque „Signal", brûler une gare, une station)* oder **Entlehnungen** aus Sprachen, die technologisch schon eher ausgebaut waren; so aus dem Englischen *(wagon, tunnel, tender, rail, express).* (Vgl. WEXLER 1955.)

Im Bereich des **Flugwesens**, der *aviation* (1863 nach lat. *avis* „Vogel") bildet sich die Wortfamilie aus mit *avion,* 1875 *aviateur* 1863, und altem erbwörtlichen *voler* (schon *Eulalia* 880). (Vgl. GUILBERT 1965.)

Die **sozialpolitischen Fachwortschätze** des 19. Jh. wurden ebenfalls ausgebaut; die Höhepunkte dafür bilden die Zeit des Roi-Citoyen LOUIS-PHILIPPE, die Revolutionen von 1848 und 1870 sowie das *Second Empire.* Der erste Beleg von *socialisme* (1831) findet sich bei PIERRE LEROUX (1797–1871). In diesem Wortschatzbereich sind auch englische Lehnwörter heimisch geworden: *le leader* (1839), *le slogan* (1842). (Vgl. dazu MATORÉ 1951; DUBOIS 1962; J. R. KLEIN 1976.)

5 Die *Félibrige*-Bewegung in Südfrankreich ab 1854

Gründung

Die Sehnsucht der *Occitania,* der okzitanischsprachigen Gebiete Südfrankreichs, nach der Wiederbelebung ihrer großen mittelalterlichen literatursprachlichen Tradition *(Trobadors)* wurde im Zuge der regionalistischen Bewegung in Frankreich gefördert. Im Mai 1854 traf sich im Raum Avignon (in Maillane) eine Gruppe von sieben südfranzösischen Intellektuellen um FRÉDÉRIC MISTRAL (1830–1914), Joseph Roumanille (1818–1891) und THÉODORE AUBANEL (1820–1886), um einen Bund zur Lösung dieser schwierigen Aufgabe zu gründen.

Dieser Bund nannte sich *Felibrige*, seine Anhänger *Félibres*. Die Herkunft dieses Wortes ist unsicher, möglicherweise steckt „*faire libre*" dahinter (vgl. jedoch *FEW* 3, 446).

Verschriftlichte Mündlichkeit

Grundlage für diese neue Schriftlichkeit wurde die **Mündlichkeit von Maillane**, das heimatliche Idiom MISTRALS, d. h. die Mündlichkeit des Raumes Avignon, des Département Bouche-du-Rhône, also das *rhodanien*.

MISTRAL befasst sich umfassend mit den **neuokzitanischen Sprachformen** der Provence und des Languedoc. Er sammelt jahrelang Material im südfranzösischen Gebiet. 1878 publiziert er es in zwei Quartbänden zu je 1 100 Seiten: „*Lou tresor dóu Felibrige ou dictionnaire provençal / français embrassant tous les divers dialectes de la langue d'oc moderne*".

Der *Félibrige* entwickelt sich in den folgenden Jahren zu einer **Dichtergesellschaft**, die nach und nach den ganzen okzitanischen Sprachraum umfasst. Dabei ist es nicht gelungen, einen Konsens über eine schriftsprachliche Kodifikation zu erreichen, die den ganzen Süden Frankreichs umfasst. Eher rechts stehende politische Positionen und eine katholische Grundorientierung erschwerten diesen Konsens.

6 Die „Crise du français" und die *Alliance Française*

Puristische Kritik

Gegen Ende des 19. Jh. ging in Frankreich das Schlagwort von der „**Crise du français**" um. Konservative Sprachkritiker und **Sprachpuristen** waren der Meinung, dass die sich überall bemerkbar machenden Öffnungstendenzen der Literatursprache in Richtung auf die verschiedenen Niveaus der **Mündlichkeit** und die Aufgabe der vorbildlichen **Sprachnormen** des 17. und 18. Jh., zum Verfall der Qualität des Französischen geführt hätten. Schon FLAUBERT, der aus künstlerischer Absicht lexikalische und syntaktische Elemente der Mündlichkeit nur sehr behutsam verwendet (und dies eher in seiner Erzählung „*Le Cœur Simple*" als in seinen großen Romanen) wurde deshalb von Puristen wie PAUL STAPFER in dessen „*Récréations grammaticales et littéraires*" (1910:45 f.) zur Ordnung gerufen. Unter Anlegung der engen Maßstäbe des Purismus wurden somit die sprachlichen Leistungen vor allem der Prosa-Autoren für ungenügend befunden. BALZAC, ZOLA und viele andere traf dieser Vorwurf gleichermaßen. Die konservative Kritik sperrte sich gegen die Erkenntnis, dass sich die **gesellschaftliche Wirklichkeit** und damit die Literatur sowie das rezipierende literarische Publikum seit dem 17. und 18. Jh. grundlegend gewandelt hatten.

Einfluss des Englischen	Ein weiteres Phänomen, das die Krise des Französischen mit auslöste, und damit die Kritik autoritärer Sprachpuristen hervorrief, war der massenhafte Einbruch englischen Wortgutes, der im 19. Jh. den Einfluss des Englischen im 18. Jh. bei weitem übertraf. Dieser Zustand wurde als **Anglomanie** bezeichnet. Gegen diese große Welle englischen Einflusses, der im 20. Jh. weitere Wellen folgten, wurden erste Barrieren errichtet.
Weltgeltung	Es galt, die Weltgeltung der französischen Sprache zu bewahren und zu festigen. In diesem Kontext wurde 1883 die Gründung einer bis heute aktiven Institution beschlossen, die sich der **Verbreitung und der Pflege der französischen Sprache und Kultur** und besonders auch der Förderung der politischen, kulturpolitischen und sprachpolitischen Interessen Frankreichs im Ausland verschrieben hatte: der *Alliance Française*. Diese Allianz baute weltweit ein System von Außenstellen auf; heute besitzt sie davon mehr als 1 250. Sie wurde zum Vorbild für das 1932 in Deutschland gegründete *Goethe-Institut* und für den seit 1935 bestehenden *British Council*.

Neben der *Alliance Française* wurde in der Folgezeit eine Fülle von offiziellen, halboffiziellen und privaten Organisationen, Verbänden, Kommissionen, Komitees und Delegationen gegründet, die sich der sprachpolitischen und sprachkulturellen Pflege und Verbreitung des Französischen im Mutterland, im großen französischen Kolonialgebiet Nord- und Mittelafrikas, in Ozeanien und Teilen Amerikas und im gesamten Ausland annahmen. Hier wurden die Wurzeln gelegt für das nach 1960 entwickelte **Francophoniekonzept**. Dabei versuchte man dann unter völlig veränderten politischen Bedingungen – so der Zusammenbruch des französischen Kolonialgebiets nach dem Zweiten Weltkrieg und die weltweite Wirksamkeit der USA –, den verloren gegangenen Einfluss Frankreichs in der Welt über Kultur und Sprache neu aufzubauen, um darüber hinausgehend auch ökonomisch und politisch in den entsprechenden Ländern wieder wirksam werden zu können.

6

KAPITEL

Das Französische der Gegenwart –
Le français contemporain

Wechsel-beziehungen

Aus den vorausgehenden Kapiteln ergibt sich bereits ein gewisses Bild vom gegenwärtigen Zustand des Französischen, von den Wechselbeziehungen zwischen **Schriftlichkeit und Mündlichkeit** der Varietäten, zwischen **Allgemeinsprache und Fachsprachen**, zwischen inneren und äußeren Mitteln der Wortschatzbereicherung, zwischen **Eigenem und Fremdem**, zwischen **Purismus und Laxismus** in der Sprachbetrachtung, zwischen dem Französischen als *langue nationale* und den sieben **Minderheitensprachen** auf französischem Territorium. (Vgl. MÜLLER 1975; HAUSMANN 1983; DESIRAT/HORDÉ 1976; KOCH/OESTERREICHER 1990; KRASSIN 1994.)

Im Folgenden beschränken wir uns im wesentlichen auf einige aktuelle Aspekte der Entwicklung der französischen Sprachpolitik, der Sprachkultur und der Sprachpflege nach dem Zweiten Weltkrieg.

Franco-phonie

Nach dem Zweiten Weltkrieg, aus dem Frankreich als eine der Siegermächte hervorging, wurde der Zusammenbruch des weltweiten Kolonialsystems eingeleitet. Dies betraf auch die französischen Kolonialgebiete in fast allen Kontinenten. Diese Gebiete wurden, oft nach jahrelangen Befreiungskriegen, unabhängig. Frankreich hat allmählich wieder versucht, seine sprachlichen und kulturellen, dann aber auch die ökonomischen und politischen Einflüsse in den ehemaligen Besitzungen zu erneuern. Das um 1960 entwickelte *Francophonie*-**Konzept** bezog sich zunächst auf die auszubauende Gemeinschaft aller, die das Französische als Muttersprache, als Zweitsprache, als offizielle Sprache oder als Verkehrssprache benutzen. Über diese Gemeinschaft sollte des weiteren der kulturelle Austausch erfolgen. Dahinter stand jedoch immer, oft weitgehend verdeckt, auch der Ausbau verloren gegangener politischer und ökonomischer Positionen. Der politische Anspruch des Francophoniekonzepts trat vor allem auf dem *7. Sommet de la francophonie* offen zutage, der in Anwesenheit des Staatspräsidenten JACQUES CHIRAC im November 1997 in Hanoi veranstaltet wurde und den ehemaligen Generalsekretär der Vereinten Nationen, BOUDROS GHALI zum Generalsekretär der *francophonie*-Organisation wählte.

Français universel

Im Zusammenhang mit der Francophoniediskussion wurde in den Siebziger- und Achtzigerjahren, wenn auch schüchtern, das Konzept der Schaffung eines *français universel* entwickelt. Die

nationalen Varianten des Französischen – so sollten sie benannt werden und nicht „regionale Varianten" (die nur Dialekte in Frankreich, Belgien, der Schweiz und in Québec meinen) – in Québec, in Belgien und in der Suisse Romande sollten Einfluss gewinnen auf Normsetzungen. Die bildungstragenden Schichten in Paris sollten die sprachlichen Normen des modernen Französischen nicht mehr allein bestimmen. In der praktischen Durchsetzung dieser Einsicht gibt es bis heute große Schwierigkeiten. Man vergleiche beispielsweise die aktuelle Diskussion um die **Feminisierung** von Berufsbezeichnungen. Das kanadische Französisch der Provinz Québec hat Bildungen wie *une professeure, auteure, académicienne, écrivaine offizialisiert*, die aber in Paris noch immer unerwünscht bleiben. Im belgischen Französich setzen sich jedoch, offiziell empfohlen, Feminina wie *une entraîneuse* und *une pompière* durch. Die Frauen im Kabinett des sozialistischen Premiers LIONEL JOSPIN kämpfen dagegen noch im Jahre 1997 um die Zulassung der Anrede *Madame la Ministre* statt des traditionellen *Madame le Ministre*. In Bezug auf die Umweltministerin DOMINIQUE VOYNET findet sich in den Zeitungen noch immer La femme ministre écolo. Der seit 1986 amtierende Secrétaire perpétuel der *Académie Française*, MAURICE DRUON, beharrt in Bezug auf die drei Frauen, die der Akademie angehören bzw. angehörten, auf der Anrede *Madame l'Académicien!* Das gleiche fordert er für die Ministerinnen, *Madame le Ministre* (vgl. den Artikel von MAURICE DRUON in *„Le Figaro"* vom 15. 7. 1997).

Franglais

Frankreich und auch das **Prestige der französischen Sprache** hatten und haben somit im 20. Jh., vor allem nach 1945, Verlustpositionen zu beklagen. Echte und vermeintliche Bedrohungen für die Geltung der französischen Sprache, für deren Ordnung und Reinheit, für deren Klarheit und Präzision gingen von der massiven Präsenz der USA in Westeuropa aus. Die militärische, ökonomische, technologische, sprachliche und zivilisatorische Dominanz der US-Amerikaner und des *American way of life* wurden zu Beginn der Sechzigerjahre von vielen Franzosen als lästig und bedrückend empfunden. Wortführer dieser nicht nur linken Gruppierungen wurde RENÉ ETIEMBLE, der 1964 das programmatische, inzwischen weltbekannte Pamphlet *„Parlez-vous franglais?"* vorlegte. Das Schachtelwort *(mot-valise)* „franglais", das *français* und *anglais* ineinander verschränkt, wurde in der Zeit des Kalten Krieges zwischen West und Ost zu einem Schlagwort, ja zu einem Mythos (vgl. BEINKE 1990) im Kampf gegen angloamerikanische Beeinflussung, ja Kolonialisierung. In satirischer Übertreibung geißelt ETIEMBLE die Unterwanderung des Französischen durch angloamerikanische Wörter. ETIEMBLE kritisiert scharf den Snobismus, der kritiklos und servil das Fremde übernimmt.

**Sprach-
pflegerische
Institutionen**

Unter CHARLES DE GAULLE und seinen Nachfolgern erfolgte die Gründung weiterer Institutionen, die die Verteidigung, die Verbreitung und die Erhaltung des Prestiges der französischen Sprache zu ihrem Gegenstand erheben. So wurde im Jahre 1958 unter dem Patronat der *Académie Française* die sprachpflegerische *Association „Défense de la langue française"* gegründet. Sie tadelt in ihrer gleichnamigen Zeitschrift Sprachverstöße und wendet sich gegen die Ausuferungen der modernen Fachterminologien unter konservativ bestimmtem Verweis auf die Wörterbücher der Akademie von 1878 und 1932, von LITTRÉ (1863/1873), aber auch den GRAND ROBERT, der seit 1953 erscheint. Dem Französischen wird eine eigene *„valeur"* zugesprochen. Diese beschworene *valeur* ist für viele traditionsbewusste Franzosen durchaus Ausdruck von spezifischen, eigenen Lebens- und Denkformen, sie ist Teil des **kulturellen Erbes Frankreichs** (vgl. BECK-BUSSE 1995:123).

Im Jahre 1966 nahm dazu der *Haut Comité pour la Défense et l'Expansion de la Langue française* unter dem Patronat POMPIDOUS seine Arbeit auf. 1983 wurde dieses Komitee umbenannt in *Commissariat Général de la Langue française*. Im Jahre 1989 erfolgt erneut die Umbenennung in *Délégation Générale à la Langue française*.

**„Ersatz-
wörter"**

Durch Dekret des Staates wurden ab 1972 in den verschiedenen Ministerien **Terminologie-Kommissionen** wirksam. Sie sollen vor allem Lücken im technologischen Wortschatz schließen und Ersatzwörter für unerwünschte angloamerikanische Entlehnungen vorschlagen. So wurde statt *digital „numérique"*, statt *computer „ordinateur"* und statt *scanner „lecteur"* vorgeschlagen, die sich heute durchgesetzt haben. Statt *ketchup „tomatine"* zu gebrauchen, entbehrte für manchen nicht der Lächerlichkeit (vgl. BEINKE 1995); auch die Ersatzwörter für *airbag („coussin gonflable")* und *marketing („mercatique")* haben es schwer.

Ab 1973 werden entsprechende Wortlisten und sogar Wörterbücher für den audiovisuellen Bereich, für die Medien und die Informatik, für Bauwesen, Tourismus, Kernenergie, Ölindustrie, Raumfahrt, Transportwesen, Wirtschaft und Finanzwesen usw. veröffentlicht, nicht zuletzt im *„Journal Officiel"* des Ministerrats nach Begutachtung durch die *Académie Française*. Im Jahre 1994 publizieren die offizielle *Délégation Générale à la langue française* und die *Direction des Journaux Officiels* ein 400 Seiten umfassendes *„Dictionnaire des termes officiels de la langue française"*. Alle zwischen 1973 und 1993 offiziell festgelegten Neuwörter und Fachwörter (ca. 3 600) sind mit ihren Definitionen in diesem *„Dictionnaire"* enthalten. *„Das Fremde als Staatsaffaire"* – so der Titel eines Aufsatzes von SCHMITT (1995) – ist somit noch immer akut. Aber nur die **Angloamerikanismen**, von denen viele sogar späte

Rückkehrer altfranzösischer Provenienz im Englischen sind, werden als fremd empfunden. Dies gilt bezeichnenderweise nicht für lateinische oder griechische Wörter; sie sind offenbar Elemente aus der unmittelbaren Nachbarschaft und Verwandtschaft wie BECK-BUSSE (1995) plausibel gemacht hat.

Loi Bas-Lauriol

Ein vom Ministerrat am 31. Dez. 1975 erlassenes und von beiden Kammern des französischen Parlements nahezu einstimmig verabschiedetes Sprachgesetz – *Loi relative à l'emploi de la langue française* = *LOI BAS-LAURIOL* – hatte dann sogar versucht, auch den nichtstaatlichen Bereich zu erfassen. Dieses Sprachgesetz wandte sich „zum Schutz der Arbeitnehmer *(salariés)* und Verbraucher *(consommateurs)*" primär gegen angloamerikanische Eindringlinge in öffentlichen Inschriften, Verträgen, Gebrauchsanweisungen, Garantiescheinen und Stellenanzeigen. Zuwiderhandlungen gegen den Inhalt dieses Gesetzes wurden mit relativ hohen Strafgeldern bedroht. Die Wirkung dieses Gesetzes blieb jedoch trotz der angedrohten Sanktionen eher bescheiden.

Loi Toubon

Dies veranlasste noch unter dem sozialistischen Premier MICHEL ROCARD und dessen *Ministerin für die Kultur und Francophonie* – so lautet ihr offizieller Titel – die **Neuformulierung des Gesetzes**, das dann unter der neuen konservativen Regierung von deren *Ministre de la Culture et de la Francophonie* JACQUES TOUBON vor der *Assemblée Nationale* und dem Senat eingebracht und am 4. August 1994 erlassen wurde. Ein Zweck dieses neugefassten Gesetzes bleibt durchaus die **Eliminierung von Angloamerikanismen** aus dem öffentlichen Sprachgebrauch. TRABANT (1995) hat jedoch nachgewiesen, dass dieses Gesetz von 1994 „über diese Abwehr der fremden Wörter hinausweist" und „damit ein bedeutenderes kulturpolitisches Problem im Zusammenhang mit dem Fremden in den Blick bekommt" *(S. 178)*.

Offensive

Ein Teil der aktuellen französischen Sprachpolitik verlässt seit 1994 die bislang vorherrschenden defensiven Positionen, die puristisch bestimmt und damit rückwärts gewandt die Abwehr von *dégradations* und *contaminations,* von Verunreinigungen und Beschädigungen der französischen Sprache bewirken wollen. Jetzt geht es für nicht wenige auf einer höheren Warte erneut „um die französische Sprache als Staatsaffaire, also darum, die große Tradition der Aktivitäten des Staates bezüglich des Französischen weiterzuführen" (TRABANT 1995:181). Gefragt ist jetzt die Offensive, um den **Platz des Französischen in der Diskurswelt** aufrechtzuerhalten, weiterzuführen und vielleicht auch neue Domänen zu erobern. Der erste Satz der Loi von 1994 ist dafür symptomatisch. Es wird verwiesen auf die 1992 erfolgte Erhebung der französischen Sprache in den Verfassungsrang – denn seit dem 12. Mai 1992 steht nach der Votierung in der Französischen Nationalversammlung im Artikel 2 der Constitution Française: *„La langue de la République est le français"*. Demzufolge heißt es im Gesetz von 1994 Artikel 1 ausdrücklich: *„Langue de la République en vertu de la Constitution, la langue française est un élément fonda-mental de la personnalité et du patrimoine de la France"*. Und am Ende des Gesetzes steht dann mit Nachdruck: *„La présente loi sera exécutée comme loi de l'Etat"*.

Für TRABANT (1995: 183) ist jedoch das wirklich Neue des Sprachgesetzes von 1994, dass innere Verschiedenheit und (eine gewisse) Offenheit nach außen die europäische Perspektive des Gesetzes ausmachen. In der Tat ist das höchst überraschend „angesichts eines Gesetzes, das doch nach wie vor den Einfluss einer zwar fremden, aber durchaus auch europäischen Sprache zurückdrängen möchte und dazu die überaus französischen Geister von FRANÇOIS Ier und der *Académie Française* anruft" (1995:183).

Haltung der *Académie Française*

Das Sprachgesetz von 1994 und der sich in ihm manifestierende *Etat français* beginnen somit heute verhalten, ausgetretene Pfade der Sprachpolitik, der Sprachkultur und der Sprachpflege zu verlassen, wie sie noch immer eng verbunden sind mit dem Namen der *Académie Française* und deren Wörterbüchern, die seit 1694 vorliegen und deren neunte, zaghaft auf 50 000 erweiterte Auflage sich seit 1986 in der Publikation befindet. Auch die seit 1964 unregelmäßig publizierten *„Communiqués de mise en garde"* der *Académie*, die (Ver-)Warnungen vor sprachlichem Missbrauch und Missgriffen aussprechen (LANGENBACHER 1980 hat sie für den Zeitraum 1964 bis 1978 näher untersucht), atmen noch immer den veralteten Geist der Defensive, des rückwärts gewandten, am 17. Jh. orientierten Purismus. Das Neue und das Fremde werden noch immer von der Akademie global abgewehrt. WEINRICH (1995:169) hält deshalb die Vermutung für falsch, dass hinter dem Gesetz Toubon von 1994 die *Académie Française* stehen könnte. Sie hat sich weder für noch gegen dieses Gesetz ausgesprochen. Angesichts der nach wie vor defensiven Grundeinstellung der *Académie Française* laufen die offensiven Passagen des Sprachgesetzes von 1994 den Intentionen der Akademie ganz offensichtlich zuwider.

Sprachkultur

Für den sozialistischen Erziehungsminister CLAUDE ALLÈGRE ist das Englische nicht mehr nur eine Fremdsprache, man müsse endlich in Frankreich aufhören, nur vom Kampf gegen die englische Sprache zu reden. Die puristischen Kritiker des Erziehungsministers gehen sogar so weit, ihm verfassungswidriges Handeln vorzuwerfen, angesichts Artikel 2 der Französischen Verfassung. An die Stelle dieser durchaus xenophobisch zu nennenden rückwärts gewandten und defensiven Einstellungen tritt nunmehr, befördert

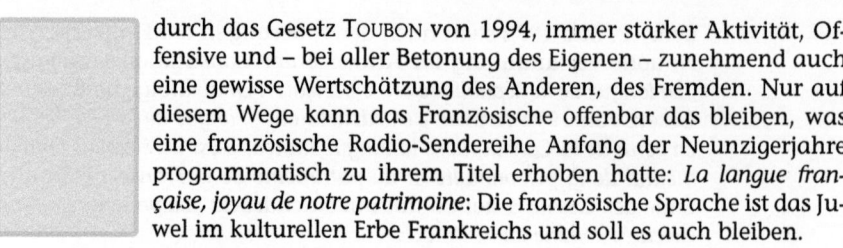

durch das Gesetz T<small>OUBON</small> von 1994, immer stärker Aktivität, Offensive und – bei aller Betonung des Eigenen – zunehmend auch eine gewisse Wertschätzung des Anderen, des Fremden. Nur auf diesem Wege kann das Französische offenbar das bleiben, was eine französische Radio-Sendereihe Anfang der Neunzigerjahre programmatisch zu ihrem Titel erhoben hatte: *La langue française, joyau de notre patrimoine*: Die französische Sprache ist das Juwel im kulturellen Erbe Frankreichs und soll es auch bleiben.

Literatur

AEBISCHER, Paul (1978): *Études de stratigraphie linguistique*. Berne: Francke.

ARVEILLER, Raymond (1963): *Contribution à l'étude des termes de voyage en français (1505–1722)*. Paris: D'Artrey.

AUROUX, Sylvain (1973): *L'Encyclopédie. „Grammaire" et „Langue" au XVIIIᵉ siècle*. Paris–Tours: Mame.

AUERBACH, Erich (1933): *Das französische Publikum des 17. Jahrhunderts*. München: Hueber. (²1965).

– (1951): „La Cour et la Ville." In: Auerbach, Erich: *Vier Untersuchungen zur Geschichte der französischen Bildung*. Bern: Francke. 12–50.

– (1958): *Literatursprache und Publikum in der lateinischen Spätantike und im Mittelalter*. Bern: Francke.

BACHTIN, Michail (1986): *Untersuchungen zur Poetik und Theorie des Romans*. Frankfurt: Suhrkamp.

– (1990): *Literatur und Karneval. Zur Romantheorie und Lachkultur*. Frankfurt: Suhrkamp.

– (1995): *Rabelais und seine Welt*. Frankfurt: Suhrkamp.

BADDELAY, Susan (1993): *L'orthographe française au temps de la Réforme*. Genève: Droz.

BADER, Hedi (1969): *Von der „Francia" zur „Ile-de-France". Ein Beitrag zur Geschichte von altfranzösisch France, Franceis, franceis*. Winterthur: Druckerei Winterthur.

BAEHR, Rudolf (1981): „Rolle und Bild der Übersetzung im Spiegel literarischer Texte des 12. und 13. Jahrhunderts in Frankreich." In: Pöckl, Wolfgang [Hrsg.] (1981): *Festschrift Mario Wandruszka zum 70. Geburtstag*. Tübingen: Niemeyer. 329–348.

BAHNER, Werner (1956): *Beitrag zum Sprachbewusstsein in der spanischen Literatur des 16. und 17. Jahrhunderts*. Berlin: Rütten & Loening.

– (1977): „Die nationale Funktion der Literatur im Blickpunkt des volkssprachlichen Humanismus." In: Bahner, Werner: *Formen, Ideen, Prozesse in den Literaturen der romanischen Völker*. Band 1. Berlin: Akademie-Verlag. 49–120.

BALDINGER, Kurt (1960): „Lexikalische Auswirkungen der englischen Herrschaft in Südwestfrankreich." In: Iser, Wolfgang [Hrsg.] (1960): *Festschrift Herrmann M. Flasdieck*. Heidelberg: Winter. 11–50.

– (1963): „L'importance de la langue des documents pour l'histoire du vocabulaire galloroman." In: *Revue de Linguistique Romane* 27: 41–62.

– (1974): *Introduction aux dictionnaires les plus importants pour l'histoire du français*. Paris: Klincksieck.

– (1974 ff.): *Dictionnaire étymologique de l'ancien français*. Tübingen: Niemeyer (= DEAF).

– (1975): „Zum Übergang von der lateinischen zur französischen Fachterminologie im 14. Jahrhundert." In: *Zeitschrift für Romanische Philologie* 91: 485–490.

– (1990): *Die Faszination der Sprachwissenschaft. Ausgewählte Aufsätze zum 70. Geburtstag mit einer Bibliographie*. Hrsg. von Max Pfister und Georges Straka. Tübingen: Niemeyer.

– (1991): *Études rabelaisiennes*. Paris: Klincksieck.

BALIBAR, Renée / LAPORTE, Dominique (1974): *Le Français national. Politique et pratique de la langue nationale sous la Révolution française*. Paris: Hachette.

BALLY, Charles (1950): *Linguistique générale et linguistique française*. Berne: Francke. (¹1932).

– (1951): *Traité de stylistique française*. Genève – Paris: Klincksieck. (¹1909).

BAUM, Richard (1987): *Hochsprache – Literatursprache – Schriftsprache. Materialien zur Charakteristik von Kultursprachen*. Darmstadt: Wissenschaftliche Buchgesellschaft.

– (1989): *Sprachkultur in Frankreich. Texte aus dem Wirkungsbereich der Académie Française*. Bonn: Romanistischer Verlag.

– (1992): „Die Revolution in der Chemie im Spiegel der Sprache. Das terminologische Manifest Antoine Laurent Lavoisiers von 1787." In: Albrecht, Jörn / Baum, Richard [Hrsg.] (1992): *Fachsprache und Terminologie in Geschichte und Gegenwart*. Tübingen: Narr (= Forum für Fachsprachen-Forschung. 14). 145–167.

BECK-BUSSE, Gabriele (1995): „Vom Fremderleben in der Sprachpflege: die Radiosendung

La langue Française, joyau de notre patrimoine." In: Trabant, Jürgen [Hrsg.] (1995), 117–147.

BEHNKE, Dorothea (1996): *Furetière und Trévoux. Eine Untersuchung zum Verhältnis der beiden Wörterbuchserien.* Tübingen: Niemeyer.

BEINKE, Christiane (1990): *Der Mythos franglais. Zur Frage der Akzeptanz von Angloamerikanismen mit einem kurzen Ausblick auf die Anglizismen-Diskussion in Dänemark.* Frankfurt – Bern – New York – Paris: Lang.

– (1995): „Tomatine statt ketchup. Ein Weg zum reinen Französisch?" In: Trabant, Jürgen [Hrsg.] (1995), 79–90.

BLANK, Andreas (1991): *Literarisierung von Mündlichkeit. Louis-Ferdinand Céline und Raymond Queneau.* Tübingen: Narr.

– (1997): *Prinzipien des lexikalischen Bedeutungswandels am Beispiel der romanischen Sprachen.* Tübingen: Niemeyer.

BLASCO-FERRER, Eduardo (1994): *Handbuch der italienischen Sprachwissenschaft.* Berlin: Schmidt.

– (1996): *Linguistik für Romanisten. Grundbegriffe im Zusammenhang.* Berlin: Schmidt.

BLOCHWITZ, Werner (1968): „Vaugelas' Leistung für die französische Sprache." In: *Beiträge zur Romanischen Philologie* 7: 101–130.

BOCHMANN, Klaus (1981): „Neue Überlegungen zu den Folgen der Französischen Revolution für die französische Sprache." In: *Beiträge zur Romanischen Philologie* 20: 213–220.

– [Hrsg.] (1983): *Die Lothringer Apokalypse* (Facsimile der Dresdner Handschrift). Leipzig: Edition Leipzig.

– (1989): *Regional- und Nationalitätensprachen in Frankreich, Italien und Spanien.* Leipzig: Enzyklopädie.

– [Hrsg.] (1990): *Studien zur Sprachpolitik von der Französischen Revolution bis zur Gegenwart. Frankreich, Italien, Spanien und ausgewählte Entwicklungsländer.* Berlin: Akademie-Verlag.

– (1993): *Sprachpolitik in der Romania.* Berlin – New York: de Gruyter.

BONNET, Max (1890): *Le latin de Grégoire de Tours.* Paris: Hachette. (Neudruck: Hildesheim: Olms 1968).

BORK, Hans-Dieter (1975): „'Néo-Français' = Français avancé? Zur Sprache Raymond Queneaus." In: *Romanische Forschungen* 87: 1–40.

BRAULT, Gérard [Ed.] (1963): *Celestine. A critical edition of the first french translation (1527) of the spanish classic La Celestina with an introduction and notes.* Detroit: Wayne State University Press.

BRAY, Laurent (1997): „Lexicographie et néologie au XVIIe siècle. Le cas des italianismes néologiques dans la première édition du dictionnaire de l'Académie française." In: *Travaux de Linguistique et de Philologie* 35/36: 149–164.

BRÜCKNER, Thomas (1987): *Die erste französische Äneis. Untersuchungen zu Octavien de Saint-Gelais' Übersetzung.* Düsseldorf: Droste.

BRUN, Auguste (1905): *Histoire de la Langue française du XIIIe siècle à 1500.* Paris: Champion.

– (1923): *Recherches historiques sur l'introduction du français dans les provinces du Midi.* Paris: Champion. (Neudruck: Genève: Slatkine 1973).

– (1946): *Parlers régionaux. France dialectale et l'unité française.* Paris – Toulon: Didier.

BRUNEAU, Charles (1955): *Petite histoire de la langue française.* Tome premier. *Des origines à la Révolution.* Paris: Colin.

BRUNOT, Ferdinand (1891): *La doctrine de Malherbe d'après son Commentaire sur Desportes.* Paris: Masson. (Neudruck: 1969. Paris: Colin).

– (1905–1943): *Histoire de la langue française des origines à nos jours.* Tomes I–XIII. Paris. (Neudruck: 1966–1972. Paris: Colin).

BUDAGOV, R. A. (1961): „La normalisation de la langue littéraire en France aux XVIe et XVIIe siècles." In: *Beiträge zur Romanischen Philologie* 1: 143–158.

BURGESS, Glyn S. (1995): „Französische Skriptaformen. IV. England." In: Holtus, Günter/ Metzeltin, Michael/Schmitt, Christian [Hrsg.] (1995), Bd. II,2: Art. 142: 337–346.

BURIDANT, Claude (1986): *La lexicographie au Moyen Age.* Lille: Presses Universitaires.

BUSSE, Winfried/Dougnac, Françoise (1992): *François-Urbain Domergue. Le grammairien patriote.* (1745-1810). Tübingen: Narr.

CAMPROUX, Charles (1953): *Histoire de la littérature occitane.* Paris: Payot.

Caput, Jean-Pol (1972–1975): *La langue française. Histoire d'une institution.* Tomes I, II. Paris: Larousse.

– (1986): *L'Académie Française.* Paris: PUF.

Carton, Fernand (1974): *Introduction à la phonétique du français.* Paris: Bordas.

Cary, Edmond (1963): *Les grands traducteurs français.* Genève: Georg.

Cecchetti, Dario (1981): *Il primo umanesimo francese.* Torino: Meynier.

de Certeau, Michel/Julia, Dominique/Revel, Jacques (1975): *Une politique de la langue. La Révolution française et les patois.* Paris: Gallimard.

Chaurand, Jacques (1977): *Introduction à l'histoire du vocabulaire français.* Paris: Bordas.

Cioranescu, Alexandre (1965–1966): *Bibliographie de la littérature française du dix-septième siècle.* Tomes I, II, III. Paris: Éd. du Centre national de la recherche scientifique.

– (1969): *Bibliographie de la littérature française du dix-huitième siècle.* Tomes I, II, III. Paris: Éd. du Centre national de la recherche scientifique.

Cohen, Marcel (1946): *Le français en 1700 d'après le témoignage de Gile Vaudelin.* Paris: Champion.

– (1954): „Comment on parlait le français en 1700." In: Cohen, Marcel (1954): *Grammaire et style.* Paris: Editions sociales. 73–79.

– (1973): *Histoire d'une langue: Le français.* Paris: Editions sociales.

Cornu, Maurice (1953): *Les formes surcomposées en français.* Bern: Francke.

Coseriu, Eugenio (1974): *Synchronie, Diachronie und Geschichte. Das Problem des Sprachwandels.* München: Fink.

Dahmen, Wolfgang et al. [Hrsg.] (1987): *Latein und Romanisch. Romanistisches Kolloquium I.* Tübingen: Narr (= Tübinger Beiträge zur Linguistik. 308).

Dardel, Robert de (1983): *Esquisse structurale des subordonnants conjonctionnels en roman commun.* Genève: Droz.

Dauses, August (1990): *Theorien des Sprachwandels. Eine kritische Übersicht.* Stuttgart: Steiner.

– (1991): *Sprachwandel durch Analogie. Zu den Gründen des sprachlichen Wandels.* Stuttgart: Steiner.

Dauzat, Albert/Deslandes, Gaston/Rostaing, Charles (1978): *Dictionnaire étymologique des noms de rivières et de montagnes en France.* Paris: Klincksieck.

Dees, Anthonij (1985): „Dialectes et scriptae de l'ancien français." In: *Revue de Linguistique Romane* 49: 87–117.

Delbouille, Maurice (1970): „Comment naquit la langue française?" In: Société de linguistique romane [Éd.] (1970): *Phonétique et linguistique romane: Mélanges offerts à Georges Straka.* Lyon – Strasbourg: Société de linguistique romane. Vol. I, 187–199.

Deloffre, Frédéric [Éd.] (1961): *Agréables conférences de deux paysans de Saint-Ouen et de Montmorency sur les affaires du temps (1647–1651).* Édition critique. Paris: Colin.

Désirat, Claude / Hordé, Tristan (1976): *La langue française au XXe siècle.* Paris: Bordas.

Drüppel, Christoph-Josef (1984): *Altfranzösische Urkunden und Lexikologie. Ein quellenkritischer Beitrag zum Wortschatz des frühen 13. Jahrhunderts.* Tübingen: Niemeyer.

Dubois, Jean (1962): *Le vocabulaire politique et social en France de 1869 à 1872.* Paris: Larousse.

Duby, Georges (1984): *Krieger und Bauern. Die Entwicklung der mittelalterlichen Wirtschaft und Gesellschaft bis um 1200.* Frankfurt: Suhrkamp (= Suhrkamp-Taschenbuch Wissenschaft. 454).

Durante, Marcello (1993): *Geschichte der italienischen Sprache vom Latein bis heute.* Stuttgart: Steiner.

Eckert, Gabriele (1986): *Sprachtypus und Geschichte. Untersuchungen zum typologischen Wandel des Französischen.* Tübingen: Narr.

Elias, Norbert (1969): *Die höfische Gesellschaft. Untersuchungen zur Soziologie des Königtums und der höfischen Aristokratie.* Frankfurt: Suhrkamp.

Ernst, Gerhard (1985): *Gesprochenes Französisch zu Beginn des 17. Jahrhunderts. Direkte Rede in Jean Héroards „Histoire particulière de Louis XIII (1605-1610)".* Tübingen: Niemeyer.

Etiemble, René (1964): *Parlez-vous franglais?* Paris: Gallimard. (^{4}1991).

Falc'hun, François (1977): *Les origines de la langue bretonne I. Argumentation historique.* Rennes: CRDR.

FELLER, Jules (1931): „Français et dialectes chez les auteurs belges du moyen âge." In: *Bulletin de la commission royale de toponymie et de dialectologie* 5: 33–92.

FÉRAUD, Jean François (1787): *Dictionaire critique de la langue française*. 3 vol. Marseille (Facsimile Ausgabe: Tübingen: Niemeyer 1994).

– (1988): *Supplément du Dictionaire critique de la langue française*. 3 tomes. Paris: Ecole Normale Supérieure de Jeunes Filles (Collection No 37).

FEW = s. Wartburg (1922 ff.).

FOERSTER, Wendelin/BREUER, Hermann (1933): *Wörterbuch zu Kristian von Troyes sämtlichen Werken*. Halle: Niemeyer.

FOISIL, Madeleine [Éd.] (1989): *Journal de Jean Héroard. Préface de Pierre Chaunu*. 2 vol. Paris: Fayard.

FOULET, Lucien (1968): *Petite syntaxe de l'ancien français*. Paris: Champion.

GAMILLSCHEG, Ernst (1957): *Historische französische Syntax*. Tübingen: Niemeyer.

– (1934–36): *Romania Germanica. Sprach- und Siedlungsgeschichte der Germanen auf dem Boden des alten Römerreiches*. 3 Bde. Berlin: de Gruyter. (²1970–75).

GAUGER, Hans Martin (1973): *Die Anfänge der Synonymik: Girard (1718) und Roubaud (1785). Ein Beitrag zur Geschichte der lexikalischen Semantik*. Tübingen: Narr.

Geckeler, Horst (1993): „Strukturelle Wortfeldforschung heute." In: Lutzeier, Peter Rolf [Hrsg.] (1993): *Studien zur Wortfeldtheorie*. Tübingen: Niemeyer.

– (1997): „Les emprunts aller-retour français – anglais – français." In: *Travaux de Linguistique et de Philologie* 35/36: 211–221.

GECKELER, Horst/DIETRICH, Wolf (1995): *Einführung in die französische Sprachwissenschaft. Ein Lehr- und Arbeitsbuch*. Berlin: Schmidt.

VON GEMMINGEN, Barbara (1988): „Le Dictionnaire critique de l'Abbé Féraud. Essai d'une description systématique." In: *Travaux de Linguistique et de Philologie* 26: 113–131.

VON GEMMINGEN, Barbara/HÖFLER, Manfred [Éds.] (1988): *La lexicographie française du XVIIIᵉ au XXᵉ siècles*. Paris: Klincksieck (= Travaux de Linguistique et de Philologie. 26).

GLATIGNY, Michel [Éd.] (1990): *Les marques d'usage dans les dictionnaires (XVIIᵉ–XVIIIᵉ siècles)*. Lille: PUL.

GODEFROY, Frédéric (1880–1902): *Dictionnaire de l'ancienne langue française et de tous ses dialectes du IXᵉ au XVᵉ siècles*. 10 vol. Paris: Librairie des sciences et des arts (= Gdf).

GOEBL, Hans (1970): *Die normandische Urkundensprache. Ein Beitrag zur Kenntnis der nordfranzösischen Urkundensprachen des Mittelalters*. Wien – Graz – Köln: Böhlau.

– (1976): „Die Scriptologie – ein linguistisches Aschenbrödel? Vermischtes zur Methodologie einer Discipline-Carrefour." In: *Revue Roumaine de Linguistique* 21: 65–84.

– (1979): „Verba volant, scripta manent. Quelques remarques à propos de la scripta normande." In: *Revue de Linguistique Romane* 43: 344–399.

GOETZ, Rose (1993): *Destutt de Tracy. Philosophie du langage et science de l'homme*. Genève: Droz.

GOSSEN, Carl Theodor (1957): „Die Einheit der französischen Schriftsprache im 15. und 16. Jahrhundert." In: *Zeitschrift für Romanische Philologie* 73: 427–459; 485.

– (1967): *Französische Skriptastudien. Untersuchungen zu den nordfranzösischen Urkundensprachen des Mittelalters*. Wien: Böhlau.

– (1970): *Grammaire de l'ancien picard*. Paris: Klincksieck.

GOUGENHEIM, Georges (1951): *Grammaire de la langue française du seizième siècle*. Lyon – Paris: Edition IAC.

GREIVE, Artur (1970): *Etymologische Untersuchungen zum französischen h aspiré*. Heidelberg: Winter.

GRIMM, Jürgen [Hrsg.] (1989): *Französische Literaturgeschichte*. Stuttgart: Metzler.

GSELL, Otto (1996): „Chronologie frühromanischer Sprachwandel." In: Holtus, Günter/Metzeltin, Michael/Schmitt, Christian [Hrsg.] (1988 ff.), Bd. II,1: Art. 118: 557–583.

GUILBERT, Louis (1965): *La formation du vocabulaire de l'aviation*. Paris: Larousse.

GUMBRECHT, Hans Ulrich (1978): *Funktionen parlamentarischer Rhetorik in der Französischen Revolution*. München: Fink.

– [Hrsg.] (1981): *Sozialgeschichte der Aufklärung in Frankreich*. München – Wien: Oldenburg.

HAAS, Rainer (1991): *Französische Sprachge-*

setzgebung und europäische Integration. Berlin: Duncker & Humblot (= Tübinger Schriften zum internationalen und europäischen Recht. 24).

HAGÈGE, Claude (1987): Le français et les siècles. Paris: Jacob.

HANSEN, Klaus/Carls, Uwe/Lucko, Peter (1996): Die Differenzierung des Englischen in nationale Varianten. Eine Einführung. Berlin: Schmidt.

HASSLER, Gerda (1984): Sprachtheorien der Aufklärung. Zur Rolle der Sprache im Erkenntnisprozess. Berlin: Akademie-Verlag.

HAUSMANN, Franz Josef (1977): Einführung in die Benutzung der neufranzösischen Wörterbücher. Tübingen: Niemeyer.

– (1980): Louis Meigret. Humaniste et linguiste. Tübingen: Narr.

– [Hrsg.] (1983): Die französische Sprache von heute. Darmstadt: Wissenschaftliche Buchgesellschaft.

HAUSMANN, Frank-Rutger (1996): Französisches Mittelalter. Lehrbuch Romanistik. Stuttgart – Weimar: Metzler.

– (1997): Französische Renaissance. Lehrbuch Romanistik. Stuttgart – Weimar: Metzler.

HEINIMANN, Siegfried (1987): Romanische Literatur- und Fachsprachen in Mittelalter und Renaissance. Wiesbaden: Reichert.

HEINZ, Annemarie (1964): Der Wortschatz des Jean Miélot. Stuttgart: Braunmüller.

HERMAN, József (1970): Le latin vulgaire. Paris: PUF.

– [Éd.] (1987): Latin vulgaire – latin tardif. Actes du Ier Colloque international sur le latin vulgaire et tardif. Tübingen: Niemeyer.

– (1990): Du Latin aux langues romanes. Études de linguistique historique. Réunies par Sándor Kiss avec une préface de Jacques Monfrin. Tübingen: Niemeyer.

HILTY, Gerold (1968): „La Séquence de Sainte-Eulalie et les origines de la langue littéraire française." In: Vox Romanica 27: 4–18.

– (1973): „Les origines de la langue littéraire française." In: Vox Romanica 32: 254–271.

HÖFLER, Manfred (1982): Dictionnaire des anglicismes. Paris: Larousse.

– (1978): „Napoléon Landais, Dictionnaire Général et Grammatical des dictionnaires français." In: Romanische Forschungen 90: 480–485.

– [Éd.] (1982): La lexicographie française du

XVIᵉ au XVIIIᵉ siècles. Wolfenbüttel: Herzog August Bibliothek.

HOFMANN, Johann Baptist (1926): Lateinische Umgangssprache. Heidelberg: Winter.

HOLTUS, Günter/METZELTIN, Michael/SCHMITT, Christian [Hrsg.] (1988 ff.): Lexikon der Romanistischen Linguistik. Bde. I–VIII. Tübingen: Niemeyer (= LRL).

HOLTUS, Günter/RADTKE, Edgar [Hrsg.] (1994): Sprachprognostik und das „italiano" di domani. Prospettive per una linguistica „prognostica". Tübingen: Narr.

HUBERTY, Maren/PERLICK, Claudia [Hrsg.] (1997): Studia historica romanica. In honorem Johannes Klare. Bonn: Romanistischer Verlag.

HUBSCHMID, Johannes (1979): „Rezension zu Dauzat, Albert et al. (1978)." In: Zeitschrift für Romanische Philologie 95: 155–161.

HUCHON, Mireille (1988): Le français de la Renaissance. Paris: PUF.

HUGUET, Edmond (1925–1967): Dictionnaire de la langue française du seizième siècle. 5 vol. Paris: Champion; Didier.

HUIZINGA, Johan (1975): Herbst des Mittelalters. Studien über Lebens- und Geistesformen des 14. und 15. Jahrhunderts in Frankreich und in den Niederlanden. Stuttgart: Kröner. (¹1924).

KALVERKÄMPER, Hartwig (1989): „Kolloquiale Vermittlung von Fachwissen im frühen 18. Jahrhundert. Gezeigt an den ,Entretiens sur la pluralité des mondes' (1686) von Fontenelle." In: Schlieben-Lange, Brigitte [Hrsg.] (1989), 17–80.

– (1996): „Die Kultur des literarischen wissenschaftlichen Dialogs – aufgezeigt an einem Beispiel aus der italienischen Renaissance (Galilei) und der französischen Aufklärung (Fontenelle)." In: Kalverkämper, Hartwig/Baumann, Klaus-Dieter [Hrsg.] (1996), 683–745.

KALVERKÄMPER, Hartwig / BAUMANN, Klaus-Dieter [Hrsg.] (1996): Fachliche Textsorten. Komponenten – Relationen – Strategien. Tübingen: Narr (= Forum für Fachsprachen-Forschung. 25).

KATTENBUSCH, Dieter [Hrsg.] (1995): Minderheiten in der Romania. Wilhelmsfeld: Egert.

KELLER, Hans-Erich (1953): Etude descriptive sur le vocabulaire de Wace. Berlin: Akademie-Verlag.

KELLER, Monika (1991): *Ein Jahrhundert Reformen der französischen Orthographie. Geschichte eines Scheiterns.* (1886–1991). Tübingen: Stauffenburg.

KELLER, Rudi (1994): *Sprachwandel. Von der unsichtbaren Hand in der Sprache.* Tübingen – Basel: Francke.

KLARE, Johannes (1958): *Entstehung und Entwicklung der konzessiven Konjunktionen im Französischen.* Berlin: Akademie-Verlag.

– (1964): „Die doppelt umschriebenen Zeiten (temps surcomposés) im Deutschen und Französischen." In: *Beiträge zur Romanischen Philologie* 3: 427–431.

– (1965 a): „Hauptlinien der Entwicklung der französischen Literatursprache seit dem 17. Jahrhundert." In: *Beiträge zur Romanischen Philologie* 4: 133–160.

– (1965 b): „Der Status des modernen Französisch und seine Beeinflussung durch das Angloamerikanische." In: *Fremdsprachenunterricht* 9: 532–541; 597–607.

– (1978): „Zur Herausbildung der altfranzösischen Schriftsprache." In: *Beiträge zur Romanischen Philologie* 17: 177–184.

– (1986 a): „Der Abbé Gabriel Girard als Grammatiker des 18. Jahrhunderts in Frankreich." In: *Zeitschrift für Phonetik, Sprachwissenschaft und Kommunikationsforschung* 39: 669–676.

– (1986 b): „Die Francophonie und das Französische in Kanada." In: *Wissenschaftliche Zeitschrift der Humboldt-Universität zu Berlin* 35: 441–449.

– (1985): „La scriptologie et la formation de la langue écrite en ancien français." In: *Razo. Cahiers du Centre d'Études médiévales de Nice* 5: 39–48.

– (1993): „Die Wörterbücher der revolutionären Periode und die Diskussion um die Neologismen und Neosemantismen der Französischen Revolution." In: Osols-Wehden, Irmgard [Hrsg.] (1993): *Festschrift Horst Heintze.* Berlin: Berlin-Verlag Arno Spitz. 193-205.

– (1998): „Sprachpolitik, Sprachkultur und Sprachpflege in Frankreich – gestern und heute." In: Scharnhorst, Jürgen [Hrsg.] (1998): *Sprachkultur und Sprachgeschichte.* Frankfurt – Berlin – Bern – New York – Paris – Wien: Lang.

KLEIN, Franz-Josef (1997): „Frz. chaire/chaise und Vergleichbares. Zur Rolle der ‚doublets d'origine populaire' in der Entwicklung des französischen Wortschatzes." In: Bollée, Annegret/Kramer, Johannes [Hrsg.] (1997): *Festschrift Hans-Dieter Bork.* Bonn: Romanistischer Verlag. 161–182.

KLEIN, Jean-René (1976): *Le vocabulaire des moeurs de la „Vie parisienne" sous le Second Empire. Introduction à l'étude du langage boulevardier.* Louvain: Bibliothèque de l'Université.

KLEMPERER, Victor (1914): „Italienische Elemente im französischen Wortschatz." In: *Germanisch-Romanische Monatsschrift* 6: 664–677 (= Klemperer, Victor (1926): Romanische Sonderart. München. 213–235).

– (1954–1966): *Geschichte der französischen Literatur im 18. Jahrhundert.* 2 Bde. Berlin: Deutscher Verlag der Wissenschaften/Halle: VEB Max Niemeyer.

KLUGE, Günter (1956/57): „Der neue Wortschatz in Oresmes ‚Traité de la monnaie' (ca. 1361)." In: *Wissenschaftliche Zeitschrift der Humboldt-Universität zu Berlin* 6: 87–98.

KOCH, Peter/OESTERREICHER, Wulf (1985): „Sprache der Nähe-Sprache der Distanz. Mündlichkeit und Schriftlichkeit im Spannungsfeld von Sprachtheorie und Sprachgeschichte." In: *Romanistisches Jahrbuch* 36: 14–43.

– (1990): *Gesprochene Sprache in der Romania. Französisch, Italienisch, Spanisch.* Tübingen: Niemeyer.

KÖNIG, Karl (1939): *Überseeische Wörter im Französischen des 16. bis 18. Jahrhunderts.* Halle: Niemeyer.

KONTZI, Reinhold [Hrsg.] (1982): *Substrate und Superstrate in den romanischen Sprachen.* Darmstadt: Wissenschaftliche Buchgesellschaft.

KRAMER, Johannes (1992): *Das Französische in Deutschland. Eine Einführung unter Mitarbeit von Sabine Kowallik.* Stuttgart: Steiner.

KRASSIN, Gudrun (1994): *Neuere Entwicklungen in der französischen Grammatik und Grammatikforschung.* Tübingen: Niemeyer.

KRAUSS, Werner (1963): „Zur Bedeutungsgeschichte von matérialisme." In: Meier, Harri/Sckommodau, Hans [Hrsg.] (1963): *Festschrift Fritz Schalk.* Frankfurt: Klostermann. 330–332.

– (1972): *Werk und Wort. Aufsätze zur Literatur-*

wissenschaft und Wortgeschichte. Berlin – Weimar: Aufbau-Verlag.

– (1997): *Sprachwissenschaft und Wortgeschichte.* Hrsg. von Bernhard Henschel. Mit einer Bibliographie von Horst E. Müller. Berlin–New York: de Gruyter. (= Krauss, Werner: *Das wissenschaftliche Werk.* Bd. 8).

KREMNITZ, Georg (1975): *Die ethnischen Minderheiten Frankreichs.* Tübingen: Narr.

– (1981): *Das Okzitanische. Sprachgeschichte und Soziologie.* Tübingen: Niemeyer.

– (1995): „Sprachliche Minderheiten in Frankreich heute." In: Kattenbusch, Dieter [Hrsg.] (1995), 81–94.

KUHN, Alwin (1956): „Schriftsprache und Dialekt." In: *Cultura Neolatina* 16: 35–51.

LAFARGUE, Paul (1894): „La langue française avant et après la Révolution." In: *L'Ere nouvelle.* 2, 1894. (Deutsche Fassung: Lafargue, Paul (1970): „Die französische Sprache vor und nach der Revolution." In: Lafargue, Paul (1970): *Vom Ursprung der Ideen. Eine Auswahl seiner Schriften von 1886 bis 1900.* Hrsg. von Katharina Scheinfuß. Dresden: Verlag der Kunst. 75–134).

LAFONT, Robert (1967): *La révolution régionaliste.* Paris: Gallimard.

LANGENBACHER, Jutta (1980): „Normative Lexikologie. Die ‘communiqués de mise en garde' der Académie française (1964–1978) und ihre Rezeption in den französischen Wörterbüchern der Gegenwart." In: Stimm, Helmut [Hrsg.] (1980): *Zur Geschichte des gesprochenen Französisch und zur Sprachlenkung im Gegenwartsfranzösischen.* Wiesbaden: Steiner. 79–95.

LARTHOMAS, Pierre [Éd.] (1964): *Supplément du Dictionaire Critique de la langue française.* Paris: ENS de Jeunes-Filles, no. 37.

– (1965): „Le Supplément du Dictionaire Critique de Féraud." In: *Le Français Moderne* 33, 241–255 (Auch in den *Actes du Congrès International de Linguistique et Philologie Romanes.* Vol. 1. Aix: Laffitte 1986. 377–392).

– (1987): „L'analyse des niveaux de langue dans le Supplément du Dictionnaire Critique." In: Université de Limoges/Groupe d'Étude en Histoire de la langue française [Éd] (1987): *Études critiques sur Féraud lexicographe.* Paris: ENS de Jeunes Filles. 201–218.

LATHULLIÈRE, Roger (1987): „La langue des

précieux." In: *Travaux de Linguistique.et de Littérature* 25: 243–269.

LAUSBERG, Heinrich (1950): „Malherbes Stellung in der Geschichte der französischen Schriftsprache." In: *Romanische Forschungen* 62: 172–200.

LENOBLE-PINSON, Michèle (1991): *Anglicismes et substituts français.* Paris – Louvain-la-Neuve: Duculot.

LERCH, Eugen (1925–1934): *Historische französische Syntax.* 3 Bde. Leipzig: Reisland.

LINDEMANN, Margarete (1994): *Die französischen Wörterbücher von den Anfängen bis 1600. Entstehung und typologische Beschreibung.* Tübingen: Niemeyer.

– (1997): „Le Dictionnaire de l'Académie française de 1694 – les principes et la réalisation." In: *Travaux de Linguistique et de Philologie* 35/36: 281–297.

LÜDTKE, Helmut (1968): *Geschichte des romanischen Wortschatzes.* 2 Bde. Freiburg: Rombach.

– [Hrsg.] (1980): *Kommunikationstheoretische Grundlagen des Sprachwandels.* Berlin – New York: de Gruyter.

– (1986): „Esquisse d'une théorie du changement langagier." In: *La Linguistique* 22: 3–46.

– (1997): „Sprachwandeltheorie: Erkenntnisse und Probleme." In: Huberty, Maren/ Perlick, Claudia [Hrsg.] (1997), 61–83.

LÜDTKE, Jens (1995): „Grundzüge der Entwicklung der Relationsadjektive vom Latein zum Romanischen." In: Dahmen, Wolfgang [Hrsg.] (1995): *Konvergenz und Divergenz in den romanischen Sprachen.* Tübingen: Narr. 138–150.

LUDWIG, Ralph (1986): „Mündlichkeit und Schriftlichkeit. Felder der Forschung und Ansätze zu einer Merkmalsystematik im Französischen." In: *Romanistisches Jahrbuch* 37: 15–45.

MARCHELLO-NIZIA, Christiane (1979): *Histoire de la langue française aux XIVᵉ et XVᵉ siècles.* Paris: Bordas.

– (1995): *L'évolution du français. Ordre des mots, démonstratifs, accent tonique.* Paris: Colin.

MARTY-LAVEAUX, Charles (1896–1898): *La Pléiade française. Appendice. La langue de la Pléiade.* 2 Bde. Paris: A. Lemerre.

MARZYS, Zygmunt (1974): „La formation de la norme du français cultivé." In: *Kwartal* nik *Neofilologiczny* 21: 315–332.

MATORÉ, Georges (1951): *Le vocabulaire et la société sous Louis Philippe*. Genève: Droz. (zugl.: Paris: Univ. Diss. 1946).

– (1968): *Histoire des dictionnaires français*. Paris: Larousse.

MEIER, Harri (1986): *Prinzipien der etymologischen Forschung. Romanistische Einblicke*. Heidelberg: Winter.

MEISENBURG, Trudel (1996): *Romanische Schriftsysteme im Vergleich. Eine diachrone Studie*. Tübingen: Narr.

MENSCHING, Guido/RÖNTGEN, Karl-Heinz [Hrsg.] (1995): *Studien zu romanischen Fachtexten aus Mittelalter und früher Neuzeit*. Hildesheim – Zürich – New York: Olms.

MESSNER, Dieter (1966): *Pierre Bersuire. Übersetzer des Titus Livius. Eine Wortschatzuntersuchung zum ersten Buch der ersten Dekade*. Wien: Phil. Diss.

– (1977): *Einführung in die Geschichte des französischen Wortschatzes*. Darmstadt: Wissenschaftliche Buchgesellschaft.

MÖHREN, Frankwalt (1986): *Wort- und sachgeschichtliche Untersuchungen an französischen landwirtschaftlichen Texten. 13., 14. und 18. Jahrhundert. Senechaucie, Menagier, Encyclopédie*. Tübingen: Niemeyer.

MONRÉAL-WICKERT, Irene (1977): *Die Sprachforschung der Aufklärung im Spiegel der großen französischen Enzyklopädie*. Tübingen: Narr.

MORMILE, Mario (1967): *Desfontaines et la crise néologique*. Roma: Ed. Ricerche.

– (1973): *La néologie révolutionnaire de L.S. Mercier*. Roma: Bulzoni.

MÜLLER, Bodo (1975): *Das Französische der Gegenwart. Varietäten, Strukturen, Tendenzen*. Heidelberg: Winter. (Erweitert in franz. Fassung: *Le français d'aujourd'hui*. Paris: Klincksieck 1985).

NERLICH, Michael (1977): *Kritik der Abenteuer-Ideologie*. Berlin: Akademie-Verlag.

NEUMANN, Sven-Goesta (1959): *Recherches sur le français des XVe et XVIe siècles et sur sa codification par les théoriciens de l'époque*. Lund – Kopenhagen: Gleerup-Munksgaard.

NEUMANN-HOLZSCHUH, Ingrid (1995): „Zwischen bon usage und plurizentrischer Sprachkultur. Zum Stand der sprachnormativen Diskussion in Frankreich und

Québec." In: *Rostocker Beiträge zur Sprachwissenschaft* 1: 195–210.

NOLL, Volker (1991): *Die fremdsprachlichen Elemente im französischen Argot*. Frankfurt: Lang (= Heidelberger Beiträge zur Romanistik. 25).

NYROP, Kristoffer (1899–1930): *Grammaire historique de la langue française*. Tomes I–VI. Copenhague: Gyldendalske Boghandel Nordisk Forlag.

OLSCHKI, Leonardo (1913): *Der ideale Mittelpunkt Frankreichs im Mittelalter in Wirklichkeit und Dichtung*. Heidelberg: Winter.

– (1919–1927): *Geschichte der neusprachlichen wissenschaftlichen Literatur*. 3 Bände. Heidelberg – Leipzig – Halle: Niemeyer (Neudruck: Vaduz 1965).

OSTIGUY, Luc/TOUSIGNANT, Claude (1993): *Normes et usages*. Montréal: Guérin universitaire.

PERGNIER, Maurice (1989): *Les anglicismes. Danger ou enrichissement pour la langue française?* Paris: PUF.

PFISTER, Max (1973): „Die sprachliche Bedeutung von Paris und der Ile de France vor dem 13. Jahrhundert." In: *Vox Romanica* 32: 217–253.

– (1978): „Die Bedeutung des germanischen Superstrates für die sprachliche Ausgliederung der Galloromania." In: Beumann, Helmut/Schröder, Werner [Hrsg.] (1978): *Aspekte der Nationenbildung im Mittelalter*. Sigmaringen: Thorbeck. 127–170.

– (1980): *Einführung in die romanische Etymologie*. Darmstadt: Wissenschaftliche Buchgesellschaft.

– (1993): „Scripta et koiné en ancien français aux XIIe et XIIIe siècles?" In: Knecht, Pierre/Marzys, Zygmunt [Éds.]: *Ecriture, langues communes et normes. Formation spontanée de koinés et standardisation dans la Galloromania et son voisinage*. Neuchâtel – Genève: Droz. 17–41.

PICOCHE, Jacqueline (1976): *Le vocabulaire psychologique dans les Chroniques de Froissart*. Paris: Colin.

PIEDMONT, René M. (1984): *Beiträge zum französischen Sprachbewusstsein im 18. Jahrhundert. Der Wettbewerb der Berliner Akademie zur Universalität der französischen Sprache von 1782/84*. Tübingen: Narr.

PLÖTNER, Bärbel (1988): „Die Regionalsprachen

in der Großen Französischen Revolution."
In: *Linguistische Arbeitsberichte* 62: 19–40.

PÖTTERS, Wilhelm/Alsdorf-Bollée, Annegret
(1995): *Sprachwissenschaftlicher Grundkurs
für Studienanfänger Französisch.* Tübingen:
Narr.

POPELAR, Inge (1976): *Das Akademiewörterbuch
von 1694 – das Wörterbuch des honnête
homme?* Tübingen: Niemeyer.

PROSCHWITZ, Gunnar von (1966): „Le vocabulaire politique au XVIIIe siècle avant et
après la Révolution. Scission ou conti-
nuité?" In: *Le Français Moderne* 34: 87–102.

PROUST, Jacques (1962): *Diderot et l'Encyclopédie.* Paris: Colin.

– (1965): *L'Encyclopédie.* Paris: Colin.

RADTKE, Edgar (1994): *Gesprochenes Französisch und Sprachgeschichte. Zur Rekonstruk-
tion der Gesprächskonstitution in Dialogen
französischer Sprachlehrbücher des 17. Jahrhunderts unter besonderer Berücksichtigung
der italienischen Adaptationen.* Tübingen:
Niemeyer.

RAIBLE, Wolfgang (1995): *Kulturelle Perspektiven auf Schrift und Schreibprozesse. Elf Aufsätze zum Thema Mündlichkeit und Schriftlichkeit.* Tübingen: Narr.

– (1996): „Relatinisierungstendenzen."
In: Holtus, Günter/Metzeltin, Michael/
Schmitt, Christian [Hrsg.] (1988 ff.), Bd.II,
1: 120-134.

REICHARDT, Rolf/SCHMITT, Eberhard [Hrsg.]
(1985 ff.): *Handbuch politisch-sozialer
Grundbegriffe in Frankreich 1680-1820.*
München: Oldenburg.

REICHENKRON, Günter (1965): *Historische la-
tein-altromanische Grammatik. Bd. I.* Wiesbaden: Harrassowitz.

REINER, Erwin (1980): *Die etymologischen
Dubletten des Französischen. Eine Einführung
in die historische Wortlehre.* Wien: Braumül-
ler.

REMACLE, Louis (1948): *Le Problème de l'ancien
wallon.* Liège: Bibliothèque de la Fac. de
Philologie et Lettres de l'Université de Liège.

– (1972): „Remarques sur l'étymologie du
français aune." In: *Revue de Linguistique
Romane* 36: 305–310.

REY, Alain (1970): *Littré. L'humaniste et les
mots.* Paris: Le Robert.

– [Éd.] (1992): *Dictionnaire historique de la langue française.* 2 vol. Paris: Le Robert.

REY-DEBOVE, Josette/GAGNON, Gilberte (1982):
*Dictionnaire des anglicismes. Les mots
anglais et américains en français.* Paris: Le
Robert.

RHEINFELDER, Hans (1953–1967): *Altfranzösische Grammatik.* Erster Teil: *Lautlehre;* Zweiter Teil: *Formenlehre.* München: Hueber.

RICHTER, Elise (1934): *Beiträge zur Geschichte
der Romanismen. I. Chronologische Phonetik
des Französischen bis zum Ende des 8. Jahrhunderts.* Halle/Saale: Niemeyer.

RICKARD, Peter (1977): *Geschichte der französischen Sprache.* Tübingen: Narr.

RICKEN, Ulrich (1978): *Grammaire et philosophie au siècle des Lumières. Controverses sur
l'ordre naturel et la clarté du français.* Lille –
Villeneuve-d'Ascq: PUL.

– (1983): *Französische Lexikologie. Eine Einführung.* Leipzig: Enzyklopädie.

– (1984): *Sprache, Anthropologie, Philosophie
in der französischen Aufklärung. Ein Beitrag
zur Geschichte des Verhältnisses von Sprachtheorie und Weltanschauung.* Berlin: Akademie-Verlag.

– (1990): *Sprachtheorie und Weltanschauung in
der europäischen Aufklärung.* Berlin: Akademie-Verlag.

ROHLFS, Gerhard (1951): *Sermo vulgaris latinus.
Vulgärlateinisches Lesebuch.* Halle/Saale:
Niemeyer.

– (1952): „Fränkische und frankoromanische
Wanderwörter in der Romania." In: Kuen,
Heinrich/Gamillscheg, Ernst [Hrsg.] (1952):
Festschrift Ernst Gamillscheg. Tübingen: Nie-
meyer. 111–128.

ROQUES, Mario [Éd.] (1936-1938): *Recueil
général des lexiques français du moyen âge
(XIIe–XVe siècles).* Paris: Champion.

ROSSET, Théodore (1911): *Les origines de la prononciation française, étudiée au XVIIe siècle
d'après les remarques des grammairiens et les
textes en patois de la banlieue parisienne.*
Paris: Colin.

SARAUW, Christine (1920): *Die Italianismen in
der französischen Sprache des 16. Jahrhunderts.* Borna – Leipzig: Noske.

SCHAFROTH, Elmar (1992): „Feminine Berufsbezeichnungen in Kanada und Frankreich."
In: *Zeitschrift für Kanada-Studien* 22: 109–125.

SCHLEMMER, Gerd (1983): *Die Rolle des germanischen Superstrats in der Geschichte der romanischen Sprachwissenschaft.* Hamburg: Buske.

SCHLIEBEN-LANGE, Brigitte (1980): „Die Sprachpolitik der Französischen Revolution." In: *Komparatistische Hefte* 1: 41–53.

– (1981): „Die Französische Revolution und die Sprache." In: *Zeitschrift für Literaturwissenschaft und Linguistik* 11: 90–123.

– (1983): *Traditionen des Sprechens. Elemente einer pragmatischen Sprachgeschichtsschreibung.* Stuttgart – Berlin – Köln – Mainz: Kohlhammer.

– (1985): „Die Wörterbücher in der Französischen Revolution (1789–1804)." In: Reichardt, Rolf/Schmitt, Eberhard [Hrsg.] (1985 ff.), 149–189.

– (1987): „Das Französische-Sprache der Uniformität." In: *Zeitschrift für Germanistik* 8: 26–38.

– [Hrsg.] (1989): *Fachgespräche in Aufklärung und Revolution.* Tübingen: Niemeyer.

– (1996): *Idéologie, révolution et uniformité de la langue.* Sprimont: Pierre Mardaga.

SCHMITT, Christian (1974): *Die Sprachlandschaften der Galloromania. Eine lexikalische Studie zum Problem der Entstehung und Charakterisierung.* Bern – Frankfurt: Lang.

– (1977): „La Grammaire française des XVIᵉ et XVIIᵉ siècles et les langues régionales." In: *Travaux de Linguistique.et de Littérature* 15: 215–225.

– (1995): „Das Fremde als Staatsaffaire: hebdo Langage, télélangage und MEDIAS & langage." In: Trabant, Jürgen [Hrsg.] (1995), 91–115.

SCHOBER, Rita [Hrsg.] (1968): *Nicolas Boileau Despréaux. L'Art Poétique. Die Dichtkunst.* Halle: Niemeyer.

SCHROEDER, Klaus-Henning (1996): *Geschichte der französischen Sprache im Überblick.* Bonn: Romanistischer Verlag.

SCHÜRR, Friedrich (1970): *La diphtongaison romane.* Tübingen: Narr.

– (1972): „Epilogo alla discussione sulla dittongazione romanza." In: *Revue de Linguistique Romane* 36: 311–321.

SCHÜTZEICHEL, Rudolf (1988): „Zu einem – ucum Namen bei Venantius Fortunatus." In: Kremer, Dieter [Hrsg.] (1988): *Festschrift Joseph Maria Piel.* Tübingen: Niemeyer. 97–115.

SCHWARZE, Christoph (1977): *Sprachschwierigkeiten, Sprachpflege, Sprachbewusstsein. Das Phänomen der „Chroniques de langage".* Konstanz: Universitätsverlag.

SCKOMMODAU, Hans (1933): *Der französische psychologische Wortschatz der zweiten Hälfte des 18. Jahrhunderts.* Leipzig – Paris: Droz.

SEGUIN, Jean-Pierre (1972): *La langue française au XVIIIᵉ siècle.* Paris – Bruxelles – Montréal: Bordas.

SELIG, Maria (1992): *Die Entwicklung der Nominaldeterminanten im Spätlatein. Romanischer Sprachwandel und lateinische Schriftlichkeit.* Tübingen: Niemeyer.

– (1994): *Volkssprachliche Schriftlichkeit im Mittelalter. Die Genese der altokzitanischen Schriftsprache.* Habilitationsschrift Freiburg.

SELIG, Maria/FRANK, Barbara/HARTMANN, Jörg [Éds.] (1991): *Le passage à l'écrit des langues romanes.* Tübingen: Narr.

SERGIJEWSKIJ, Maxim W. (1979): *Geschichte der französischen Sprache.* München: Beck.

SETTEKORN, Wolfgang (1981): „Bemerkungen zum Bon Usage. Genese und Erfolg eines Normkonzepts." In: *Lendemains* 6: 17–31.

– (1988): *Sprachnorm und Sprachnormierung in Frankreich. Einführung in die begrifflichen, historischen und materiellen Grundlagen.* Tübingen: Niemeyer.

– [Hrsg.] (1990): *Sprachnorm und Sprachnormierung. Deskription – Praxis – Theorie.* Wilhelmsfeld: Egert.

SIMONE, Franco (1965): *Il Rinascimento francese.* Torino: Soc. Ed. Internazionale.

– (1968): *Umanesimo, Rinascimento, Barocco in Francia.* Milano: Mursia.

– [Éd.] (1974): *Culture et politique en France à l'époque de l'Humanisme et de la Renaissance.* Torino: Accad. delle Scienze.

SLOTTY, Friedrich (1960): *Vulgärlateinisches Übungsbuch.* Berlin: de Gruyter.

SPITZER, Leo (1910): *Die Wortbildung als stilistisches Mittel exemplifiziert an Rabelais.* Halle: Niemeyer.

STÄDTLER, Thomas (1988): *Zu den Anfängen der französischen Grammatiksprache. Textausgaben und Wortschatzstudien.* Tübingen: Niemeyer.

STAPFER, Paul (1910): *Récréations grammaticales et littéraires.* Paris: Colin.

STÉFANINI, Jean (1969): *Un provençaliste marseillais: l'Abbé Féraud (1725–1807).* Paris: Ophrys.

STEFENELLI, Arnulf (1987): *Die lexikalischen Archaismen in den Fabeln von La Fontaine.* Passau: Haller.

– (1992): *Das Schicksal des lateinischen Wortschatzes in den romanischen Sprachen.* Passau: Rothe.

Steinmeyer, Georg (1979): *Historische Aspekte des „français avancé".* Genève: Droz.

Stempel, Wolf-Dieter (1964): *Untersuchungen zur Satzverknüpfung im Altfranzösischen.* Braunschweig: Westermann.

Straka, Georges (1979): *Les sons et les mots. Choix d'études de phonétique et de linguistique.* Paris: Klincksieck.

– (1993): „Problèmes de chronologie relative". In: Swiggers, Pierre [Éd.] (1993): *Georges Straka. Notice biographique et bibliographique.* Louvain: Centre international de dialectologie générale. 49–60.

Streicher, Jeanne (1936): *Commentaires sur les Remarques de Vaugelas par La Mothe le Vayer, Scipion Dupleix, Ménage, Bouhours, Conrart, Chapelain, Patru, Thomas Corneille, Cassagne, Andry de Boisregard et l'Académie Française.* Paris: Droz. (Neudruck: Genève: Slatkine 1970).

Strobel-Köhl, Michaela (1994): *Die Diskussion um die ‚ideale' Orthographie.* Tübingen: Narr.

Strosetzki, Christoph (1978): *Konversation. Ein Kapitel gesellschaftlicher und literarischer Pragmatik im Frankreich des 17. Jahrhunderts.* Frankfurt – Bern – Las Vegas: Lang.

Swiggers, Pierre (1984): *Les conceptions linguistiques des Encyclopédistes. Étude sur la constitution d'une théorie de la grammaire au siècle des Lumières.* Heidelberg: Groos.

– (1990): „Französische Grammaticographie." In: Holtus, Günter/Metzeltin, Michael/Schmitt, Christian [Hrsg.] (1988 ff.), Bd. V, 1: 843–869.

– (1993): „Politique de la langue et description linguistique en France à l'époque de la Révolution." In: *Travaux de Linguistique et de Philologie* 31: 399–421.

Swiggers, Pierre/Hoecke, Willy [Éds.] (1989): *La langue française au XVIe siècle: Usage, enseignement et approches descriptives.* Louvain – Paris: Peeters-Presses Universitaires de Louvain.

Tappolet, Ernst (1917): *Die alemannischen Lehnwörter in den Mundarten der französischen Schweiz.* Straßburg: Trübner.

Taverdet, Gérard (1995): „Französische Scriptaformen VII: Bourgogne, Bourbonnais,

Champagne, Lothringen." In: Holtus, Günter/Metzeltin, Michael/Schmitt, Christian [Hrsg.] (1988 ff.), Bd. II,2 (No.145), 374–389.

Thielemann, Werner (1997): „Libertinage d'esprit contra docilité: François de la Mothe le Vayer zum Norm-Ideal des ‚honnête homme' von Vaugelas." In: Huberty, Maren/Perlick, Claudia [Hrsg.] (1997), 165–194.

Thurot, Charles (1881–1883): *De la prononciation française depuis le commencement du XVIe siècle d'après les témoignages des grammairiens.* Paris: Imprimerie Nationale. (Neudruck Genève: Slatkine 1966).

Tobler, Adolf/Lommatzsch, Erhard (1925 ff.): *Altfranzösisches Wörterbuch.* Berlin – Wiesbaden: Steiner (= TL).

Trabant, Jürgen (1981): „Die Sprache der Freiheit und ihre Feinde." In: *Zeitschrift für Literaturwissenschaft und Linguistik* 41: 70–89.

– [Hrsg.] (1995): *Die Herausforderung durch die fremde Sprache. Das Beispiel der Verteidigung des Französischen.* Berlin: Akademie-Verlag.

– (1995): „Die Sprache der Freiheit und ihre Freunde." In: Trabant, Jürgen [Hrsg.] (1995), 175–191.

Trésor de la langue française. Dictionnaire de la langue du XIXe et du XXe siècle. (1789–1960). 16 vol. Paris: Gallimard (= TLF).

Ullmann, Stephen (1952): *Précis de sémantique française.* Berne: Francke.

Väänänen, Veikko (1966): *Le latin vulgaire des inscriptions pompéiennes.* Berlin: Akademie-Verlag.

– (1981): *Introduction au latin vulgaire.* Paris: Klincksieck.

Vecchio, Sebastiano (1989): „Langue de la liberté et liberté des langues." In: *Le Français Moderne* 57: 99–108.

Vossler, Karl (1929): *Frankreichs Kultur und Sprache. Geschichte der französischen Schriftsprache von den Anfängen bis zur Gegenwart.* Heidelberg: Winter.

– (1948): *Jean Racine.* München: Hueber. (¹1926).

– (1954): *Einführung ins Vulgärlatein.* Hrsg. und bearbeitet von Helmut Schmeck. München: Hueber.

Wagner, Robert-Léon (1967): *Les vocabulaires français.* Paris: Didier.

VON WARTBURG, Walther (1922 ff.): *Französisches Etymologisches Wörterbuch. Eine Darstellung des galloromanischen Sprachschatzes*. 25 Bde. Bonn – Leipzig – Tübingen – Basel: Zbinden. (= FEW).
– (1931): „Das Ineinandergreifen von deskriptiver und historischer Sprachwissenschaft." In: *Berichte über die Verhandlungen der Sächsischen Akademie der Wissenschaften zu Leipzig. Philol.-histor. Klasse*. 83, 1: 1–23.
– (1950): *Die Ausgliederung der romanischen Sprachräume*. Bern: Francke.
– (1951): *Die Entstehung der romanischen Völker*. Tübingen: Niemeyer.
– (1956): „Die griechische Kolonisation in Südgallien und ihre sprachlichen Zeugen im Westromanischen." In: von Wartburg, Walther (1956): *Von Sprache und Mensch. Gesammelte Aufsätze*. Bern: Francke. 61–126.
– (1956): „Zum Problem des Frankoprovenzalischen". In: Wartburg, Walther von (1956): *Von Sprache und Mensch. Gesammelte Aufsätze*. Bern: Francke. 127–158.
– (1946): *Evolution et structure de la langue française* (¹1934, ¹²1993). Bern: Francke.
WEINRICH, Harald (1958): *Phonologische Studien zur romanischen Sprachgeschichte*. Münster: Aschendorff.
– (1960): „Vaugelas und die Lehre vom guten Sprachgebrauch in der französischen Klassik." In: Zeitschrift für *Romanische Philologie* 76: 1–33.
– (1964): *Tempus. Besprochene und erzählte Welt*. Stuttgart: Kohlhammer. (²1971).
– (1982): *Textgrammatik der französischen Sprache*. Stuttgart: Klett.
– (1988): *Wege der Sprachkultur*. München: dtv.
– (1995): „Ein Gesetz für die Sprache?". In: Trabant, Jürgen [Hrsg.] (1995), 169–173.
WERNER, Edeltraud (1980): *Die Verbalperiphrasen im Mittelfranzösischen. Eine semantisch-syntaktische Analyse*. Frankfurt – Bern: Lang.
– (1997): „Das Syntaxkonzept von Gabriel Girard in den Vrais principes de la langue françoise (1747)." In: *Vox Romanica* 56: 146–178.
WEXLER, Peter J. (1955): *La formation du vocabulaire des chemins de fer en France* (1778–1842). Genève-Lille: Société de publications romanes et françaises.
WIND, Bartina Harmina (1928): *Les mots italiens introduits en français au XVIᵉ siècle*. Deventer: Kluwer. (Neudruck: Utrecht: Res 1973).
WINKELMANN, Otto (1991): *Zur Ablösung des Lateins durch das Französische als Urkundensprache*. Regensburg: Pustel.
WOLF, Heinz Jürgen (1979): *Französische Sprachgeschichte*. Heidelberg: Quelle & Meyer.
WOLF, Lothar (1969): *Texte und Dokumente zur französischen Sprachgeschichte. 16. Jahrhundert*. Tübingen: Niemeyer.
– (1972): *Texte und Dokumente zur französischen Sprachgeschichte. 17. Jahrhundert*. Tübingen: Niemeyer.
– (1987): *Französische Sprache in Kanada*. München: Vögel.
– [Éd.] (1993): *Français du Canada – Français de France*. Tübingen: Niemeyer.
WOLF, Lothar/HUPKA, Werner (1981): *Altfranzösisch. Entstehung und Charakteristik. Eine Einführung*. Darmstadt: Wissenschaftliche Buchgesellschaft.
WÜEST, Jakob (1979): *La dialectalisation de la Gallo-Romania. Problèmes phonologiques*. Bern: Francke.
WUNDERLI, Peter (1981): *Französische Lexikologie. Einführung in die Theorie und Geschichte des französischen Wortschatzes*. Tübingen: Niemeyer.
– (1995): „Strukturelle Semantik, Polysemie und Architektur der Sprache. Zu einigen aktuellen Problemen der Bedeutungsanalyse." In: Hoinkes, Ulrich [Hrsg.] (1995): *Festschrift Horst Geckeler*. Tübingen: Narr. 791–806.
ZINK, Gaston (1990): *Le moyen français (XIVᵉ et XVᵉ siècles)*. Paris: PUF.
ZUBER, Roger (1993): *La littérature française du XVIᵉ siècle*. Paris: PUF.
ZUPKO, Ronald E. (1978): *French weights and measures before the revolution. A dictionary of provincial and local units*. Bloomington: Indiana University Press.

Sachregister

A

abus des mots 146, 154
Académie des Sciences
  117, 132, 138
Académie Française 117,
  120 f., 123, 132 ff., 154,
  160, 175
Adstrate 31, 40, 152
Albigenserkriege 63
Alliance Française 169 f.
alternances vocaliques
  (Ablaute) 87
Amerindisches 107, 161
Anglizismen 86, 148, 151,
  167, 170
Anredeformen 106, 157
Arabismen 167
Argot 83, 84, 162
Assimilation (regressive)
  68
Assonanz 54, 55, 64
Aufklärungsbewegung
  136, 138, 146

B

Bedeutungswandel 8,
  150
Bedingungen
  (kommunikative) 152
Bedürfnislehnwörter 103,
  151
Bezeichnungsfeld médecin
  75
Bezeichnungsfeld traduire
  104
Bibelübersetzungen 67,
  101, 102
bienséance 129
Bildersprache des Préro-
  mantisme 160
Bildungsgesetzgebung 159
Bildungspolitik Karls des
  Großen 49
Bilinguismus 13, 19, 32,
  36, 40, 46
Boèci 61
Buchdruck 72, 92 f.
Burgunder 42
burlesque 126 f.

C

café 135, 148
Casus (des Lateins) 28
Chansons de geste 55, 57,
  63, 64
Chroniqueurs 81
Chronologie (absolute) 13
Chronologie (relative) 13
clarté 118, 124, 137, 144
Collège de France 91 , 94
Crise du Français 169

D

Deiktika 53
Diachronie 7, 11
Diamesik 11
Diaphasik 11
Diastratik 10
Diasystem 10
Diatopik 10
Diglossie 13
Diktion (jurolektale) 53
Diphthongierung (altfranz.)
  41, 44, 68
discours (style) indirect libre
  131, 164
Diskrepanz Phonie/Graphie
  78 f., 96, 143
Distanzsprache 13, 22, 23,
  48, 50, 160
droit coutumier 43, 45, 75,
  122
droit écrit 43, 65, 122
Dubletten 76

E

Ecole polytechnique 156
écriture artiste 163
Erbwortschatz 56
ə-instable 113, 157

F

Fabliaux 67, 81
Fachsprachen 66, 74–77,
  99–102, 114, 127 f., 132,
  141, 146–148, 150, 151,
  156, 166 ff., 171
Farces 82, 130
Felder (terminologische) 167 f.

Félibrige 160, 168
Feminisierung von Berufs-
  bezeichnungen 172
Feudalmetaphorik 62
Feudalwortschatz 56
Fin'amor (amor cortés) 61,
  63
Fragekonstruktionen 164
français populaire 164
français régionaux 159
France 42, 43, 56
Francophoniekonzept 170,
  171 ff.
Francoprovenzalisch 41
franglais 172
Franken 32–46
Franzisch (francien) 51,
  58, 60, 61, 66

G

Galloromania 16, 48
Gascognismen 112, 118 f.,
  143
genre poissard 148 f.
Genus (franz., Substantive)
  115
Genus (lat. Nomina) 28
Germanismen 151 f.,
  167
Grammatikographie 97,
  135, 149, 154
Grapheme 50, 55
Graphie 7, 53, 72, 93, 95
  ff.
Graphietraditionen 51,
  59, 66
Griechen 35
Griechisch 91–94, 104,
  108

H

Haupttonsilbe 15
Heterogenitätsannahme
  19
Hispanismen 106
Homogenitätsannahme 19
honnèteté 112, 121, 131,
  133
Hypotaxe 30

I

Iberer 34
Ideolekt 134
Illyrer 24
Imperium Romanum 17
Inversionen 129, 144, 149
Inversionsstreit 144
Italomanie 102, 134 f., 152

J

Jongleurs 56, 57
Journalismus 149, 153, 158, 163
justesse des mots 154

K

Kalkierung 32
Kelten 35–39, 94
Klosterschulen 49
Kommunikationssphären-trennung 50

L

La Cour et la Ville 116, 120, 122
La Nouvelle France 89, 137
langage 11
langue 11
langue d'oïl 58, 59
Lautentwicklung 15
Laxismus 171
Lehnsuffixe 37, 104
Lehnwörter 75, 77 f., 105 f., 134, 150 f., 167
L'Encyclopédie 139–141
Lexikographie 78, 98, 132, 139–144, 165 f., 173
Lexikon 7, 8, 9, 30, 31 f., 54, 56, 63, 65, 75, 82, 85, 153
Ligurer 33, 34
Literarisierung von Mündlichkeit 82, 130, 133, 148, 160, 162, 164
Loi Bas–Lauriol. 14, 174
Loi Jacques Toubon 14, 174 ff.

M

Macht des Wortes 162
Mazarinades 133

Minderheitensprachen 16 f., 153, 159,171
Miracles 84
Mittellatein (Bas Latin) 21, 48, 65 f., 69, 74–76, 85, 92, 151
Modus 88, 136
Monarchie (absolute) 116 f., 121
Monophthongierung 14, 27, 68
mots bas 118, 148
mots nobles 118 f.,125 f., 128, 160 f.
mots propres 161, 162
mots savants 76, 85
Mündlichkeit 13, 21, 47, 56, 68, 73, 107 f., 113, 133, 134, 160, 169
Mystères 82

N

Nähesprache 13, 21, 23, 61, 148, 160
Nasalvokale 15, 68, 86, 113
Nationalsprache 81, 89, 94, 116, 118, 153 f., 159, 171
Nebentonsilbe 15
Negation (beim Verb) 88
Neologienstreit 143, 145
Neologienverbot 118, 134
Neologismen 9, 75, 132, 143 f., 154, 173
Neosemantismen 9, 65, 144, 154–156
Niederländisches 85
Nomenklatur (chemische) 147, 156
Nominalsatz 149, 164
Nordgalloromania 16
Normannen 46 f.
Normierung 12, 49, 118, 129, 133, 137, 144, 153, 160, 169

O

Occitania 107, 167, 168 f.
okzitanisch 16, 17, 18, 47, 54 f., 65, 108, 168 f.
Okzitanismen 61, 69, 86, 167

Onomastik 33
Ordonnance de Villers-Cottérêts 91
ordre direct (naturel) 129
Orthographiereform 96, 134, 141, 143, 160
Ostromania 35
Oxytona 15

P

Palatalisierung 14, 48
Paradigma 11
Parataxe 30
parlers urbains 158
parole 11
Paroxytona 15, 27
Patois 153
Periodisierung 9, 10
Phonie 54, 95, 96, 113, 134, 157
Pléiade 90
Port–Royal 124, 128, 135
Postdetermination 28, 29, 73
Prädeterminanten 7, 74, 114
Prädetermination 28, 29, 53, 73
Prestigesprache 40, 60, 69, 70, 137
Preziosität 123, 125 f., 148 f.
Proparoxytona 15, 27
Purismus 103, 123, 145, 169, 170 f., 175

Q

Quantitätenkollaps 26
Querelle des anciens et des modernes 129, 132, 138, 142
Querelle du Cid 119 f.
Question de la langue 90, 93, 127

R

Rationalismus 124 f., 141, 144, 150
Regionalwortschatz 95, 163, 164
Relatinisierungstendenzen 53, 56, 69, 78

Renaissance (Karolingische)
48 f.
Revolutionskalender 156
Rhema–Thema–Gliederung
165
Rhetorik 79, 128, 162
Rhétoriqueurs 78–81, 111
Romania 16
Romania nova 16, 89
Romania submersa 18
Romanisierung (Galliens)
17 f., 36
Roman courtois 61, 63 f.
romanz 49, 50
Rückwanderwörter
(englische) 148, 151

■ S
Salons 117, 119 120, 121,
123, 125
Satzgliedfolge (Topologie)
53, 114, 129, 135 f.
Schlüsselwörter (mots-clés)
56, 120, 141, 161, 162
Schriftlichkeit 13, 19–21,
48, 50, 64, 68, 72, 113,
133, 166 ff.
Scriptae 51, 58–60, 66, 69,
81
Segmentationen 164, 165
Selektion (der Sprachmittel)
118
Sensualismus 124, 141,
144, 151, 154 f., 156
Slawismen 167
Sprachausbau 77, 81, 94,
95, 110, 150
Sprachbewusstsein 72, 90,
93
Sprachebenen 68, 113,
153
Sprachgeschichte 9
Sprachgesetzgebung 91 f.,
152 ff., 174 ff.
Sprachkultur 136, 144,
173, 175
Sprachpolitik. 91 f.,
152 ff., 171 ff.
Sprachpragmatik 9, 19
Sprachprognostik 13, 14
Sprachsubstitution 107
Sprachsystem 8, 10

Sprachtypologie 73
Sprachursprung 144
Sprachusus 12
Sprachwandel (Ursachen)
7, 8, 9, 14, 94
Stafettenkontinuität 9, 16,
76, 133
Stilmischung 162
Stiltrennung 111, 126,
128
style encyclopédique 140
style marotique 110
style substantif 164
Substrate 32–39
Südgalloromania 16, 27,
61, 168
Superstrate 39–47
Supraregionalität 8, 58,
66, 72
Synchronie 7, 11
Synkope 27
Synonymie distinctive
142, 146
Synonymiestreit 142, 145
System (phonologisches des
Latein) 26
Syntax (französische) 53,
63, 78, 80, 82, 85, 101,
149 f., 150, 161, 163, 164
Syntax (impressionistische)
164
Syntax (lateinische) 30

■ T
Tempusdichotomien 64 f.
Terminologie
(philosophische) 147
Terminologiekommissionen
173
Terminologisierung (allge-
meinsprachlicher Wörter)
168
Théâtre de la foire 148 f.
Toponomastik 33
Trobadordichtung 61 f.
Trobadors 61
Trouvères 63, 67
Tugenden (höfische) 62

■ U
Übersetzungsliteratur 75,
76, 77, 78, 103 f., 112

Umbruch
(sprachtypologischer) 72 f.
Universalien (sprachliche) 7
Urkunden (älteste franz.)
66
Urkunden (älteste okzit.)
65
Usagekategorie 122 f.,
124, 143

■ V
Varianten (nationale des
Franz.) 172
Varietäten (des Franz.) 10,
12, 13, 19, 133, 142, 171
Varietäten (des Lateins) 19
Verben (unregelmässige) 7
Verbmorphologie (franz.)
87, 136
Verbmorphologie (lat.) 29
Vermittlung kolloquialen
Fachwissens 132, 147
Verwaltungssprache
(Urkundensprache) 65 f.,
91, 94, 107
Vokalismus (haupttoniger)
41
Vokalsysteme(lat.) 26, 27
Vulgärhumanismus 89,
92–95
Vulgärlatein 2, 21
Vulgärlatein (Quellen) 23,
24, 25 f.

■ W
Wanderwörter (gallo-
fränkische) 40, 46
Westgoten 41, 42
Westromania 35
Wortbildung 95, 150, 155
Wortbildung (bei Rabelais)
109 f.
Wortfelder 151, 155
Wortmissbrauchsstreit
146, 154
Wortschatzarchaisierung
156 f.

■ Z
Zweikasusflexion (altfranz.)
53, 69
Zweisprachigkeit 13

Romanische Sprachen und ihre Didaktik (RomSD)

Herausgegeben von Michael Frings und Andre Klump

ISSN 1862-2909

1   *Michael Frings und Andre Klump (edd.)*
    Romanische Sprachen in Europa. Eine Tradition mit Zukunft?
    ISBN 3-89821-618-7

2   *Michael Frings*
    Mehrsprachigkeit und Romanische Sprachwissenschaft an Gymnasien?
    Eine Studie zum modernen Französisch-, Italienisch- und Spanischunterricht
    ISBN 3-89821-652-7

3   *Jochen Willwer*
    Die europäische Charta der Regional- und Minderheitensprachen in der Sprachpolitik
    Frankreichs und der Schweiz
    ISBN 3-89821-667-5

4   *Michael Frings (ed.)*
    Sprachwissenschaftliche Projekte für den Französisch- und Spanischunterricht
    ISBN 3-89821-651-9

5   *Johannes Kramer*
    Lateinisch-romanische Wortgeschichten
    Herausgegeben von Michael Frings als Festgabe für Johannes Kramer zum 60. Geburtstag
    ISBN 3-89821-660-8

6   *Judith Dauster*
    Früher Fremdsprachenunterricht Französisch
    Möglichkeiten und Grenzen der Analyse von Lerneräußerungen und Lehr-Lern-Interaktion
    ISBN 3-89821-744-2

7   *Heide Schrader*
    Medien im Französisch- und Spanischunterricht
    ISBN 978-3-89821-772-9

8   *Andre Klump*
    „Trajectoires du changement linguistique"
    Zum Phänomen der Grammatikalisierung im Französischen
    ISBN 978-3-89821-771-2

9   *Alfred Toth*
    Historische Lautlehre der Mundarten von La Plié da Fodom (Pieve di Livinallongo,
    Buchenstein) und Col (Colle Santa Lucia), Provincia di Belluno unter Berücksichtigung der
    Mundarten von Laste, Rocca Piétore, Selva di Cadore und Alleghe
    ISBN 978-3-89821-767-5

10   *Bettina Bosold-DasGupta und Andre Klump (edd.)*
Romanistik in Schule und Universität
Akten des Diskussionsforums „Romanistik und Lehrerausbildung: Zur Ausrichtung und
Gewichtung von Didaktik und Fachwissenschaften in den Lehramtsstudiengängen
Französisch, Italienisch und Spanisch" an der Johannes Gutenberg-Universität Mainz
(28. Oktober 2006)
ISBN 978-3-89821-802-3

11   *Dante Alighieri*
De vulgari eloquentia
mit der italienischen Übersetzung von Gian Giorgio Trissino (1529)
Deutsche Übersetzung von Michael Frings und Johannes Kramer
ISBN 978-3-89821-710-1

12   *Stefanie Goldschmitt*
Französische Modalverben in deontischem und epistemischem Gebrauch
ISBN 978-3-89821-826-9

13   *Maria Iliescu*
Pan- und Raetoromanica
Von Lissabon bis Bukarest, von Disentis bis Udine
ISBN 978-3-89821-765-1

14   *Christiane Fäcke, Walburga Hülk und Franz-Josef Klein (edd.)*
Multiethnizität, Migration und Mehrsprachigkeit
Festschrift zum 65. Geburtstag von Adelheid Schumann
ISBN 978-3-89821-848-1

15   *Dan Munteanu Colán*
La posición del catalán en la Romania según su léxico latino patrimonial
ISBN 978-3-89821-854-2

16   *Johannes Kramer*
Italienische Ortsnamen in Südtirol. La toponomastica italiana dell'Alto Adige
Geschichte – Sprache – Namenpolitik. Storia – lingua – onomastica politica
ISBN 978-3-89821-858-0

17   *Michael Frings und Eva Vetter (edd.)*
Mehrsprachigkeit als Schlüsselkompetenz: Theorie und Praxis in Lehr- und
Lernkontexten
Akten zur gleichnamigen Sektion des XXX. Deutschen Romanistentages an der Universität
Wien (23.-27. September 2007)
ISBN 978-3-89821-856-6

18   *Dieter Gerstmann*
Bibliographie Französisch
Autoren
ISBN 978-3-89821-872-6

19   *Serge Vanvolsem e Laura Lepschy*
      Nell'Officina del Dizionario
      Atti del Convegno Internazionale organizzato dall'Istituto Italiano di Cultura
      Lussemburgo, 10 giugno 2006
      ISBN 978-3-89821-921-1

20   *Sandra Maria Meier*
      „È bella, la vita!"
      Pragmatische Funktionen segmentierter Sätze im *italiano parlato*
      ISBN 978-3-89821-935-8

21   *Daniel Reimann*
      Italienischunterricht im 21. Jahrhundert
      Aspekte der Fachdidaktik Italienisch
      ISBN 978-3-89821-942-6

22   *Manfred Overmann*
      Histoire et abécédaire pédagogique du Québec avec des modules multimédia prêts à
      l'emploi
      Préface de Ingo Kolboom
      ISBN 978-3-89821-966-2 (Paperback)
      ISBN 978-3-89821-968-6 (Hardcover)

23   *Constanze Weth*
      Mehrsprachige Schriftpraktiken in Frankreich
      Eine ethnographische und linguistische Untersuchung zum Umgang mehrsprachiger
      Grundschüler mit Schrift
      ISBN 978-3-89821-969-3

24   *Sabine Klaeger und Britta Thörle (edd.)*
      Sprache(n), Identität, Gesellschaft
      Eine Festschrift für Christine Bierbach
      ISBN 978-3-89821-904-4

25   *Eva Leitzke-Ungerer (ed.)*
      Film im Fremdsprachenunterricht
      Literarische Stoffe, interkulturelle Ziele, mediale Wirkung
      ISBN 978-3-89821-925-9

26   *Raúl Sánchez Prieto*
      El presente y futuro en español y alemán
      ISBN 978-3-8382-0068-2

27   *Dagmar Abendroth-Timmer, Christiane Facke, Lutz Küster*
      und Christian Minuth (edd.)
      Normen und Normverletzungen
      Aktuelle Diskurse der Fachdidaktik Französisch
      ISBN 978-3-8382-0084-2

28   *Georgia Veldre-Gerner und Sylvia Thiele (edd.)*
      Sprachvergleich und Sprachdidaktik
      ISBN 978-3-8382-0031-6

29   *Michael Frings und Eva Leitzke-Ungerer (edd.)*
      Authentizität im Unterricht romanischer Sprachen
      ISBN 978-3-8382-0095-8

30   *Gerda Videsott*
      Mehrsprachigkeit aus neurolinguistischer Sicht
      Eine empirische Untersuchung zur Sprachverarbeitung viersprachiger Probanden
      ISBN 978-3-8382-0165-8 (Paperback)
      ISBN 978-3-8382-0166-5 (Hardcover)

31   *Jürgen Storost*
      Nicolas Hyacinthe Paradis (de Tavannes)
      (1733 - 1785)
      Professeur en Langue et Belles-Lettres Françoises, Journalist und Aufklärer
      Ein französisch-deutsches Lebensbild im 18. Jahrhundert
      ISBN 978-3-8382-0249-5

32   *Christina Reissner (ed.)*
      Romanische Mehrsprachigkeit und Interkomprehension in Europa
      ISBN 978-3-8382-0072-9

33   *Johannes Klare*
      Französische Sprachgeschichte
      ISBN 978-3-8382-0272-3

Sie haben die Wahl:

Bestellen Sie die Schriftenreihe
Romanische Sprachen und ihre Didaktik
einzeln oder im **Abonnement**

per E-Mail: vertrieb@ibidem-verlag.de | per Fax (0511/262 2201)
als Brief (***ibidem**-*Verlag | Leuschnerstr. 40 | 30457 Hannover)

Bestellformular

☐ Ich abonniere die Schriftenreihe *Romanische Sprachen und ihre Didaktik* ab Band # ____

☐ Ich bestelle die folgenden Bände der Schriftenreihe *Romanische Sprachen und ihre Didaktik*
____ ; ____ ; ____ ; ____ ; ____ ; ____ ; ____ ; ____ ; ____ ; ____

Lieferanschrift:

Vorname, Name ....

Anschrift ....

E-Mail... | Tel.: ....

Datum .... | Unterschrift ....

Ihre Abonnement-Vorteile im Überblick:

- Sie erhalten jedes Buch der Schriftenreihe pünktlich zum Erscheinungstermin – immer aktuell, ohne weitere Bestellung durch Sie.
- Das Abonnement ist jederzeit kündbar.
- Die Lieferung ist innerhalb Deutschlands versandkostenfrei.
- Bei Nichtgefallen können Sie jedes Buch innerhalb von 14 Tagen an uns zurücksenden.

***ibidem*-Verlag**

Melchiorstr. 15

D-70439 Stuttgart

info@ibidem-verlag.de

www.ibidem-verlag.de
www.ibidem.eu
www.edition-noema.de
www.autorenbetreuung.de